대구교통공사

NCS + 모의고사 5회

시대에듀

2025 최신판 시대에듀 대구교통공사
NCS + 최종점검 모의고사 5회 + 무료NCS특강

Always **with you**

사람의 인연은 길에서 우연하게 만나거나 함께 살아가는 것만을 의미하지는 않습니다.
책을 펴내는 출판사와 그 책을 읽는 독자의 만남도 소중한 인연입니다.
시대에듀는 항상 독자의 마음을 헤아리기 위해 노력하고 있습니다. 늘 독자와 함께하겠습니다.

머리말 PREFACE

대구교통공사는 1997년 1호선 개통으로 대구에 지하철 시대를 개막하였으며, 2호선과 3호선의 성공적인 개통과 운영(91역, 82.9km)으로 대구 교통의 대동맥으로 자리 잡았다. 이제는 도시철도 운영뿐만 아니라 건설, MaaS(통합모빌리티서비스), 교통연수원, 공영버스 운영 등을 수행하는 종합대중교통 전문기관으로 새롭게 출발한다.

대구교통공사 채용절차는 「원서접수 ➡ 필기시험 ➡ 서류접수 ➡ 인성검사 ➡ 면접시험 ➡ 최종합격자 발표」 순서로 이뤄진다. 필기시험의 경우 NCS는 공통으로 의사소통능력/문제해결능력/대인관계능력/직업윤리 4개의 영역이 포함되고, 사무직은 정보능력, 사무직 이외의 직렬은 기술능력을 추가로 평가한다. 또한 전공은 분야별·직종별로 내용이 상이하며 필기시험에서 채용예정인원의 2배수를 선발하므로 합격을 위해서는 필기시험의 고득점이 필요하다. 아울러 2024년부터 응시자 지역제한이 폐지되었다.

대구교통공사의 필기시험 합격을 위해 시대에듀에서는 대구교통공사 판매량 1위의 출간 경험을 토대로 다음과 같은 특징을 가진 도서를 출간하였다.

도서의 특징

❶ **기출복원문제를 통한 출제 유형 확인!**
  - 2024년 대구교통공사 및 주요 공기업 NCS 기출문제를 복원하여 공기업별 NCS 필기 유형을 파악할 수 있도록 하였다.

❷ **대구교통공사 필기시험 출제 영역 맞춤 문제를 통한 실력 상승!**
  - 직업기초능력평가 대표기출유형&기출응용문제를 수록하여 유형별로 대비할 수 있도록 하였다.

❸ **최종점검 모의고사를 통한 완벽한 실전 대비!**
  - 철저한 분석을 통해 실제 유형과 유사한 최종점검 모의고사를 수록하여 자신의 실력을 점검할 수 있도록 하였다.

❹ **다양한 콘텐츠로 최종 합격까지!**
  - 대구교통공사 채용 가이드와 면접 기출질문을 수록하여 채용 전반을 대비할 수 있도록 하였다.
  - 온라인 모의고사를 무료로 제공하여 필기시험을 준비하는 데 부족함이 없도록 하였다.

끝으로 본 도서를 통해 대구교통공사 채용을 준비하는 모든 수험생 여러분이 합격의 기쁨을 누리기를 진심으로 기원한다.

SDC(Sidae Data Center) 씀

◇ **설립목적**

> 대구교통공사는 신속하고 안전한 대중교통 수단을 제공함으로써
> 시민의 편익 도모와 복리 증진에 기여함을 목적으로 하고 있다.

◇ **미션**

> 안전하고 편리한 대중교통 서비스 제공으로 시민의 삶의 질 향상

◇ **비전**

> 시민의 안전과 편리한 이동을 책임지는, 혁신공기업으로 도약

◇ **인재상**

신뢰	Trust	행복을 창출하는 신뢰형 인재
공감	Open	모두와 소통하는 공감형 인재
스마트	Smart	미래를 여는 스마트 인재

◇ **핵심가치**

안전 · 책임 / 편리 · 신뢰 / 혁신 · 도약 / 소통 · 청렴

◇ **경영목표**

| 무결점 지향
안전혁신 | 고객만족 지향
서비스혁신 | 미래성장 지향
교통혁신 | 동반성장 지향
경영혁신 |

◇ **전략목표 & 전략과제**

시스템 기반의 안전 강화	▸ 과학적인 안전관리체계 고도화 ▸ 예방적 유지관리로 안전환경 구축 ▸ 안전수준 향상으로 시민 · 직원 안전 확보
시민 중심의 고객서비스 제공	▸ 고객 니즈(Needs) 서비스 확대 ▸ 시민 참여를 통한 체감형 서비스 강화 ▸ 수요자 관점의 이용편의 증대
미래 성장의 교통환경 구축	▸ 미래 스마트 모빌리티 선도 ▸ 도시철도망 확충으로 교통편의 증대 ▸ 수송증대 및 고부가가치 수익 창출
열린 소통의 ESG경영 실천	▸ 청렴과 존중의 윤리 · 인권 문화 확산 ▸ 공감의 조직문화로 생산성 향상 ▸ 참여와 협력의 지역 거버넌스 강화

◇ 지원자격(공통)

① 연령 : 18세 이상 60세 미만자

② 병역 : 병역필 또는 면제자

  ※ 현역 복무 중인 자는 단계별 시험응시가 가능하고, 최종합격자 발표일 전일까지 전역 가능한 자.
  단, 기능인재는 병역제한 없음

③ 지역 : 제한 없음

④ 근무조건 : 주 · 야간 교대(교번) 근무가 가능한 자

⑤ 응시제한 : 공사 인사규정 제12조(결격사유)에 해당하는 자

◇ 필기시험

구분	분야 및 직종	내용	문항 수
직업기초능력평가	사무직	의사소통능력, 문제해결능력, 대인관계능력, 직업윤리, 정보능력	40문항
	사무직 외	의사소통능력, 문제해결능력, 대인관계능력, 직업윤리, 기술능력	
전공과목	모든 분야 및 직종	분야 및 직종별 상이	40문항

※ 합격 인원 : 분야별 · 직종별 채용예정인원의 2배수

※ 과목별 40% 이상 득점자 중 가산대상 점수를 합산한 두 과목의 고득점자 순으로 결정(단, 합격결정 최저점수 동점자는 모두 합격처리)

◇ 면접시험

평가요소	직원으로서의 정신자세, 전문지식과 응용능력, 의사발표의 정확성과 논리성, 예의 · 품행 및 성실성, 창의력 · 의지력 및 기타 발전 가능성
비고	인성검사 결과자료를 면접 참고자료로 활용

❖ 위 채용 안내는 2024년 채용공고를 기준으로 작성하였으므로 세부사항은 확정된 채용공고를 확인하기 바랍니다.

2024년 기출분석 ANALYSIS

총평

2024년 대구교통공사 필기시험은 모듈형이 다수를 이루는 피듈형으로 출제되었다. 까다로운 문제가 없어 난이도가 대체로 무난한 편이었다는 후기가 많았는데, 다른 공기업 시험에 비해 계산 문제도 덜 복잡했으나 모듈형 이론에 헷갈리는 문제가 몇몇 있었다는 의견도 있었다.

◇ **영역별 출제 비중**

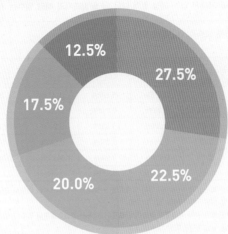

- 의사소통능력
- 문제해결능력
- 대인관계능력
- 직업윤리
- 정보능력(사무직 외의 직렬은 기술능력)

구분	출제 특징	출제 키워드
의사소통능력	• 밑줄 친 내용과 통하는 한자성어를 묻는 문제가 출제됨 • 적절한 접속부사를 고르는 문제가 출제됨 • 주제 찾기, 비판 논제 찾기, 문단 나열 등의 문제가 출제됨 • 공고문을 수정한 자료에서 틀린 것을 찾는 문제가 출제됨	동병상련, 접속사 등
문제해결능력	• 문제처리과정 5단계 중 틀린 것을 찾는 문제가 출제됨 • 회의실 이용과 관련한 자료에서 틀린 것을 찾는 문제가 출제됨 • 피자 조각을 배분할 때 총 인원수를 구하는 문제가 출제됨 • 생산 제품의 올바른 코드번호를 묻는 문제가 출제됨	피자 조각 배분, 고정관념, 채용 인원, 생산 코드 등
대인관계능력	• 변혁적 리더의 특성이 아닌 것을 고르는 문제가 출제됨 • 터크만의 팀 발달 단계 순서를 고르는 문제가 출제됨	리더십, 팔로우십, 협상, 터크만 등
직업윤리	• 직장 내 괴롭힘과 관련한 문제가 출제됨 • 민원이 들어왔을 때 올바른 대처법을 고르는 문제가 출제됨 • 공동체 윤리 관련 제시문에서 부족한 자세(봉사정신, 책임의식, 준법성)를 묻는 문제가 출제됨	기업의 사회적 책임, 소명의식 · 천직의식 등
정보능력	• 알고리즘 순서도에 쓰이는 도형의 의미를 묻는 문제가 출제됨 • 통합형 검색엔진, 자연어 등과 관련한 문제가 출제됨	알고리즘(순서도), 자연어 검색 방식 등
기술능력	• 냉방장치 사용 설명서와 관련해 일치 · 불일치 및 점검 주기 등을 묻는 세트 문제가 출제됨 • 기술혁신의 과정과 역할(정보수문장, 챔피언) 관련 문제가 출제됨 • 기술혁신의 특징과 관련한 ㉠~㉤ 중 옳은 것을 고르는 문제가 출제됨	하인리히의 법칙, 벤치마킹, 노하우 · 노와이, 기술혁신 등

PSAT형

| 수리능력

04 다음은 신용등급에 따른 아파트 보증률에 대한 사항이다. 자료와 상황에 근거할 때, 갑(甲)과 을(乙)의 보증료의 차이는 얼마인가?(단, 두 명 모두 대지비 보증금액은 5억 원, 건축비 보증금액은 3억 원이며, 보증서 발급일로부터 입주자 모집공고 안에 기재된 입주 예정 월의 다음 달 말일까지의 해당 일수는 365일이다)

- (신용등급별 보증료)=(대지비 부분 보증료)+(건축비 부분 보증료)
- 신용평가 등급별 보증료율

구분	대지비 부분	건축비 부분				
		1등급	2등급	3등급	4등급	5등급
AAA, AA		0.178%	0.185%	0.192%	0.203%	0.221%
A^+		0.194%	0.208%	0.215%	0.226%	0.236%
A^-, BBB^+	0.138%	0.216%	0.225%	0.231%	0.242%	0.261%
BBB^-		0.232%	0.247%	0.255%	0.267%	0.301%
$BB^+ \sim CC$		0.254%	0.276%	0.296%	0.314%	0.335%
C, D		0.404%	0.427%	0.461%	0.495%	0.531%

※ (대지비 부분 보증료)=(대지비 부분 보증금액)×(대지비 부분 보증료율)×(보증서 발급일로부터 입주자 모집공고 안에 기재된 입주 예정 월의 다음 달 말일까지의 해당 일수)÷365

※ (건축비 부분 보증료)=(건축비 부분 보증금액)×(건축비 부분 보증료율)×(보증서 발급일로부터 입주자 모집공고 안에 기재된 입주 예정 월의 다음 달 말일까지의 해당 일수)÷365

- 기여고객 할인율 : 보증료, 거래기간 등을 기준으로 기여도에 따라 6개 군으로 분류하며, 건축비 부분 요율에서 할인 가능

구분	1군	2군	3군	4군	5군	6군
차감률	0.058%	0.050%	0.042%	0.033%	0.025%	0.017%

〈상황〉

- 갑 : 신용등급은 A^+이며, 3등급 아파트 보증금을 내야 한다. 기여고객 할인율에서는 2군으로 선정되었다.
- 을 : 신용등급은 C이며, 1등급 아파트 보증금을 내야 한다. 기여고객 할인율은 3군으로 선정되었다.

① 554,000원
② 566,000원
③ 582,000원
④ 591,000원
⑤ 623,000원

특징
▶ 대부분 의사소통능력, 수리능력, 문제해결능력을 중심으로 출제(일부 기업의 경우 자원관리능력, 조직이해능력을 출제)
▶ 자료에 대한 추론 및 해석 능력을 요구

대행사
▶ 엑스퍼트컨설팅, 커리어넷, 태드솔루션, 한국행동과학연구소(행과연), 휴노 등

모듈형

| 문제해결능력

41 문제해결절차의 문제 도출 단계는 (가)와 (나)의 절차를 거쳐 수행된다. 다음 중 (가)에 대한 설명으로 적절하지 않은 것은?

(가)		(나)
전체 문제를 개별화된 이슈들로 세분화	→	문제에 영향력이 큰 핵심이슈를 선정

① 문제의 내용 및 영향 등을 파악하여 문제의 구조를 도출한다.
② 본래 문제가 발생한 배경이나 문제를 일으키는 메커니즘을 분명히 해야 한다.
③ 현상에 얽매이지 말고 문제의 본질과 실제를 봐야 한다.
④ 눈앞의 결과를 중심으로 문제를 바라봐야 한다.
⑤ 문제 구조 파악을 위해서 Logic Tree 방법이 주로 사용된다.

특징
▶ 이론 및 개념을 활용하여 푸는 유형
▶ 채용 기업 및 직무에 따라 NCS 직업기초능력평가 10개 영역 중 선발하여 출제
▶ 기업의 특성을 고려한 직무 관련 문제를 출제
▶ 주어진 상황에 대한 판단 및 이론 적용을 요구

대행사
▶ 인트로맨, 휴스테이션, ORP연구소 등

피둘형(PSAT형 + 모듈형)

| 자원관리능력

07 다음 자료를 근거로 판단할 때, 연구모임 A ~ E 중 세 번째로 많은 지원금을 받는 모임은?

〈지원계획〉

• 지원을 받기 위해서는 한 모임당 5명 이상 9명 미만으로 구성되어야 한다.
• 기본지원금은 모임당 1,500천 원을 기본으로 지원한다. 단, 상품개발을 위한 모임의 경우는 2,000천 원을 지원한다.
• 추가지원금

등급	상	중	하
추가지원금(천 원/명)	120	100	70

※ 추가지원금은 연구 계획 사전평가결과에 따라 달라진다.
• 협업 장려를 위해 협업이 인정되는 모임에는 위의 두 지원금을 합한 금액의 30%를 별도로 지원한다.

〈연구모임 현황 및 평가결과〉

특징
▶ 기초 및 응용 모듈을 구분하여 푸는 유형
▶ 기초인지모듈과 응용업무모듈로 구분하여 출제
▶ PSAT형보다 난도가 낮은 편
▶ 유형이 정형화되어 있고, 유사한 유형의 문제를 세트로 출제

대행사
▶ 사람인, 스카우트, 인크루트, 커리어케어, 트리피, 한국사회능력개발원 등

주요 공기업 적중 문제 TEST CHECK

접속사 ▶ 유형

01 다음 글의 빈칸에 들어갈 접속사를 순서대로 바르게 나열한 것은?

> 일반적으로 감기 바이러스는 손으로 옮기는 경우가 많기 때문에 손을 자주 씻어야 한다. 손을 깨끗이 씻어야 바이러스의 체내 침입을 막을 수 있기 때문이다. __③__ 얼굴을 자주 만지는 것은 좋지 않다. 손의 감기 바이러스가 호흡기를 통해 체내로 침입할 수 있기 때문이다. __ⓒ__ 체내 면역력을 향상시켜 감기에 걸리지 않도록 예방하기도 한다. 그중에서도 등산이나 수영과 같은 운동은 폐 기능을 향상시키므로 감기 예방에 많은 도움이 된다. __ⓒ__ 무리하게 운동을 하면 관절을 다칠 수 있으므로 주의해야 한다.

	③	ⓒ	ⓒ
①	또한	그러나	그러나
②	또한	한편	그러나
③	그러므로	게다가	또한
④	그러나	게다가	또한
⑤	그러나	그리고	그러므로

기술혁신 ▶ 키워드

36 다음 글을 읽고 추론할 수 있는 기술혁신의 특성으로 옳은 것은?

> 인간의 개별적인 지능과 창의성, 상호학습을 통해 발생하는 새로운 지식과 경험은 빠른 속도로 축적되고 학습되지만, 이러한 지식은 문서화되기 어렵기 때문에 다른 사람들에게 쉽게 전파될 수 없다. 따라서 연구개발에 참가한 연구원과 엔지니어들이 그 기업을 떠나는 경우 기술과 지식의 손실이 크게 발생하여 기술 개발을 지속할 수 없는 경우가 종종 발생한다.

① 기술혁신은 조직의 경계를 넘나든다.
② 기술혁신은 지식 집약적인 활동이다.
③ 기술혁신은 장기간의 시간을 필요로 한다.
④ 기술혁신은 그 과정 자체가 매우 불확실하다.
⑤ 기술혁신 과정의 불확실성과 모호함은 기업 내에서 많은 갈등을 유발할 수 있다.

한자성어 ▶ 유형

※ 다음 글을 읽고 이어지는 질문에 답하시오.

인공지능을 면접에 활용하는 것은 바람직하지 않다. 인공지능 앞에서 면접을 보느라 진땀을 흘리는 인간의 모습을 생각하면 너무 안타깝다. 미래에 인공지능이 인간의 고유한 영역까지 대신할 것이라고 사람들은 말하는데, ㉠ 인공지능이 인간을 대신할 수 있을까? 인간과 인공지능의 관계는 어떠해야 할까?

인공지능은 인간의 삶을 편리하게 돕는 도구일 뿐이다. 인간이 만든 도구인 인공지능이 인간을 평가할 수 있는지에 대해 생각해 볼 필요가 있다. 도구일 뿐인 기계가 인간을 평가하는 것은 정당하지 않다. 인간이 개발한 인공지능이 인간을 판단한다면 ㉡ 주체와 객체가 뒤바뀌는 상황이 발생할 것이다.

인공지능이 발전하더라도 인간과 같은 사고는 불가능하다. 인공지능은 겉으로 드러난 인간의 말과 행동을 분석하지만, 인간은 말과 행동 이면의 의미까지 고려하여 사고한다. 인공지능은 빅데이터를 바탕으로 결과를 도출해 내는 기계에 불과하므로 통계적 분석을 할 뿐 타당한 판단을 할 수 없다. 기계가 타당한 판단을 할 것이라는 막연한 기대를 한다면 머지않아 인간이 기계에 예속되는 상황이 벌어질지도 모른다.

인공지능은 사회적 관계를 맺을 수 없다. 반면 인간은 사회에서 의사소통을 통해 관계를 형성한다. 이 과정에서 축적된 인간의 경험이 바탕이 되어야 타인의 잠재력을 발견할 수 있다.

17 다음 중 밑줄 친 ㉡에 해당하는 한자성어로 가장 적절한 것은?

① 객반위주(客反爲主) ② 청출어람(靑出於藍)
③ 과유불급(過猶不及) ④ 당랑거철(螳螂拒轍)
⑤ 괄목상대(刮目相對)

터크만 ▶ 키워드

30 다음 중 터크만의 팀 발달 4단계에 필요한 리더십으로 바르게 제시된 것은 무엇인가?

	형성기	혼란기	규범기	성취기
①	참여	코치	위임	지시
②	지시	위임	코치	참여
③	지시	코치	참여	위임
④	코치	지시	참여	위임
⑤	코치	위임	참여	지시

주요 공기업 적중 문제 TEST CHECK

서울교통공사 9호선

원탁 배치 ▶ 유형

23 남자 2명과 여자 2명이 다음 〈조건〉과 같이 원탁에 앉아 있다. 이를 참고할 때, 옳은 것은?

조건
- 네 사람의 직업은 각각 교사, 변호사, 자영업자, 의사이다.
- 네 사람은 각각 검은색 원피스, 파란색 재킷, 하얀색 니트, 밤색 티셔츠를 입고 있으며, 이 중 검은색 원피스는 여성용, 파란색 재킷은 남성용이다.
- 남자는 남자끼리, 여자는 여자끼리 인접해서 앉아 있다.
- 변호사는 하얀색 니트를 입고 있다.
- 자영업자는 남자이다.
- 의사의 왼쪽 자리에 앉은 사람은 검은색 원피스를 입었다.
- 교사는 밤색 니트를 입은 사람과 원탁을 사이에 두고 마주 보고 있다.

① 교사와 의사는 원탁을 사이에 두고 마주 보고 있다.
② 변호사는 남자이다.
③ 밤색 티셔츠를 입은 사람은 여자이다.
④ 의사는 파란색 재킷을 입고 있다.
⑤ 검은색 원피스를 입은 여자는 자영업자의 옆에 앉아 있다.

지하철 ▶ 키워드

01 경기도의 S지점에 다니는 U대리는 중요한 서류를 전달하기 위해 서울에 위치한 본사에 방문하려고 한다. U대리는 오전 9시에 출발해서 오전 11시에 있는 행사가 시작하기 전까지 본사에 도착해야 할 때, 다음 중 시간 안에 가장 빨리 도착할 수 있는 방법은 무엇인가?(단, 환승 시간은 무시한다)

〈이동 시 이용가능 교통편 현황〉

경기도 S지점 – 고속터미널			고속터미널 – 본사		
교통편	운행시간	소요시간	교통편	운행시간	소요시간
버스	매시 5분 출발 후 10분 간격	1시간	지하철	매시 10분, 50분	15분
지하철	매시 10분 출발 후 20분 간격	45분	택시	제한 없음	30분
자가용	제한 없음	1시간 20분	버스	매시 20분, 40분	25분

① 버스 – 택시
② 지하철 – 버스
③ 자가용 – 지하철
④ 버스 – 버스
⑤ 지하철 – 택시

부산교통공사

06 A대리는 다가오는 9월에 결혼을 앞두고 있다. 다음 〈조건〉을 참고할 때, A대리의 결혼날짜로 가능한 날은?

조건
- 9월은 1일부터 30일까지이며, 9월 1일은 금요일이다.
- 9월 30일부터 추석연휴가 시작되고 추석연휴 이틀 전엔 A대리가 주관하는 회의가 있다.
- A대리는 결혼식을 한 다음날 8박 9일간 신혼여행을 간다.
- 회사에서 신혼여행으로 주는 휴가는 5일이다.
- A대리는 신혼여행과 겹치지 않도록 수요일 3주 연속 치과 진료가 예약되어 있다.
- 신혼여행에서 돌아오는 날 부모님 댁에서 하루 자고, 그 다음날 출근할 예정이다.

① 1일
② 2일
③ 22일
④ 23일

※ 부산교통공사 인사팀에 근무하고 있는 E대리는 다른 부서의 D대리와 B과장의 승진심사를 위해 다음과 같이 표를 작성하였다. 이어지는 질문에 답하시오. **[17~18]**

〈승진심사 점수〉

(단위 : 점)

구분	기획력	업무실적	조직 성과업적	청렴도	승진심사 평점
B과장	80	72	78	70	
D대리	60	70	48		63.6

※ 승진심사 평점은 기획력 30%, 업무실적 30%, 조직 성과업적 25%, 청렴도 15%를 반영하여 합산한다.
※ 부문별 만점 기준점수는 100점이다.

17 다음 중 D대리의 청렴도 점수로 옳은 것은?

① 81점
② 82점
③ 83점
④ 84점

도서 200% 활용하기 STRUCTURES

1 기출복원문제로 출제경향 파악

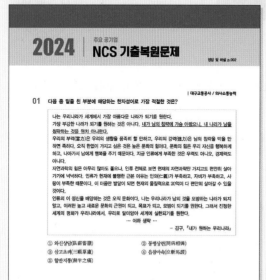

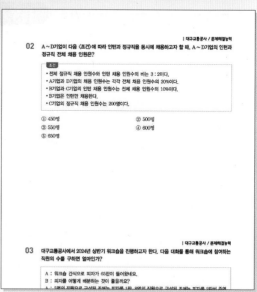

▶ 2024년 대구교통공사 및 주요 공기업 NCS 기출문제를 복원하여 공기업별 NCS 필기 유형을 파악할 수 있도록 하였다.

2 대표기출유형 + 기출응용문제로 필기시험 완벽 대비

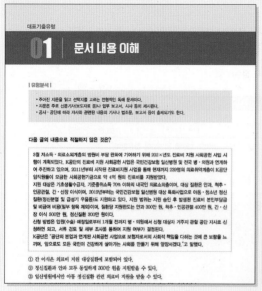

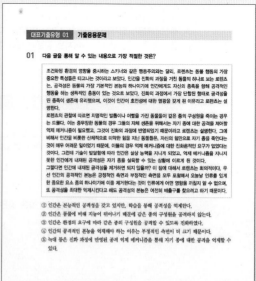

▶ NCS 출제 영역에 대한 대표기출유형과 기출응용문제를 수록하여 NCS 문제에 대한 접근 전략을 익히고 점검할 수 있도록 하였다.

3 최종점검 모의고사 + OMR을 활용한 실전 연습

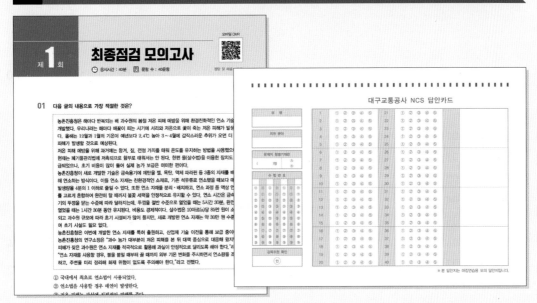

▶ 최종점검 모의고사와 OMR 답안카드를 수록하여 실제로 시험을 보는 것처럼 최종 마무리 연습을 할 수 있도록 하였다.

▶ 모바일 OMR 답안채점/성적분석 서비스를 통해 필기시험에 대비할 수 있도록 하였다.

4 인성검사부터 면접까지 한 권으로 최종 마무리

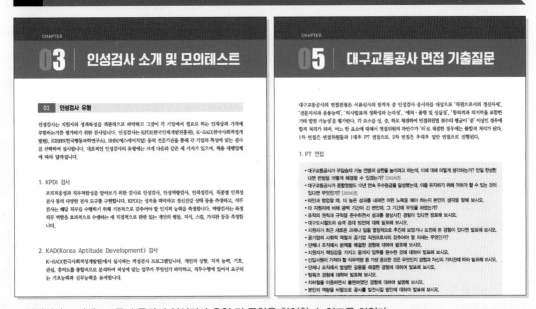

▶ 인성검사 모의테스트를 수록하여 인성검사 유형 및 문항을 확인할 수 있도록 하였다.

▶ 대구교통공사 면접 기출질문을 통해 실제 면접에서 나오는 질문을 미리 파악하고 연습할 수 있도록 하였다.

이 책의 차례 CONTENTS

Add+

합격의 공식 시대에듀 www.sdedu.co.kr

2024년 주요 공기업
NCS 기출복원문제

| 대구교통공사 / 의사소통능력

01 다음 중 밑줄 친 부분에 해당하는 한자성어로 가장 적절한 것은?

> 나는 우리나라가 세계에서 가장 아름다운 나라가 되기를 원한다.
> 가장 부강한 나라가 되기를 원하는 것은 아니다. 내가 남의 침략에 가슴 아팠으니, 내 나라가 남을 침략하는 것을 원치 아니한다.
> 우리의 부력(富力)은 우리의 생활을 풍족히 할 만하고, 우리의 강력(强力)은 남의 침략을 막을 만하면 족하다. 오직 한없이 가지고 싶은 것은 높은 문화의 힘이다. 문화의 힘은 우리 자신을 행복하게 하고, 나아가서 남에게 행복을 주기 때문이다. 지금 인류에게 부족한 것은 무력도 아니오, 경제력도 아니다.
> 자연과학의 힘은 아무리 많아도 좋으나, 인류 전체로 보면 현재의 자연과학만 가지고도 편안히 살아가기에 넉넉하다. 인류가 현재에 불행한 근본 이유는 인의(仁義)가 부족하고, 자비가 부족하고, 사랑이 부족한 때문이다. 이 마음만 발달이 되면 현재의 물질력으로 20억이 다 편안히 살아갈 수 있을 것이다.
> 인류의 이 정신을 배양하는 것은 오직 문화이다. 나는 우리나라가 남의 것을 모방하는 나라가 되지 말고, 이러한 높고 새로운 문화의 근원이 되고, 목표가 되고, 모범이 되기를 원한다. 그래서 진정한 세계의 평화가 우리나라에서, 우리로 말미암아 세계에 실현되기를 원한다.
>
> — 김구, 『내가 원하는 우리나라』

① 와신상담(臥薪嘗膽)　　　　　② 동병상련(同病相憐)
③ 삼고초려(三顧草廬)　　　　　④ 읍참마속(泣斬馬謖)
⑤ 할반지통(割半之痛)

02 A ~ D기업이 다음 〈조건〉에 따라 인턴과 정규직을 동시에 채용하고자 할 때, A ~ D기업의 인턴과 정규직 채용의 전체 인원은?

> **조건**
> • 전체 정규직 채용 인원수와 인턴 채용 인원수의 비는 3 : 2이다.
> • A기업과 D기업의 채용 인원수는 각각 전체 채용 인원수의 20%이다.
> • B기업과 C기업의 인턴 채용 인원수는 전체 채용 인원수의 10%이다.
> • B기업은 인턴만 채용한다.
> • C기업의 정규직 채용 인원수는 200명이다.

① 450명 ② 500명
③ 550명 ④ 600명
⑤ 650명

03 대구교통공사에서 2024년 상반기 워크숍을 진행하고자 한다. 다음 대화를 통해 워크숍에 참여하는 직원의 수를 구하면?

> A : 워크숍 간식으로 피자가 65판이 들어왔네요.
> B : 피자를 어떻게 배분하는 것이 좋을까요?
> A : 5명의 직원으로 구성된 조에는 피자를 1판, 8명의 직원으로 구성된 조에는 피자를 2판씩 주면 어떨까요?
> B : 그러면 5판이 남네요. 5판은 어떻게 할까요?
> A : 피자를 1판만 받은 조에서 조금 부족할 수 있으니, 조각으로 나눠서 주면 어떨까 싶어요.
> B : 그러면 피자를 1판 받은 조에 피자를 여덟 조각으로 나눈 다음 한 조당 두 조각씩 더 나누어 주면 딱 맞겠네요.

① 200명 ② 220명
③ 240명 ④ 260명
⑤ 280명

04 다음은 대구교통공사 회의실 이용 관련 자료이다. 이를 이해한 내용으로 옳지 않은 것을 〈보기〉에서 모두 고르면?

〈회의실 이용 관련 안내 사항〉

- 회의실 위치 : 본관 5층
- 회의실 이용 제한 시간 : 90분
- 회의실 인원 제한 : 15명
- 기타 주의 사항
  - 음료수 외 취식 금지
  - 노트북 1대 연결용 외에 별도의 콘센트는 없음

보기

ㄱ. 회의실에서 커피 등의 식수는 반입이 허용된다.
ㄴ. 회의실을 이용하고자 할 때 예약하는 방법을 알 수 있다.
ㄷ. 회의실 내 노트북 지참 시 충전 용량이 충분한지 확인해야 한다.
ㄹ. 근무시간 외에도 회의실 이용이 가능한지 알 수 있다.

① ㄱ, ㄷ
② ㄱ, ㄹ
③ ㄴ, ㄷ
④ ㄴ, ㄹ
⑤ ㄷ, ㄹ

05 상대방을 설득하기 위한 전략에는 여러 가지 방법이 있다. 다음 글에서 설명하는 설득 전략으로 가장 적절한 것은?

어떤 과학적인 논리보다도 동료를 비롯한 사람들의 말과 행동으로 상대방을 설득하는 것이 협상 과정에서 생기는 갈등을 해결하기 더 쉽다는 것으로, 사람은 과학적 이론보다 자신의 동료나 이웃의 말이나 행동에 의해서 쉽게 설득된다는 것과 관련된 기술이다.

---

① 연결 전략
② 희소성 해결 전략
③ 호혜 관계 형성 전략
④ 사회적 입증 전략
⑤ See – Feel – Change 전략

06 다음 중 변혁적 리더십과 거래적 리더십의 차이점에 대한 설명으로 옳지 않은 것은?

> 변혁적 리더십은 거래적 리더십 내용에 대조적이다. 리더가 조직원들에게 장기적 비전을 제시하고 그 비전을 향해 매진하도록 조직원들로 하여금 자신의 정서·가치관·행동 등을 바꾸어 목표 달성을 위한 성취의지와 자신감을 고취시킨다. 즉, 거래적 리더십은 교환에 초점을 맞춰 단기적 목표를 달성하고 이에 따른 보상을 받고, 변혁적 리더십은 장기적으로 성장과 발전을 도모하며 조직원들의 소속감, 몰입감, 응집력, 직무만족 등을 발생시킨다.
>
> 거래적 리더십은 '규칙을 따르는' 의무에 관계되어 있기 때문에 거래적 리더들은 변화를 촉진하기보다는 조직의 안정을 유지하는 것을 중시한다. 그리고 거래적 리더십에는 리더의 요구에 조직원들이 순응하는 결과를 가져오는 교환 과정이 포함되지만, 조직원들의 과업목표에 대한 열의와 몰입까지는 발생시키지 않는 것이 일반적이다.

① 변혁적 리더십은 공동목표를 추구하고 리더가 교육적 역할을 담당한다.
② 변혁적 리더십은 업무 등의 과제의 가치와 당위성을 주시하여 성공에 대한 기대를 제공한다.
③ 변혁적 리더십은 기계적 관료제에 적합하고, 거래적 리더십은 단순구조나 임시조직에 적합하다.
④ 거래적 리더십의 보상체계는 규정에 맞게 성과 달성 시 인센티브와 보상이 주어진다.
⑤ 거래적 리더십은 안정을 지향하고 폐쇄적인 성격을 가지고 있다.

07 다음 글에 나타난 A사원의 팔로워십 유형으로 옳은 것은?

> A사원은 평소 독립적·비판적인 사고는 부족하지만 자신의 임수를 수행한다. 또한 팀장의 지시나 판단에 지나치게 의존하는 경향을 보이기도 한다.

① 수동형   ② 소외형
③ 모범형   ④ 실무형
⑤ 순응형

08 직장 내 괴롭힘 금지법이 시행됨에 따라 사용자나 근로자가 직장에서의 지위 또는 관계 우위를 이용해 다른 근로자에게 신체적 · 정신적 고통을 주는 행위가 금지되었다. 다음 중 직장 내 괴롭힘 사례에 해당하지 <u>않는</u> 것은?

① 회사 내에서 업무 성과를 인정받고 있는 부하 직원이 상사의 업무 지시를 무시하였다.

② 같은 부서의 직원들이 한 명의 직원을 제외하고 단체 채팅방을 개설하여 사적인 이야기를 주고받았다.

③ 팀장이 자주 지각하는 팀원의 출근 내역을 매일 기록하는 등 특정 직원의 근태를 감시하였다.

④ 상사가 직원들 앞에서 부하 직원의 업무 실수를 공개적으로 지적하여 망신을 주었다.

⑤ 부장은 회식 참여가 어려울 것 같다는 신입사원에게 회식에 참여할 것을 강요하였다.

09 다음 중 알고리즘의 순서도에서 사용하는 도형의 의미에 대한 설명으로 옳지 <u>않은</u> 것은?

① ⬭ : 순서도의 시작과 끝

② ▭ : 자료의 연산, 이동 등의 처리

③ ◇ : 흐름의 분기

④ ⟶ : 처리의 흐름

⑤ ▱ : 기억장소, 초깃값 등

10 다음 글에서 설명하는 벤치마킹으로 가장 적절한 것은?

> 이 유형의 벤치마킹은 동일한 업종의 기업을 대상으로 상품이나 기술 및 경영 방식 등을 배워 자사에 맞게 재창조하는 것으로, 동일한 업종이긴 하나 윤리적 문제가 발생할 여지가 없기 때문에 정보에 대한 접근 및 자료 수집이 용이하다. 하지만 문화나 제도적인 차이가 있기 때문에 이로 인해 발생할 문제에 대한 분석을 철저히 하지 않는다면 잘못된 결과를 얻을 수 있다.

① 내부 벤치마킹   ② 경쟁적 벤치마킹

③ 비경쟁적 벤치마킹   ④ 글로벌 벤치마킹

⑤ 간접적 벤치마킹

11 다음은 산업재해를 예방하기 위해 제시되고 있는 하인리히의 법칙이다. 이에 의거할 때, 산업재해의 예방을 위해 조치를 취해야 하는 단계는 무엇인가?

> 1931년 미국의 한 보험회사에서 근무하던 하인리히는 회사에서 접한 수많은 사고를 분석하여 하나의 통계적 법칙을 발견하였다. '1 : 29 : 300 법칙'이라고도 부르는 이 법칙은 큰 사고로 인해 산업재해가 발생하면 이 사고가 발생하기 이전에 같은 원인으로 발생한 작은 사고 29번, 잠재적 사고 징후가 300번이 있었다는 것을 나타낸다.
> 하인리히는 이처럼 심각한 산업재해의 발생 전에 여러 단계의 사건이 도미노처럼 발생하기 때문에 앞 단계에서 적절히 대처한다면 산업재해를 예방할 수 있다고 주장했다.

① 사회 환경적 문제가 발생한 단계
② 개인 능력의 부족이 보이는 단계
③ 기술적 결함이 나타난 단계
④ 작업 관리상 문제가 나타난 단계
⑤ 불안전한 행동 및 상태가 나타난 단계

12 다음 글에서 나타나는 화자의 태도로 가장 적절한 것은?

> 거친 밭 언덕 쓸쓸한 곳에
> 탐스러운 꽃송이 가지 눌렀네.
> 매화비 그쳐 향기 날리고
> 보리 바람에 그림자 흔들리네.
> 수레와 말 탄 사람 그 누가 보아 주리
> 벌 나비만 부질없이 엿보네.
> 천한 땅에 태어난 것 스스로 부끄러워
> 사람들에게 버림받아도 참고 견디네.
>
> — 최치원, 『촉규화』

① 임금에 대한 자신의 충성을 드러내고 있다.
② 사랑하는 사람에 대한 그리움을 나타내고 있다.
③ 현실에 가로막힌 자신의 처지를 한탄하고 있다.
④ 사람들과의 단절로 인한 외로움을 표현하고 있다.
⑤ 역경을 이겨내기 위한 자신의 노력을 피력하고 있다.

13 다음 글에 대한 설명으로 적절하지 않은 것은?

중국 연경(燕京)의 아홉 개 성문 안팎으로 뻗은 수십 리 거리에는 관청과 아주 작은 골목을 제외하고는 대체로 길 양옆으로 모두 상점이 늘어서 휘황찬란하게 빛난다.

우리나라 사람들은 중국 시장의 번성한 모습을 처음 보고서는 "오로지 말단의 이익만을 숭상하고 있군."이라고 말하였다. 이것은 하나만 알고 둘은 모르는 소리이다. 대저 상인은 사농공상(士農工商) 사민(四民)의 하나에 속하지만, 이 하나가 나머지 세 부류의 백성을 소통시키기 때문에 열에 셋의 비중을 차지하지 않으면 안 된다.

사람들은 쌀밥을 먹고 비단옷을 입고 있으면 그 나머지 물건은 모두 쓸모없는 줄 안다. 그러나 무용지물을 사용하여 유용한 물건을 유통하고 거래하지 않는다면, 이른바 유용하다는 물건은 거의 대부분이 한 곳에 묶여서 유통되지 않거나 그것만이 홀로 돌아다니다 쉽게 고갈될 것이다. 따라서 옛날의 성인과 제왕께서는 이를 위하여 주옥(珠玉)과 화폐 등의 물건을 조성하여 가벼운 물건으로 무거운 물건을 교환할 수 있도록 하셨고, 무용한 물건으로 유용한 물건을 살 수 있도록 하셨다.

지금 우리나라는 지방이 수천 리이므로 백성들이 적지 않고, 토산품이 구비되어 있다. 그럼에도 산이나 물에서 생산되는 이로운 물건이 전부 세상에 나오지 않고, 경제를 윤택하게 하는 방법도 잘 모르며, 날마다 쓰는 것을 팽개친 채 그것에 대해 연구하지 않고 있다. 그러면서 중국의 거마, 주택, 단청, 비단이 화려한 것을 보고서는 대뜸 "사치가 너무 심하다."라고 말해 버린다.

그렇지만 중국이 사치로 망한다고 할 것 같으면, 우리나라는 반드시 검소함으로 인해 쇠퇴할 것이다. 왜 그러한가? 검소함이란 물건이 있음에도 불구하고 쓰지 않는 것이지, 자기에게 없는 물건을 스스로 끊어 버리는 것을 일컫지는 않는다. 현재 우리나라에는 진주를 캐는 집이 없고 시장에는 산호 같은 물건의 값이 정해져 있지 않다. 금이나 은을 가지고 점포에 들어가서는 떡과 엿을 사 먹을 수가 없다. 이런 현실이 정말 우리의 검소한 풍속 때문이겠는가? 이것은 그 재물을 사용할 줄 모르기 때문이다. 재물을 사용할 방법을 알지 못하므로 재물을 만들어 낼 방법을 알지 못하고, 재물을 만들어 낼 방법을 알지 못하므로 백성들의 생활은 날이 갈수록 궁핍해진다.

재물이란 우물에 비유할 수가 있다. 물을 퍼내면 우물에는 늘 물이 가득하지만, 물을 길어내지 않으면 우물은 말라 버린다. 이와 같은 이치로 화려한 비단옷을 입지 않으므로 나라에는 비단을 짜는 사람이 없고, 그로 인해 여인이 베를 짜는 모습을 볼 수 없게 되었다. 그릇이 찌그러져도 이를 개의치 않으며, 기교를 부려 물건을 만들려고 하지도 않아 나라에는 공장(工匠)과 목축과 도공이 없어져 기술이 전해지지 않는다. 더 나아가 농업도 황폐해져 농사짓는 방법이 형편없고, 상업을 박대하므로 상업 자체가 실종되었다. 사농공상 네 부류의 백성이 누구나 할 것 없이 다 가난하게 살기 때문에 서로를 구제할 길이 없다.

지금 종각이 있는 종로 네거리에는 시장 점포가 연이어 있다고 하지만 그것은 1리도 채 안 된다. 중국에서 내가 지나갔던 시골 마을은 거의 몇 리에 걸쳐 점포로 뒤덮여 있었다. 그곳으로 운반되는 물건의 양이 우리나라 곳곳에서 유통되는 것보다 많았는데, 이는 그곳 가게가 우리나라보다 더 부유해서 그러한 것이 아니고 재물이 유통되느냐 유통되지 못하느냐에 따른 결과인 것이다.

– 박제가, 『시장과 우물』

① 재물이 적절하게 유통되지 않는 현실을 비판하고 있다.
② 재물을 유통하기 위한 성현들의 노력을 근거로 제시하고 있다.
③ 경제의 규모를 늘리기 위한 소비의 중요성을 강조하고 있다.
④ 조선의 경제가 윤택하지 못한 이유를 생산량의 부족으로 보고 있다.
⑤ 산업의 발전을 위해 적당한 사치가 있어야 함을 제시하고 있다.

14 다음 중 한자성어와 그 뜻이 바르게 연결되지 않은 것은?

① 水魚之交 : 아주 친밀하여 떨어질 수 없는 사이
② 結草報恩 : 죽은 뒤에라도 은혜를 잊지 않고 갚음
③ 靑出於藍 : 제자나 후배가 스승이나 선배보다 나음
④ 指鹿爲馬 : 윗사람을 농락하여 권세를 마음대로 함
⑤ 刻舟求劍 : 말로는 친한 듯 하나 속으로는 해칠 생각이 있음

15 다음 중 밑줄 친 부분의 띄어쓰기가 옳지 않은 것은?

① 운전을 어떻게 해야 <u>하는지</u> 알려 주었다.
② 오랫동안 <u>애쓴 만큼</u> 좋은 결과가 나왔다.
③ 모두가 떠나가고 남은 사람은 고작 <u>셋 뿐이다</u>.
④ 참가한 사람들은 누구의 키가 <u>큰지 작은지</u> 비교해 보았다.
⑤ 민족의 큰 명절에는 온 나라 방방곡곡에서 <u>씨름판이</u> 열렸다.

16 다음 중 밑줄 친 부분의 표기가 옳지 않은 것은?

① 늦게 온다던 친구가 <u>금세</u> 도착했다.
② 변명할 틈도 없이 그에게 일방적으로 <u>채였다</u>.
③ 못 본 사이에 그의 얼굴은 <u>핼쑥하게</u> 변했다.
④ 빠르게 변해버린 고향이 <u>낯설게</u> 느껴졌다.
⑤ 문제의 정답을 찾기 위해 <u>곰곰이</u> 생각해 보았다.

17 다음은 전자제품 판매업체 3사를 다섯 가지 항목으로 나누어 평가한 자료이다. 이를 토대로 3사의 항목별 비교 및 균형을 쉽게 파악할 수 있도록 나타낸 그래프로 옳은 것은?

〈전자제품 판매업체 3사 평가표〉

(단위 : 점)

구분	디자인	가격	광고 노출도	브랜드 선호도	성능
A사	4.1	4.0	2.5	2.1	4.6
B사	4.5	1.5	4.9	4.0	2.0
C사	2.5	4.5	0.6	1.5	4.0

①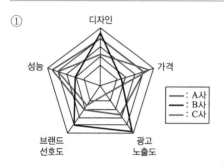

②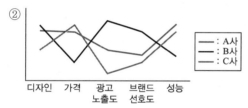

③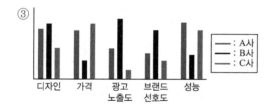

④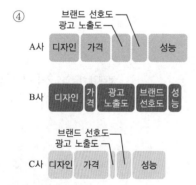

⑤

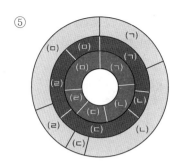

	: A사
	: B사
	: C사

(ㄱ) – 디자인
(ㄴ) – 가격
(ㄷ) – 광고 노출도
(ㄹ) – 브랜드 선호도
(ㅁ) – 성능

18 다음은 2023년 K톨게이트를 통과한 차량에 대한 자료이다. 이에 대한 설명으로 옳지 않은 것은?

〈2023년 K톨게이트 통과 차량〉

(단위 : 천 대)

구분	승용차			승합차			대형차		
	영업용	비영업용	합계	영업용	비영업용	합계	영업용	비영업용	합계
1월	152	3,655	3,807	244	2,881	3,125	95	574	669
2월	174	3,381	3,555	222	2,486	2,708	101	657	758
3월	154	3,909	4,063	229	2,744	2,973	139	837	976
4월	165	3,852	4,017	265	3,043	3,308	113	705	818
5월	135	4,093	4,228	211	2,459	2,670	113	709	822
6월	142	3,911	4,053	231	2,662	2,893	107	731	838
7월	164	3,744	3,908	237	2,721	2,958	117	745	862
8월	218	3,975	4,193	256	2,867	3,123	115	741	856
9월	140	4,105	4,245	257	2,913	3,170	106	703	809
10월	135	3,842	3,977	261	2,812	3,073	107	695	802
11월	170	3,783	3,953	227	2,766	2,993	117	761	878
12월	147	3,730	3,877	243	2,797	3,040	114	697	811

① 전체 승용차 수와 전체 승합차 수의 합이 가장 많은 달은 9월이고, 가장 적은 달은 2월이다.

② 4월을 제외하고 K톨게이트를 통과한 비영업용 승합차 수는 월별 300만 대 미만이었다.

③ 전체 대형차 수 중 영업용 대형차 수의 비율은 모든 달에서 10% 이상이다.

④ 영업용 승합차 수는 모든 달에서 영업용 대형차 수의 2배 이상이다.

⑤ 승용차가 가장 많이 통과한 달의 전체 승용차 수에 대한 영업용 승용차 수의 비율은 3% 이상이다.

19 다음 식을 계산하여 나온 수의 백의 자리, 십의 자리, 일의 자리를 순서대로 바르게 나열한 것은?

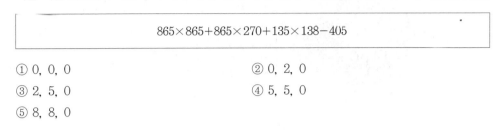

$$865 \times 865 + 865 \times 270 + 135 \times 138 - 405$$

① 0, 0, 0　　　　　　　　　　② 0, 2, 0

③ 2, 5, 0　　　　　　　　　　④ 5, 5, 0

⑤ 8, 8, 0

20 일정한 규칙으로 수를 나열할 때, 빈칸에 들어갈 수로 옳은 것은?

| -2 | 1 | 6 | 13 | 22 | 33 | 46 | 61 | 78 | 97 | ( ) |

① 102　　　　　　　　　　　② 106

③ 110　　　　　　　　　　　④ 114

⑤ 118

21 K중학교 2학년 A ~ F 6개의 학급이 체육대회에서 줄다리기 경기를 다음과 같은 토너먼트로 진행하려고 한다. 이때, A반과 B반이 모두 두 번의 경기를 거쳐 결승에서 만나게 되는 경우의 수는?

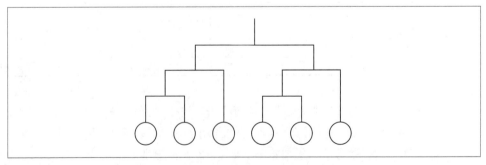

① 6가지　　　　　　　　　　② 24가지

③ 120가지　　　　　　　　　④ 180가지

⑤ 720가지

22 다음은 연령대별로 도시와 농촌에서의 여가생활 만족도 평가 점수를 조사한 자료이다. 〈조건〉에 따라 빈칸 ㄱ ~ ㄹ에 들어갈 수를 순서대로 바르게 나열한 것은?

〈연령대별 도시·농촌 여가생활 만족도 평가〉

(단위 : 점)

구분	10대 미만	10대	20대	30대	40대	50대	60대	70대 이상
도시	1.6	ㄱ	3.5	ㄴ	3.9	3.8	3.3	1.7
농촌	1.3	1.8	2.2	2.1	2.1	ㄷ	2.1	ㄹ

※ 매우 만족 : 5점, 만족 : 4점, 보통 : 3점, 불만 : 2점, 매우 불만 : 1점

조건
- 도시에서 여가생활 만족도는 모든 연령대에서 같은 연령대의 농촌보다 높았다.
- 도시에서 10대의 여가생활 만족도는 농촌에서 10대의 2배보다 높았다.
- 도시에서 여가생활 만족도가 가장 높은 연령대는 40대였다.
- 농촌에서 여가생활 만족도가 가장 높은 연령대는 50대지만, 3점을 넘기지 못했다.

	ㄱ	ㄴ	ㄷ	ㄹ
①	3.8	3.3	2.8	3.5
②	3.5	3.3	3.2	3.5
③	3.8	3.3	2.8	1.5
④	3.5	4.0	3.2	1.5
⑤	3.8	4.0	2.8	1.5

23 면접 참가자 A ~ E 5명은 〈조건〉과 같이 면접장에 도착했다. 동시에 도착한 사람은 없다고 할 때, 다음 중 항상 참인 것은?

조건
- B는 A 바로 다음에 도착했다.
- D는 E보다 늦게 도착했다.
- C보다 먼저 도착한 사람이 1명 있다.

① E는 가장 먼저 도착했다.
② B는 가장 늦게 도착했다.
③ A는 네 번째로 도착했다.
④ D는 가장 먼저 도착했다.
⑤ D는 A보다 먼저 도착했다.

※ 서울역 근처 K공사에 근무하는 A과장은 1월 10일에 팀원 4명과 함께 부산에 있는 출장지에 열차를 타고 가려고 한다. 다음 자료를 보고 이어지는 질문에 답하시오. [24~25]

〈서울역 → 부산역 열차 시간표〉

구분	출발시각	정차역	다음 정차역까지 소요시간	총주행시간	성인 1인당 요금
KTX	8:00	–	–	2시간 30분	59,800원
ITX-청춘	7:20	대전	40분	3시간 30분	48,800원
ITX-마음	6:40	대전, 울산	40분	3시간 50분	42,600원
새마을호	6:30	대전, 울산, 동대구	60분	4시간 30분	40,600원
무궁화호	5:30	대전, 울산, 동대구	80분	5시간 40분	28,600원

※ 위의 열차 시간표는 1월 10일 운행하는 열차 종류별로 승차권 구입이 가능한 가장 빠른 시간표이다.
※ 총주행시간은 정차 · 대기시간을 제외한 열차가 실제로 달리는 시간이다.

〈운행 조건〉

• 정차역에 도착할 때마다 대기시간 15분을 소요한다.
• 정차역에 먼저 도착한 열차가 출발하기 전까지 뒤에 도착한 열차는 정차역에 들어오지 않고 대기한다.
• 정차역에 먼저 도착한 열차가 정차역을 출발한 후, 5분 뒤에 대기 중인 열차가 정차역에 들어온다.
• 정차역에 2종류 이상의 열차가 동시에 도착하였다면, ITX-청춘 → ITX-마음 → 새마을호 → 무궁화호 순으로 정차역에 들어온다.
• 목적지인 부산역은 먼저 도착한 열차로 인한 대기 없이 바로 역에 들어온다.

| 코레일 한국철도공사 / 문제해결능력

24 다음 중 자료에 대한 설명으로 옳지 않은 것은?

① ITX-청춘보다 ITX-마음이 목적지에 더 빨리 도착한다.
② 부산역에 가장 늦게 도착하는 열차는 12시에 도착한다.
③ ITX-마음은 먼저 도착한 열차로 인한 대기시간이 없다.
④ 부산역에 가장 빨리 도착하는 열차는 10시 30분에 도착한다.
⑤ 무궁화호는 울산역, 동대구역에서 다른 열차로 인해 대기한다.

25 다음 〈조건〉에 따라 승차권을 구입할 때, A과장과 팀원 4명의 총요금은?

> **조건**
> • A과장과 팀원 1명은 7시 30분까지 K공사에서 사전 회의를 가진 후 출발한다.
> • 목적지인 부산역에는 11시 30분까지 도착해야 한다.
> • 열차 요금은 가능한 한 저렴하게 한다.

① 247,400원   ② 281,800원
③ 312,800원   ④ 326,400원
⑤ 347,200원

26 다음 글에서 알 수 있는 논리적 사고의 구성요소로 가장 적절한 것은?

> A는 동업자 B와 함께 신규 사업을 시작하기 위해 기획안을 작성하여 논의하였다. 그러나 B는 신규 기획안을 읽고 시기나 적절성에 대해 부정적인 입장을 보였다. A가 B를 설득하기 위해 B의 의견들을 정리하여 생각해 보니 B는 신규 사업을 시작하는 데 있어 다른 경쟁사보다 늦게 출발하여 경쟁력이 부족하다는 점 때문에 신규 사업에 부정적이라는 것을 알게 되었다. 이에 A는 경쟁력을 높이기 위한 다양한 아이디어를 추가로 제시하여 B를 다시 설득하였다.

① 설득   ② 구체적인 생각
③ 생각하는 습관   ④ 타인에 대한 이해
⑤ 상대 논리의 구조화

27 다음은 2019 ~ 2023년 건강보험료 부과 금액 및 1인당 건강보험 급여비에 대한 자료이다. 이에 대한 설명으로 옳지 않은 것은?

〈건강보험료 부과 금액 및 1인당 건강보험 급여비〉

구분	2019년	2020년	2021년	2022년	2023년
건강보험료 부과 금액 (십억 원)	59,130	63,120	69,480	76,775	82,840
1인당 건강보험 급여비(원)	1,300,000	1,400,000	1,550,000	1,700,000	1,900,000

① 건강보험료 부과 금액과 1인당 건강보험 급여비는 모두 매년 증가하였다.
② 2020 ~ 2023년 동안 전년 대비 1인당 건강보험 급여비가 가장 크게 증가한 해는 2023년이다.
③ 2020 ~ 2023년 동안 전년 대비 건강보험료 부과 금액의 증가율은 항상 10% 미만이었다.
④ 2019년 대비 2023년의 1인당 건강보험 급여비는 40% 이상 증가하였다.

28 다음 글의 내용으로 적절하지 않은 것은?

K공단은 의사와 약사가 협력하여 지역주민의 안전한 약물 사용을 돕는 의·약사 협업 다제약물 관리사업을 6월 26일부터 서울 도봉구에서 시작했다고 밝혔다.

지난 2018년부터 K공단이 진행 중인 다제약물 관리사업은 10종 이상의 약을 복용하는 만성질환자를 대상으로 약물의 중복 복용과 부작용 등을 예방하기 위해 의약전문가가 약물관리 서비스를 제공하는 사업이다. 지역사회에서는 K공단에서 위촉한 자문 약사가 가정을 방문하여 대상자가 먹고 있는 일반 약을 포함한 전체 약을 대상으로 약물의 복용상태, 부작용, 중복 등을 종합적으로 검토하고 그 결과를 바탕으로 상담, 교육 및 처방조정 안내를 실시함으로써 약물관리가 이루어지고, 병원에서는 입원 및 외래환자를 대상으로 의사, 약사 등으로 구성된 다학제팀(전인적인 돌봄을 위해 의사, 간호사, 약사, 사회복지사 등 다양한 전문가들로 이루어진 팀)이 약물관리 서비스를 제공한다.

다제약물 관리사업 효과를 평가한 결과, 지역사회에서는 약물관리를 받은 사람의 복약순응도가 56.3% 개선되었고, 효능이 유사한 약물을 중복해서 복용하는 환자가 40.2% 감소되었다. 또한, 병원에서 제공된 다제약물 관리사업으로 응급실 방문 위험이 47%, 재입원 위험이 18% 감소되는 등의 효과를 확인하였다.

다만, 지역사회에서는 약사의 약물 상담결과가 의사의 처방조정에까지 반영되는 다학제 협업 시스템이 미흡하다는 의견이 제기되었다. 이러한 문제점의 개선을 위해 K공단은 도봉구 의사회와 약사회, 전문가로 구성된 지역협의체를 구성하고, 지난 4월부터 3회에 걸친 논의를 통해 의·약사 협업 모형을 개발하고, 사업 참여 의·약사 선정, 서비스 제공 대상자 모집 및 정보공유 방법 등의 현장 적용방안을 마련했다. 의사나 K공단이 선정한 약물관리 대상자는 자문 약사의 약물점검(필요시 의사 동행)을 받게 되며, 그 결과가 K공단의 정보 시스템을 통해 대상자의 단골 병원 의사에게 전달되어 처방 시 반영될 수 있도록 하는 것이 주요 골자이다. 지역 의·약사 협업 모형은 2023년 12월까지 도봉구 지역의 일차의료 만성질환관리 시범사업에 참여하는 의원과 자문 약사를 중심으로 우선 실시한다. 이후 사업의 효과성을 평가하고 부족한 점은 보완하여 다른 지역에도 확대 적용할 예정이다.

---

① K공단에서 위촉한 자문 약사는 환자가 먹는 약물을 조사하여 직접 처방할 수 있다.
② 다제약물 관리사업으로 인해 환자는 복용하는 약물의 수를 줄일 수 있다.
③ 다제약물 관리사업의 주요 대상자는 10종 이상의 약을 복용하는 만성질환자이다.
④ 다제약물 관리사업은 지역사회보다 병원에서 더 활발히 이루어지고 있다.

29 다음 문단 뒤에 이어질 내용을 논리적 순서대로 바르게 나열한 것은?

> 아토피 피부염은 만성적으로 재발하는 양상을 보이며 심한 가려움증을 동반하는 염증성 피부 질환으로, 연령에 따라 특징적인 병변의 분포와 양상을 보인다.
>
> (가) 이와 같이 아토피 피부염은 원인을 정확히 파악할 수 없기 때문에 아토피 피부염의 진단을 위한 특이한 검사소견은 없으며, 임상 증상을 종합하여 진단한다. 기존에 몇 가지 국외의 진단기준이 있었으며, 2005년 대한아토피피부염학회에서는 한국인 아토피 피부염에서 특징적으로 관찰되는 세 가지 주진단 기준과 14가지 보조진단 기준으로 구성된 한국인 아토피 피부염 진단기준을 정하였다.
>
> (나) 아토피 피부염 환자는 정상 피부에 비해 민감한 피부를 가지고 있으며 다양한 자극원에 의해 악화될 수 있으므로 앞의 약물치료와 더불어 일상생활에서도 이를 피할 수 있도록 노력해야 한다. 비누와 세제, 화학약품, 모직과 나일론 의류, 비정상적인 기온이나 습도에 대한 노출 등이 대표적인 피부 자극 요인들이다. 면제품 속옷을 입도록 하고, 세탁 후 세제가 남지 않도록 물로 여러 번 헹구도록 한다. 또한 평소 실내 온도, 습도를 쾌적하게 유지하는 것도 중요하다. 땀이나 자극성 물질을 제거하는 목적으로 미지근한 물에 샤워를 하는 것이 좋으며, 샤워 후에는 3분 이내에 보습제를 바르는 것이 좋다.
>
> (다) 아토피 피부염을 진단받아 치료하기 위해서는 보습이 가장 중요하고, 피부 증상을 악화시킬 수 있는 자극원, 알레르겐 등을 피하는 것이 필요하다. 국소 치료제로는 국소 스테로이드제가 가장 기본적인 치료제이다. 국소 칼시뉴린 억제제도 효과적으로 사용되는 약제이며, 국소 스테로이드제 사용으로 발생 가능한 피부 위축 등의 부작용이 없다. 아직 국내에 들어오지는 않았으나 국소 포스포디에스테라제 억제제도 있다. 이 외에는 전신치료로 가려움증 완화를 위해 사용할 수 있는 항히스타민제가 있고, 필요시 경구 스테로이드제를 사용할 수 있다. 심한 아토피 피부염 환자에서는 면역 억제제가 사용된다. 광선치료(자외선치료)도 아토피 피부염 치료로 이용된다. 최근에는 아토피 피부염을 유발하는 특정한 사이토카인 신호 전달을 차단할 수 있는 생물학적제제인 두필루맙(Dupilumab)이 만성 중증 아토피 피부염 환자를 대상으로 사용되고 있으며, 치료 효과가 뛰어나다고 알려져 있다.
>
> (라) 많은 연구에도 불구하고 아토피 피부염의 정확한 원인은 아직 밝혀지지 않았다. 현재까지는 피부 보호막 역할을 하는 피부장벽 기능의 이상, 면역체계의 이상, 유전적 및 환경적 요인 등이 복합적으로 상호작용한 결과 발생하는 것으로 보고 있다.

① (다) – (가) – (라) – (나)

② (다) – (나) – (라) – (가)

③ (라) – (가) – (나) – (다)

④ (라) – (가) – (다) – (나)

30 다음은 대한민국 입국 목적별 비자 종류의 일부이다. 외국인 A ~ D씨가 피초청자로서 입국할 때, 초청 목적에 따라 발급받아야 하는 비자의 종류를 바르게 짝지은 것은?(단, 비자면제 협정은 없는 것으로 가정한다)

〈대한민국 입국 목적별 비자 종류〉

• 외교·공무
 − 외교(A-1) : 대한민국 정부가 접수한 외국 정부의 외교사절단이나 영사기관의 구성원, 조약 또는 국제관행에 따라 외교사절과 동등한 특권과 면제를 받는 사람과 그 가족
 − 공무(A-2) : 대한민국 정부가 승인한 외국 정부 또는 국제기구의 공무를 수행하는 사람과 그 가족
• 유학·어학연수
 − 학사유학(D-2-2) : (전문)대학, 대학원 또는 특별법의 규정에 의하여 설립된 전문대학 이상 의 학술기관에서 정규과정(학사)의 교육을 받고자 하는 자
 − 교환학생(D-2-6) : 대학 간 학사교류 협정에 의해 정규과정 중 일정 기간 동안 교육을 받고 자 하는 교환학생
• 비전문직 취업
 − 제조업(E-9-1) : 외국인근로자의 고용에 관한 법률의 규정에 의한 국내 취업요건을 갖추어 제조업체에 취업하고자 하는 자
 − 농업(E-9-3) : 외국인근로자의 고용에 관한 법률의 규정에 의한 국내 취업요건을 갖추어 농 업, 축산업 등에 취업하고자 하는 자
• 결혼이민
 − 결혼이민(F-6-1) : 한국에서 혼인이 유효하게 성립되어 있고, 우리 국민과 결혼생활을 지속 하기 위해 국내 체류를 하고자 하는 외국인
 − 자녀양육(F-6-2) : 국민의 배우자(F-6-1) 자격에 해당하지 않으나 출생한 미성년 자녀(사 실혼 관계 포함)를 국내에서 양육하거나 양육하려는 부 또는 모
• 치료요양
 − 의료관광(C-3-3) : 국내 의료기관에서 진료 또는 요양할 목적으로 입국하는 외국인 환자와 간병 등을 위해 동반입국이 필요한 동반가족 및 간병인(90일 이내)
 − 치료요양(G-1-10) : 국내 의료기관에서 진료 또는 요양할 목적으로 입국하는 외국인 환자와 간병 등을 위해 동반입국이 필요한 동반가족 및 간병인(1년 이내)

〈피초청자 초청 목적〉

피초청자	국적	초청 목적
A	말레이시아	부산에서 6개월가량 입원 치료가 필요한 아들의 간병(아들의 국적 또한 같음)
B	베트남	경기도 소재 O제조공장 취업(국내 취업요건을 모두 갖춤)
C	사우디아라비아	서울 소재 K대학교 교환학생
D	인도네시아	대한민국 개최 APEC 국제기구 정상회의 참석

	A	B	C	D
①	C-3-3	D-2-2	F-6-1	A-2
②	G-1-10	E-9-1	D-2-6	A-2
③	G-1-10	D-2-2	F-6-1	A-1
④	C-3-3	E-9-1	D-2-6	A-1

※ 다음 명제가 모두 참일 때, 빈칸에 들어갈 명제로 가장 적절한 것을 고르시오. [31~32]

31

- 잎이 넓은 나무는 키가 크다.
- 잎이 넓지 않은 나무는 덥지 않은 지방에서 자란다.
- _____
- 따라서 더운 지방에서 자라는 나무는 열매가 많이 맺힌다.

① 잎이 넓지 않은 나무는 열매가 많이 맺힌다.

② 열매가 많이 맺히지 않는 나무는 키가 작다.

③ 벌레가 많은 지역은 열매가 많이 맺히지 않는다.

④ 키가 작은 나무는 덥지 않은 지방에서 자란다.

32

- 풀을 먹는 동물은 몸집이 크다.
- 사막에서 사는 동물은 물속에서 살지 않는다.
- _____
- 따라서 물속에서 사는 동물은 몸집이 크다.

① 몸집이 큰 동물은 물속에서 산다.

② 물이 있으면 사막이 아니다.

③ 사막에 사는 동물은 몸집이 크다.

④ 풀을 먹지 않는 동물은 사막에 산다.

2024년 주요 공기업 NCS 기출복원문제 • **19**

※ 다음 글을 읽고 이어지는 질문에 답하시오. [33~34]

통계청이 발표한 출생·사망통계에 따르면 국내 합계출산율(가임여성 1명이 평생 낳을 것으로 기대되는 평균 출생아 수)은 2015년 1.24명에서 2023년 0.72명으로 급격하게 감소했다. 이 수치는 OECD 38개국 중 꼴찌일 뿐 아니라 바로 앞 순위인 스페인의 1.19명과도 상당한 차이를 보인다.

실제로 2020년부터 사망자 수가 출생아 수를 넘어서면서 이른 바 데드크로스 현상이 나타나고 있으며, 이 사태가 지속된다면 머지않아 경제, 사회, 안보 등 모든 분야가 순차적으로 직격탄을 맞게 될 것이다.

이에 정부는 현 상황을 해결하고자 3대 핵심부분인 일가정 양립, 양육, 주거를 중심으로 지원하겠다고 밝혔다. 특히 소득 차이를 줄이기 위한 방안으로 현행 월 150만 원인 육아휴직 월 급여 상한을 최초 3개월 동안 250만 원으로 증액시키고, 연 1회 2주 단위의 단기휴직을 도입하겠다고 밝혔다.

이 외에도 경력단절 문제를 해결하기 위한 방안으로 육아기 단축근로제도를 수정하였는데, 기존 제도에서 _____ 또 육아휴직과 출산휴가를 통합신청을 가능하게 하고 이에 대해 14일 이내 사업주가 서면으로 허용하지 않으면 자동 승인되도록 하여 눈치 보지 않고 육아휴직 및 출산휴가를 사용할 수 있도록 개선하였다.

다만 제도가 변경되어도 현실적으로 육아휴직 사용이 어려운 소규모 사업장에서의 사용률을 높일 수 있는 법적 강제화 방안은 제외되었으며, 배달라이더 등 특수고용노동자나 자영업자는 전과 같이 적용대상에서 제외되었다.

33 다음 중 윗글에 대한 설명으로 적절하지 않은 것은?

① 2020년 이후 우리나라 전체 인구수는 감소하고 있다.
② 2023년 OECD 38개국 중 유일하게 우리나라만 인구감소 현상이 나타났다.
③ 정부는 저출생의 가장 큰 원인을 일가정 양립, 양육, 주거로 보고 있다.
④ 육아 휴직 및 출산 휴가 제도가 개선되었더라도 수혜 대상은 이전과 유사하다.

34 다음 중 윗글의 빈칸에 들어갈 내용으로 가장 적절한 것은?

① 자녀의 대상연령은 축소하고, 제도의 이용기간은 줄였다.
② 자녀의 대상연령은 축소하고, 제도의 이용기간은 늘렸다.
③ 자녀의 대상연령은 확대하고, 제도의 이용기간은 줄였다.
④ 자녀의 대상연령은 확대하고, 제도의 이용기간은 늘렸다.

35 다음과 같이 일정한 규칙으로 수를 나열할 때 빈칸에 들어갈 수로 옳은 것은?

• 6	13	8	8	144
• 7	11	7	4	122
• 8	9	6	2	100
• 9	7	5	1	( )

① 75
② 79
③ 83
④ 87

36 다음과 같이 둘레의 길이가 2,000m인 원형 산책로에서 오후 5시 정각에 A씨가 3km/h의 속력으로 산책로를 따라 걷기 시작했다. 30분 후 B씨는 A씨가 걸어간 반대 방향으로 7km/h의 속력으로 같은 산책로를 따라 달리기 시작했을 때, A씨와 B씨가 두 번째로 만날 때의 시각은?

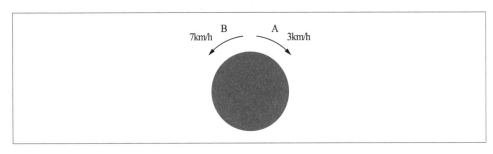

① 오후 6시 30분
② 오후 6시 15분
③ 오후 6시
④ 오후 5시 45분

37 폴더 여러 개가 열려 있는 상태에서 다음과 같이 폴더를 나란히 보기 위해 화면을 분할하고자 할 때, 입력해야 할 단축키로 옳은 것은?

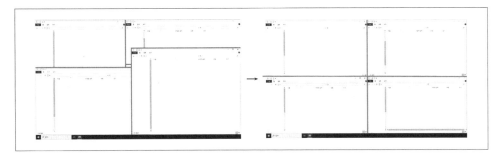

① 〈Shift〉+〈화살표 키〉
② 〈Ctrl〉+〈화살표 키〉
③ 〈Window 로고 키〉+〈화살표 키〉
④ 〈Alt〉+〈화살표 키〉

※ 다음은 중학생 15명을 대상으로 한 달 용돈 금액을 조사한 자료이다. 이어지는 질문에 답하시오.
[38~39]

	A	B
1	이름	금액(원)
2	강○○	30,000
3	권○○	50,000
4	고○○	100,000
5	김○○	30,000
6	김△△	25,000
7	류○○	75,000
8	오○○	40,000
9	윤○○	100,000
10	이○○	150,000
11	임○○	75,000
12	장○○	50,000
13	전○○	60,000
14	정○○	45,000
15	황○○	50,000
16	황△△	100,000

| 건강보험심사평가원 / 정보능력

38 다음 중 한 달 용돈이 50,000원 이상인 학생 수를 구하고자 할 때, 입력해야 할 함수식으로 옳은 것은?

① =MODE(B2:B16)

② =COUNTIF(B2:B16, ">=50000")

③ =MATCH(50000,B2:B16,0)

④ =VLOOKUP(50000,$B$1:$B$16,1,0)

| 건강보험심사평가원 / 정보능력

39 다음 중 학생들이 받는 한 달 평균 용돈을 백 원 미만은 버림하여 구하고자 할 때, 입력해야 할 함수식으로 옳은 것은?

① =LEFT((AVERAGE(B2:B16)),2)

② =RIGHT((AVERAGE(B2:B16)),2)

③ =ROUNDUP((AVERAGE(B2:B16)),-2)

④ =ROUNDDOWN((AVERAGE(B2:B16)),-2)

40 S편의점을 운영하는 P씨는 개인사정으로 이번 주 토요일 하루만 오전 10시부터 오후 8시까지 직원들을 대타로 고용할 예정이다. 직원 A ~ D의 시급과 근무 가능 시간이 다음과 같을 때, 가장 적은 인건비는 얼마인가?

〈S편의점 직원 시급 및 근무 가능 시간〉

직원	시급	근무 가능 시간
A	10,000원	오후 12:00 ~ 오후 5:00
B	10,500원	오전 10:00 ~ 오후 3:00
C	10,500원	오후 12:00 ~ 오후 6:00
D	11,000원	오후 12:00 ~ 오후 8:00

※ 추가 수당으로 시급의 1.5배를 지급한다.
※ 직원 1명당 근무시간은 최소 2시간 이상이어야 한다.

① 153,750원
② 155,250원
③ 156,000원
④ 157,500원
⑤ 159,000원

41 다음은 S마트에 진열된 과일 7종의 판매량에 대한 자료이다. 30개 이상 팔린 과일의 개수를 구하기 위해 [C9] 셀에 입력해야 할 함수식으로 옳은 것은?

〈S마트 진열 과일 판매량〉

	A	B	C
1	번호	과일	판매량(개)
2	1	바나나	50
3	2	사과	25
4	3	참외	15
5	4	배	23
6	5	수박	14
7	6	포도	27
8	7	키위	32
9			

① =MID(C2:C8)
② =COUNTIF(C2:C8, "> =30")
③ =MEDIAN(C2:C8)
④ =AVERAGEIF(C2:C8, "> =30")
⑤ =MIN(C2:C8)

42 다음 중 갈등의 과정 단계를 순서대로 바르게 나열한 것은?

> ㄱ. 이성과 이해의 상태로 돌아가며 협상과정을 통해 쟁점이 되는 주제를 논의하고, 새로운 제안을 하고, 대안을 모색한다.
> ㄴ. 설득보다는 강압적·위협적인 방법 등 극단적인 모습을 보이며 상대방의 생각이나 의견, 제안을 부정하고, 상대방은 그에 대한 반격으로 대응함으로써 자신들의 반격을 정당하게 생각한다.
> ㄷ. 의견 불일치가 해소되지 않아 감정이 개입되어 상대방의 주장에 대한 문제점을 찾기 시작하고, 상대방의 입장은 부정하면서 자기주장만 하려고 한다.
> ㄹ. 서로 간의 생각이나 신념, 가치관 차이로 인해 의견 불일치가 생겨난다.
> ㅁ. 회피, 경쟁, 수용, 타협, 통합의 방법으로 서로 간의 견해를 일치하려 한다.

① ㄹ - ㄱ - ㄴ - ㄷ - ㅁ
② ㄹ - ㄴ - ㄷ - ㄱ - ㅁ
③ ㄹ - ㄷ - ㄴ - ㄱ - ㅁ
④ ㅁ - ㄱ - ㄴ - ㄷ - ㄹ
⑤ ㅁ - ㄹ - ㄴ - ㄷ - ㄱ

43 다음 중 B에 대한 A의 행동이 직장 내 괴롭힘에 해당하지 않는 것은?

① A대표는 B사원에게 본래 업무에 더해 개인적인 용무를 자주 지시하였고, B사원은 과중한 업무로 인해 근무환경이 악화되었다.

② A팀장은 업무처리 속도가 늦은 B사원만 업무에서 배제시키고 청소나 잡일만을 지시하였다. 이에 B사원은 고의적인 업무배제에 정신적 고통을 호소하였다.

③ A팀장은 기획의도와 맞지 않는다는 이유로 B사원에게 수차례 보완을 요구하였다. 계속해서 보완을 명령받은 B사원은 늘어난 업무량으로 인해 스트레스를 받아 휴직을 신청하였다.

④ A대리는 육아휴직 후 복직한 동기인 B대리를 다른 직원과 함께 조롱하고 무시하며 따돌렸다. 이에 B대리는 우울증을 앓았고 결국 퇴사하였다.

⑤ A대표는 실적이 부진하다는 이유로 B과장을 다른 직원이 보는 앞에서 욕설 등의 모욕감을 주었고 이에 B과장은 정신적 고통을 호소하였다.

44 다음 중 S의 사례에서 볼 수 있는 직업윤리 의식으로 옳은 것은?

> 어릴 적부터 각종 기계를 분해하고 다시 조립하는 취미가 있던 S는 공대를 졸업한 뒤 로봇 엔지니어로 활동하고 있다. S는 자신의 직업이 적성에 꼭 맞는다고 생각하여 더 높은 성취를 위해 성실히 노력하고 있다.

① 소명의식   ② 봉사의식

③ 책임의식   ④ 직분의식

⑤ 천직의식

45 다음 중 경력개발의 단계별 내용으로 적절하지 않은 것은?

① 직업 선택 : 외부 교육 등 필요한 교육을 이수함

② 조직 입사 : 조직의 규칙과 규범에 대해 배움

③ 경력 초기 : 역량을 증대시키고 꿈을 추구해 나감

④ 경력 중기 : 이전 단계를 재평가하고 더 업그레이드된 꿈으로 수정함

⑤ 경력 말기 : 지속적으로 열심히 일함

46 다음 10개의 수의 중앙값이 8일 때, 빈칸에 들어갈 수로 옳은 것은?

10	( )	6	9	9	7	8	7	10	7

① 6   ② 7

③ 8   ④ 9

47 1 ~ 200의 자연수 중에서 2, 3, 5 중 어느 것으로도 나누어떨어지지 않는 수는 모두 몇 개인가?

① 50개　　　　　　　　　　　　② 54개

③ 58개　　　　　　　　　　　　④ 62개

48 어떤 원형 시계가 4시 30분을 가리키고 있다. 이 시계의 시침과 분침이 만드는 작은 부채꼴의 넓이와 전체 원의 넓이의 비는 얼마인가?

① $\dfrac{1}{8}$　　　　　　　　　　② $\dfrac{1}{6}$

③ $\dfrac{1}{4}$　　　　　　　　　　④ $\dfrac{1}{2}$

49 다음 그림과 같은 길의 A지점에서 출발하여 최단거리로 이동하여 B지점에 도착하는 경우의 수는?

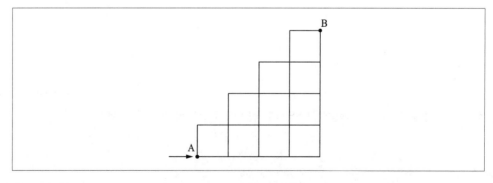

① 36가지　　　　　　　　　　② 42가지

③ 48가지　　　　　　　　　　④ 54가지

50 다음은 2019 ~ 2023년 발전설비별 발전량에 대한 자료이다. 이에 대한 설명으로 옳은 것은?

<발전설비별 발전량>

(단위 : GWh)

구분	수력	기력	원자력	신재생	기타	합계
2019년	7,270	248,584	133,505	28,070	153,218	570,647
2020년	6,247	232,128	145,910	33,500	145,255	563,040
2021년	7,148	200,895	160,184	38,224	145,711	552,162
2022년	6,737	202,657	158,015	41,886	167,515	576,810
2023년	7,256	199,031	176,054	49,285	162,774	594,400

① 2020 ~ 2023년 동안 기력 설비 발전량과 전체 설비 발전량의 전년 대비 증감 추이는 같다.

② 2019 ~ 2023년 동안 수력 설비 발전량은 항상 전체 설비 발전량의 1% 미만이다.

③ 2019 ~ 2023년 동안 신재생 설비 발전량은 항상 전체 설비 발전량의 5% 이상이다.

④ 2019 ~ 2023년 동안 원자력 설비 발전량과 신재생 설비의 발전량은 전년 대비 꾸준히 증가하였다.

⑤ 2020 ~ 2023년 동안 전년 대비 전체 설비 발전량의 증가량이 가장 많은 해와 신재생 설비 발전량의 증가량이 가장 적은 해는 같다.

아이들이 답이 있는 질문을 하기 시작하면 그들이 성장하고 있음을 알 수 있다.

- 존 J. 플롬프 -

PART **1**

합격의 공식 시대에듀 www.sdedu.co.kr

직업기초능력평가

CHAPTER 01

의사소통능력

합격 Cheat Key

의사소통능력은 평가하지 않는 공사·공단이 없을 만큼 필기시험에서 중요도가 높은 영역으로, 세부 유형은 문서 이해, 문서 작성, 의사 표현, 경청, 기초 외국어로 나눌 수 있다. 문서 이해·문서 작성과 같은 지문에 대한 주제 찾기, 내용 일치 문제의 출제 비중이 높으며, 문서의 특성을 파악하는 문제도 출제되고 있다.

1 문제에서 요구하는 바를 먼저 파악하라!

의사소통능력에서 가장 중요한 것은 제한된 시간 안에 빠르고 정확하게 답을 찾아내는 것이다. 의사소통능력에서는 지문이 아니라 문제가 주인공이므로 지문을 보기 전에 문제를 먼저 파악해야 하며, 문제에 따라 전략적으로 빠르게 풀어내는 연습을 해야 한다.

2 잠재되어 있는 언어 능력을 발휘하라!

세상에 글은 많고 우리가 학습할 수 있는 시간은 한정적이다. 이를 극복할 수 있는 방법은 다양한 글을 접하는 것이다. 실제 시험장에서 어떤 내용의 지문이 나올지 아무도 예측할 수 없으므로 평소에 신문, 소설, 보고서 등 여러 글을 접하는 것이 필요하다.

3 상황을 가정하라!

업무 수행에 있어 상황에 따른 언어 표현은 중요하다. 같은 말이라도 상황에 따라 다르게 해석될 수 있기 때문이다. 그런 의미에서 자신의 의견을 효과적으로 전달할 수 있는 능력을 평가하는 것이다. 업무를 수행하면서 발생할 수 있는 여러 상황을 가정하고 그에 따른 올바른 언어표현을 정리하는 것이 필요하다.

4 말하는 이의 입장에서 생각하라!

잘 듣는 것 또한 하나의 능력이다. 상대방의 이야기에 귀 기울이고 공감하는 태도는 업무를 수행하는 관계 속에서 필요한 요소이다. 그런 의미에서 다양한 상황에서 듣는 능력을 평가하는 것이다. 말하는 이가 요구하는 듣는 이의 태도를 파악하고, 이에 따른 판단을 할 수 있도록 언제나 말하는 사람의 입장이 되는 연습이 필요하다.

01 | 문서 내용 이해

| 유형분석 |

- 주어진 지문을 읽고 선택지를 고르는 전형적인 독해 문제이다.
- 지문은 주로 신문기사(보도자료 등)나 업무 보고서, 시사 등이 제시된다.
- 공사·공단에 따라 자사와 관련된 내용의 기사나 법조문, 보고서 등이 출제되기도 한다.

다음 글의 내용으로 적절하지 않은 것은?

3월 저소득·의료소외계층의 병원비 부담 완화에 기여하기 위해 202×년도 진료비 지원 사회공헌 사업 시행이 계획되었다. K공단의 진료비 지원 사회공헌 사업은 국민건강보험 일산병원 및 전국 병·의원과 연계하여 추진하고 있으며, 2011년부터 시작된 진료비지원 사업을 통해 현재까지 239명의 의료취약계층이 K공단 임직원들이 모금한 사회공헌기금으로 약 4억 원의 진료비를 지원받았다.

지원 대상은 기초생활수급자, 기준중위소득 70% 이하의 내국인 의료소외층이며, 대상 질환은 안과, 척추·인공관절, 간·신장 이식이며, 2019년부터는 국민건강보험 일산병원 대상 특화사업으로 아동·청소년 정신질환(정신분열 및 급성기 우울증)도 지원하고 있다. 지원 범위는 지원 승인 후 발생된 진료비 본인부담금 및 비급여 비용(일부 항목 제외)이며, 질환당 지원한도는 안과 300만 원, 척추·인공관절 400만 원, 간·신장 이식 500만 원, 정신질환 300만 원이다.

신청 방법은 입원(수술) 예정일로부터 1개월 전까지 병·의원에서 신청 대상자 거주지 관할 공단 지사로 신청하면 되고, 서류 검토 및 세부 조사를 통하여 지원 여부가 결정된다.

K공단은 "공단의 본업과 연계된 사회공헌 사업으로 보험자로서의 사회적 책임을 다하는 것에 큰 보람을 느끼며, 앞으로도 모든 국민이 건강하게 살아가는 사회를 만들기 위해 앞장서겠다."고 말했다.

① 간 이식은 의료비 지원 대상질환에 포함되어 있다.
② 정신질환과 안과 모두 동일하게 300만 원을 지원받을 수 있다.
③ 일산병원에서만 아동 정신질환 관련 의료비 지원을 받을 수 있다.
④ K공단 임직원들의 모금으로 현재까지 300명 이상의 사람들이 진료비를 지원받았다.
⑤ 지원비를 받으려면 입원(수술) 예정일로부터 1개월 전까지 거주 중인 K공단 지사에 신청해야 한다.

정답 ④

첫 번째 문단의 '현재까지 239명의 의료취약계층이 K공단 임직원들이 모금한 사회공헌기금으로 약 4억 원의 진료비를 지원받았다.'를 통해 ④가 적절하지 않음을 알 수 있다.

풀이 전략!

주어진 선택지에서 키워드를 체크한 후, 지문의 내용과 비교해 가면서 내용의 일치 유무를 빠르게 판단한다.

01 다음 글을 통해 알 수 있는 내용으로 가장 적절한 것은?

> 조건화된 환경의 영향을 중시하는 스키너와 같은 행동주의와는 달리, 로렌츠는 동물 행동의 가장 중요한 특성들은 타고나는 것이라고 보았다. 인간을 진화의 과정을 거친 동물의 하나로 보는 로렌츠는, 공격성은 동물의 가장 기본적인 본능의 하나이기에 인간에게도 자신의 종족을 향해 공격적인 행동을 하는 생득적인 충동이 있는 것으로 보았다. 그는 진화의 과정에서 가장 단합된 형태로 공격성을 띤 종족이 생존에 유리했으며, 이것이 인간이 호전성에 대한 열광을 갖게 된 이유라고 설명한다.
> 로렌츠의 관찰에 따르면 치명적인 발톱이나 이빨을 가진 동물들이 같은 종의 구성원을 죽이는 경우는 드물다. 이는 중무장한 동물의 경우 그들의 자체 생존을 위해서는 자기 종에 대한 공격을 제어할 억제 메커니즘이 필요했고, 그것이 진화의 과정에 반영되었기 때문이라고 설명한다. 그에 비해서 인간을 비롯한 신체적으로 미약한 힘을 지닌 동물들은, 자신의 힘만으로 자기 종을 죽인다는 것이 매우 어려운 일이었기 때문에, 이들의 경우 억제 메커니즘에 대한 진화론적인 요구가 없었다는 것이다. 그런데 기술이 발달함에 따라 인간은 살상 능력을 지니게 되었고, 억제 메커니즘을 지니지 못한 인간에게 내재된 공격성은 자기 종을 살육할 수 있는 상황에 이르게 된 것이다.
> 그렇다면 인간에 내재된 공격성을 제거하면 되지 않을까? 이 점에 대해서 로렌츠는 회의적이다. 우선 인간의 공격적인 본능은 긍정적인 측면과 부정적인 측면을 모두 포함해서 오늘날 인류를 있게 한 중요한 요소 중의 하나이기에 이를 제거한다는 것이 인류에게 어떤 영향을 끼칠지 알 수 없으며, 또 공격성을 최대한 억제시킨다고 해도 공격성의 본능은 여전히 배출구를 찾으려고 하기 때문이다.

① 인간은 본능적인 공격성을 갖고 있지만, 학습을 통해 공격성을 억제한다.
② 인간은 동물에 비해 지능이 뛰어나기 때문에 같은 종의 구성원을 공격하지 않는다.
③ 인간은 환경의 요구에 따라 같은 종의 구성원을 공격할 수 있도록 진화하였다.
④ 인간의 공격적인 본능을 억제해야 하는 이유는 부정적인 측면이 더 크기 때문이다.
⑤ 늑대 등은 진화 과정에 반영된 공격 억제 메커니즘을 통해 자기 종에 대한 공격을 억제할 수 있다.

02 다음 공모전 공고의 내용으로 적절하지 않은 것을 〈보기〉에서 모두 고르면?

〈대국민 탄소중립 아이디어 공모전〉

- 참여대상 : 개인 또는 팀 단위(제출건수 제한 없음)
- 공모기간 : 2024. 2. 26(월) ~ 2024. 3. 22(금)
- 공모주제 : 온실가스 감축 및 탄소중립 실천을 유도하는 창의적인 홍보물

공모분야	세부내용
탄소중립 실천수기	생활 속 탄소중립 실천 사례와 온실가스 감축 효과에 대한 내용을 포함하면서 독자의 동참을 유도하는 실천수기(실천 인증사진 2장 포함)
탄소중립 홍보영상	탄소중립 실현 의지를 나타내며 탄소중립의 중요성을 강조하는 홍보영상(1분 이내)
슬로건 캘리그라피	탄소중립 실천을 주제로 간결한 문장 및 메시지를 디자인한 캘리그라피

- 심사절차

구분	1차 심사	2차 심사	최종 발표
기간	2024년 3월	2024년 4월	2024년 4월(예정)
비고	실무자 심사로 3배수 선정	전문가 심사로 수상작 12점 선정	비대면 시상

*응모 아이디어 수가 3배수 미만인 경우 1차 심사 생략
- 심사기준 : 항목별 5점 척도(만점 : 100점)

평가항목	주제적합성	전달력	활용성	창의성
배점	25	25	25	25

- 수상작 선정 : 1차 심사점수 30%, 2차 심사점수 70% 반영

*1차 심사 생략 시 2차 심사점수 100% 반영
- 시상내역 : 분야별 4건(총 12건) / 총 상금 630만 원

수상	수상작	상금
최우수상	부문별 1작	각 100만 원
우수상	부문별 1작	각 50만 원
장려상	부문별 2작	각 30만 원

*부문별 중복 수상은 불가하며, 상금은 원천징수세액 공제 후 지급
- 결과발표 : 홈페이지 게시 및 수상자 개별통보

보기

ㄱ. 촬영기기가 없어도 본 공모전에 참여할 수 있다.
ㄴ. 심사는 총 두 단계로 걸쳐 진행된다.
ㄷ. 1차 심사와 2차 심사의 심사기준은 동일하다.
ㄹ. 1인이 받을 수 있는 상금은 최대 100만 원이다.
ㅁ. 실제 받는 상금은 공고에서 제시된 금액보다 적다.

① ㄱ, ㄴ
② ㄴ, ㄷ
③ ㄴ, ㄹ
④ ㄷ, ㄹ
⑤ ㄹ, ㅁ

03 다음 글의 내용으로 가장 적절한 것은?

> 그녀는 저녁 10시면 잠이 들었다. 퇴근하고 집에 돌아오면 아주 오랫동안 샤워를 했다. 한 달에 수도 요금이 5만 원 이상 나왔고, 생활비를 줄이기 위해 휴대폰을 정지시켰다. 일주일에 한 번씩 고향에 있는 어머니께 전화를 드렸고, 매달 말일에는 고시공부를 하는 동생에게 50만 원을 온라인으로 송금했다. 의사로부터 신경성 위염이라는 진단을 받은 후로는 밥을 먹을 때 꼭 백 번씩 씹었다. 밥을 먹고 30분 후에는 약을 먹었다. 그녀는 8년째 도서관에서 일했지만, 정작 자신은 책을 읽지 않았다.

① 그녀는 생활비를 벌기 위해 아르바이트를 한다.
② 그녀는 8년째 도서관에서 고시공부를 하고 있다.
③ 그녀는 신경성 위염 때문에 식사 후에는 약을 먹는다.
④ 그녀는 휴대폰 요금이 한 달에 5만 원 이상 나오자 정지시켰다.
⑤ 그녀는 일주일에 한 번씩 어머니께 온라인으로 용돈을 보내드렸다.

04 다음은 스마트시티에 대한 기사이다. 스마트시티 전략의 사례로 적절하지 않은 것은?

> 건설·정보통신기술 등을 융·복합하여 건설한 도시 기반시설을 바탕으로 다양한 도시서비스를 제공하는 지속가능한 도시를 스마트시티라고 한다.
> 최근 스마트시티에 대한 관심은 사물인터넷이나 만물인터넷 등 기술의 경이적인 발달이 제4차 산업혁명을 촉발하고 있는 것과 같은 선상에서, 정보통신기술의 발달이 도시의 혁신을 이끌고 도시 문제를 현명하게 해결할 수 있을 것이라는 기대로 볼 수 있다. 이처럼 정보통신기술을 적극적으로 활용하고자 하는 스마트시티 전략은 중국, 인도를 비롯하여 동남아시아, 남미, 중동 국가 등 전 세계 많은 국가와 도시들이 도시발전을 위한 전략적 수단으로 표방하고 추진 중이다.
> 국내에서도 대전 도안, 화성 동탄 등 많은 지자체에서 스마트시티 사업을 추진하고 있다. 스마트시티 관리의 일환으로 공공행정, 기상 및 환경감시 서비스, 도시 시설물 관리, 교통정보 및 대중교통 관리 등이 제공되고 스마트홈의 일환으로 단지 관리, 통신 인프라, 홈 네트워크 시스템이 제공되며, 시민체감형 서비스의 일환으로 스마트 라이프 기반을 구현한다.

① 교통이 혼잡한 도로의 확장 및 주차장 확대로 교통난 해결 효과
② 거리별 쓰레기통에 센서 장치를 활용하여 쓰레기 배출량 감소 효과
③ 방범 CCTV 및 범죄 관련 스마트 앱 사용으로 범죄 발생률 감소 효과
④ 거리마다 전자민원시스템을 설치하여 도시 문제의 문제해결력 상승 효과
⑤ 상하수도 및 지질정보 통합 시스템을 이용하여 시설 노후로 인한 누수 예방 효과

05 다음 글을 통해 알 수 있는 것을 〈보기〉에서 모두 고르면?

물질의 원자는 원자핵과 전자로 이루어져 있고, 원자핵을 중심으로 전자들이 각각의 에너지 준위를 따라 배열되어 있는데, 에너지의 준위는 에너지의 계단이나 사다리에 비유될 수 있다. 에너지 준위가 높아지면 전자가 보유하는 에너지도 높아지며, 보유 에너지가 낮은 전자부터 원자핵에 가까운 에너지 준위를 채워나간다. 전자가 외부의 에너지를 흡수하면 자신의 자리를 이탈하여 바깥쪽 에너지 준위로 올라가게 되는데, 전자가 자신의 자리에 있을 때를 '바닥 상태', 높은 에너지 준위로 올라갔을 때를 '들뜬 상태'라고 한다. 들뜬 상태의 전자들은 바닥 상태로 되돌아가려는 경향이 있고, 원래의 자리로 되돌아갈 때는 빛 등의 에너지를 방출하게 된다.

최초의 레이저 장치를 만든 메이먼은 루비의 전자를 이용하였다. 루비는 그 특성상 전자가 들뜬 상태가 될 때 그 상태에 머무는 시간이 길기 때문이었다. 메이먼은 빛을 쬐어 루비의 특정 전자들을 들뜨게 함으로써 바닥 상태의 전자 수보다 들뜬 상태의 전자 수를 많게 만들었다. 이런 상태를 조성해 주면 적어도 한 개 이상의 들뜬 전자가 자연스럽게 원래의 준위로 되돌아가면서 빛을 내고, 다른 들뜬 전자에서도 같은 파장을 가진 빛이 차례차례 발생한다. 그러는 동안 들뜬 물질의 양쪽에 설치해 둔 거울 2개 사이에서는 생성된 빛이 그대로 반사되면서 몇 번씩 왕복하며 다른 들뜬 전자들이 빛을 방출하도록 유도하여 빛은 자꾸만 증폭된다. 이때 2개의 거울 중 1개의 거울은 일부의 빛을 투과할 수 있게 하여 거울 사이에서 증폭된 빛의 일부가 외부에 레이저광선으로 발진된다.

보기

ㄱ. 전자가 이동할 때 에너지가 방출되었다면 전자가 바닥 상태로 돌아간 것이다.
ㄴ. 들뜬 상태의 전자는 원자핵에서 먼 에너지 준위로 이동하려는 경향이 있다.
ㄷ. 메이먼이 레이저 장치를 만들 때 루비를 이용한 것은 빛의 증폭에 유리한 조건을 만들기 위해서였다.
ㄹ. 메이먼의 레이저 장치에서는 바닥 상태의 전자가 들뜬 상태의 전자보다 많다.

① ㄱ, ㄴ
② ㄱ, ㄷ
③ ㄴ, ㄷ
④ ㄴ, ㄹ
⑤ ㄷ, ㄹ

06 다음 중 문서를 이해하는 과정에 대한 설명으로 옳지 않은 것은?

① 문서에 제시된 현안 문제를 파악한 후에 작성자의 의도를 분석한다.

② 문서를 이해하기 위해서는 우선 문서의 목적을 이해하는 것이 첫 번째로 수행되어야 한다.

③ 상대방의 의도를 도표, 그림 등으로 요약해보는 것은 문서의 이해에 큰 도움이 되는 과정이다.

④ 정확한 문서 이해를 위해서는 문서의 내용을 분석하기 이전에 문서 작성의 배경과 주체를 파악하여야 한다.

⑤ 문서의 핵심 내용만 아는 것으로는 문서를 이해하는 데에 한계가 있으므로, 모든 내용을 파악하는 것이 필수적이다.

PART 1

07 다음 중 문서이해능력에 대한 설명으로 옳지 않은 것은?

① 문서를 볼 때는 문서에서 나타내는 정보의 출처를 파악할 수 있어야 한다.

② 문서에 타인의 의견이 제시된 경우, 그 의견을 이해하되 옳고 그름의 판단은 하지 않아야 한다.

③ 자신의 업무와 관련된 문서를 읽었다면, 거기서 무엇이 자신에게 필요한 정보인지 구분할 줄 알아야 한다.

④ 자신의 업무와 관련된 문서를 읽은 후, 필요하다면 그와 관련된 도표나 기호 등으로 문서를 나타낼 수 있어야 한다.

⑤ 문서를 이해할 때는 단순히 읽을 수 있다는 것에 그치는 것이 아니라 문서에서 전달하고자 하는 핵심 내용을 요약·정리할 수 있어야 한다.

08 다음은 문서이해능력의 중요성에 대한 글이다. ㉠ ~ ㉢에 들어갈 말이 바르게 연결된 것은?

> 우리는 직업생활에 있어 자신에게 주어진 각종 문서나 자료에 수록된 정보를 ___㉠___ 하여, 알맞은 정보를 ___㉡___ 하고 ___㉢___ 하여 ___㉣___ 할 수 있어야 한다. 또한 문서에서 주어진 문장이나 정보를 읽고 이해하여 자신에게 필요한 행동이 무엇인지 ___㉤___ 할 수 있어야 한다.

① ㉠ 구별, ㉡ 확인, ㉢ 비교, ㉣ 추론, ㉤ 통합

② ㉠ 구별, ㉡ 비교, ㉢ 확인, ㉣ 통합, ㉤ 추론

③ ㉠ 확인, ㉡ 비교, ㉢ 추론, ㉣ 비교, ㉤ 추론

④ ㉠ 확인, ㉡ 구별, ㉢ 비교, ㉣ 통합, ㉤ 추론

⑤ ㉠ 확인, ㉡ 구별, ㉢ 통합, ㉣ 추론, ㉤ 비교

02 | 글의 주제 · 제목

| 유형분석 |

- 주어진 지문을 파악하여 전달하고자 하는 핵심 주제나 제목을 고르는 문제이다.
- 정보를 종합하고 중요한 내용을 구별하는 능력이 필요하다.
- 설명문부터 주장, 반박문까지 다양한 성격의 지문이 제시되므로 글의 성격별 특징을 알아 두는 것이 좋다.

다음 글의 제목으로 가장 적절한 것은?

> 최근 신재생에너지의 배전계통 연계가 급증함에 따라 전력 품질의 불안정 요인이 증가하고 있으며, 이로 인해 배전망 운영이 한층 복잡해지고 배전계통 품질 안정성 확보가 절실히 요구된다. 이에 부응해 H공사는 분산형 전원 종합운영 시스템을 개발했고, 기존 신재생에너지 발전사업자를 대상으로 분산형 전원 플랫폼 인프라를 구축 중이며, 향후 배전망에 연계되는 신규 분산형 전원에도 본 시스템이 적용될 예정이다.
>
> 분산형 전원 종합운영 시스템은 모든 신재생에너지 발전설비의 배전계통 연계점에 RTU(분산형 전원용 연계장치)를 설치해 발전 정보 및 전력 품질을 실시간으로 모니터링하고, 연계점 기준전압 초과 시 인버터 역률 조정을 통해 계통의 전압 상승 문제를 해결할 수 있게 한다. 또한 분산형 전원 플랫폼을 통해 다수의 분산형 전원과 협조 운전을 할 수 있으며, 기상 정보, 월별 발전량 변동 추이, 지역별 발전량 등 빅데이터 분석을 통한 발전 정보 제공, 발전량 예측 등의 고부가가치 서비스를 창출하게 된다.
>
> 이러한 분산형 전원 종합운영 시스템 구축을 통해 안정적인 배전계통 운영뿐 아니라 신재생에너지의 전력계통 수용성 확대 기반을 마련해 소규모 신재생발전사업자의 계통접속을 용이하게 할 것으로 기대된다.

① 점점 복잡해지는 신재생에너지의 배전망

② H공사, '신재생에너지 3020' 목표 달성 완료

③ 신재생에너지 발전사업자와 함께하는 동반성장

④ H공사, '분산형 전원 종합 운영시스템' 인프라 구축

⑤ 신재생에너지 배전망의 전압 상승 문제 해결의 필요

정답 ④

제시문에서는 H공사가 개발한 분산형 전원 종합운영 시스템을 앞으로의 신규 시스템에 적용할 예정으로, 그에 따른 효과를 기대하고 있다. 따라서 제시문의 제목으로는 ④가 가장 적절하다.

풀이 전략!

'결국, 즉, 그런데, 그러나, 그러므로' 등의 접속어 뒤에 주제가 드러나는 경우가 많다는 것에 주의하면서 지문을 읽는다.

01 다음 글의 제목으로 가장 적절한 것은?

> 사회보장제도는 사회구성원에게 생활의 위험이 발생했을 때 사회적으로 보호하는 대응 체계를 가리키는 포괄적 용어로, 크게 사회보험·공공부조·사회서비스가 있다. 예를 들면 실직자들이 구직 활동을 포기하고 다시 노숙자가 되지 않도록 지원하는 것 등이 있다.
>
> 사회보험은 보험의 기전을 이용하여 일반 주민들을 질병·상해·폐질·실업·분만 등으로 인한 생활의 위협으로부터 보호하기 위해 국가가 법에 의하여 보험가입을 의무화하는 제도로, 개인적 필요에 따라 가입하는 민간보험과 차이가 있다. 공공부조는 극빈자, 불구자, 실업자, 저소득계층과 같이 스스로 생계를 영위할 수 없는 계층의 생활을 그들이 자립할 수 있을 때까지 국가가 재정기금으로 보호하여 주는 일종의 구빈제도이다. 사회서비스는 복지사회를 건설할 목적으로 법률이 정하는 바에 의하여 특정인에게 사회보장 급여를 국가 재정부담으로 실시하는 제도로, 군경, 전상자, 배우자 사후, 고아, 지적 장애아 등과 같은 특별한 사유가 있는 자나 노령자 등이 해당된다.

① 사회보장제도의 의의
② 사회보장제도의 대상자
③ 우리나라의 사회보장제도
④ 사회보장제도와 소득보장의 차이점
⑤ 사회보험제도와 민간보험제도의 차이

02 다음 글의 주제로 가장 적절한 것은?

> 사회 방언은 지역 방언과 함께 2대 방언의 하나를 이룬다. 그러나 사회 방언은 지역 방언만큼 일찍부터 방언 학자의 주목을 받지는 못하였다. 어느 사회에나 사회 방언이 없지는 않았으나, 일반적으로 사회 방언 간의 차이는 지역 방언들 사이의 그것만큼 그렇게 뚜렷하지 않기 때문이었다. 가령 20대와 60대 사이에는 분명히 방언차가 있지만 그 차이가 전라도 방언과 경상도 방언 사이의 그것만큼 현저하지는 않은 것이 일반적이며, 남자와 여자 사이의 방언차 역시 마찬가지다. 사회 계층 간의 방언차는 사회에 따라서는 상당히 현격한 차이를 보여 일찍부터 논의의 대상이 되어 왔다. 인도에서의 카스트에 의해 분화된 방언, 미국에서의 흑인 영어의 특이성, 우리나라 일부 지역에서 발견되는 양반 계층과 일반 계층 사이의 방언차 등이 그 대표적인 예들이다. 이러한 사회 계층 간의 방언 분화는 최근 사회 언어학의 대두에 따라 점차 큰 관심의 대상이 되어 가고 있다.

① 사회 방언의 특징
② 부각되는 계층 간의 방언 분화
③ 사회 언어학의 대두와 사회 방언
④ 2대 방언 – 지역 방언과 사회 방언
⑤ 최근 두드러진 사회 방언에 대한 관심

※ 다음 글의 제목으로 가장 적절한 것을 고르시오. [3~4]

03

구글어스가 세계 환경의 보안관 역할을 톡톡히 하고 있어 화제다. 구글어스는 가상 지구본 형태로 제공되는 세계 최초의 위성영상지도 서비스로서, 간단한 프로그램만 내려받으면 지구 전역의 위성 사진 및 지도, 지형 등의 정보를 확인할 수 있다. 구글은 그동안 축적된 인공위성 빅데이터 등을 바탕으로 환경 및 동물 보호 활동을 지원하고 있다.

지구에서는 그동안 약 230만 km^2 이상의 삼림이 사라졌다. 병충해 및 태풍, 산불 등으로 사라진 것이다. 특히 개발도상국들의 산림 벌채와 농경지 확보가 주된 이유다. 이처럼 사라지는 숲에 비해 자연의 자생력으로 복구되는 삼림은 아주 적은 편이다.

그런데 최근에 개발된 초고해상도의 구글어스 이미지를 이용해 육지표면을 정밀 분석한 결과, 식물이 살 수 없을 것으로 여겨졌던 건조지대에서도 많은 숲이 분포한다는 사실이 밝혀졌다. 국제연합식량농업기구(FAO) 등 13개국 20개 기관과 구글이 참여한 대규모 국제공동연구진은 구글어스로 얻은 위성 데이터를 세부 단위로 쪼개 그동안 잘 알려지지 않은 전 세계의 건조지역을 집중적으로 분석했다.

그 결과 강수량이 부족해 식물의 정상적인 성장이 불가능할 것으로 알려졌던 건조지대에서 약 467만 km^2의 숲을 새로이 찾아냈다. 이는 한반도 면적의 약 21배에 달한다. 연구진은 이번 발견으로 세계 삼림 면적의 추정치가 9% 정도 증가할 것이라고 주장했다.

건조지대는 지구 육지표면의 40% 이상을 차지하지만, 명확한 기준과 자료 등이 없어 그동안 삼림 분포에 대해서는 잘 알려지지 않았다. 그러나 이번 연구결과로 인해 전 세계 숲의 이산화탄소 처리량 등에 대해 보다 정확한 계산이 가능해짐으로써 과학자들의 지구온난화 및 환경보호 연구에 많은 도움이 될 것으로 기대되고 있다.

① 전 세계 환경 보안관, 구글어스
② 환경오염으로 심각해지는 식량난
③ 인간의 이기심으로 사라지는 삼림
④ 사막화 현상으로 건조해지는 지구
⑤ 구글어스로 보는 환경훼손의 심각성

04

중세 유럽에서는 토지나 자원을 왕실이 소유하고 있었다. 사람들은 이러한 토지나 자원을 이용하려면 일정한 비용을 지불해야했다. 예를 들어 광산을 개발하거나 수산물을 얻는 사람들은 해당 자원의 이용에 대한 비용을 왕실에 지불하였고 이는 왕실의 권력과 부의 유지를 돕는 동시에 국가의 재정을 보충하는 역할을 하였는데 이때 지불한 비용이 바로 로열티이다.

로열티의 개념은 산업 혁명과 함께 발전하였다. 산업 혁명을 통해 특허, 상표 등의 지적 재산권이 보호되기 시작하면서 기업들은 이러한 권리를 보유한 개인이나 조직에게 사용에 대한 보상을 지불하게 되었다. 지적 재산권은 기업이 특정 기술, 디자인, 상표 등을 보유하고 있을 때 그들에게 독점적인 권리를 제공하고 이러한 권리의 보호와 보상을 위해 로열티 제도가 도입되었다.

로열티는 기업과 지적 재산권 소유자 간의 계약에 의해 설정되는 형태로 발전하였다. 기업이 특정 제품을 판매하거나 특정 기술을 이용하는 경우 지적 재산권 소유자에게 계약에 따라 정해진 로열티를 지불하게 된다. 이로써 지적 재산권을 보유한 개인이나 조직은 자신들의 창작물이나 기술의 사용에 대한 보상을 받을 수 있으며, 기업들은 이러한 지적 재산권의 이용을 허가받아 경쟁 우위를 확보할 수 있게 되었다.

현재 로열티는 제품 판매나 라이선스, 저작물의 이용 등 다양한 형태로 나타나며 지적 재산권의 보호와 경제적 가치를 확보하는 중요한 수단으로 작용하고 있다. 로열티는 지식과 창조성의 보상으로서의 역할을 수행하며 기업들의 연구 개발을 촉진하고 혁신을 격려한다. 이처럼 로열티 제도는 기업과 지적 재산권 소유자 간의 상호 협력과 혁신적인 경제 발전에 기여하는 중요한 구조적 요소이다.

① 지적 재산권의 정의
② 로열티 제도의 모순
③ 로열티 지급 시 유의사항
④ 로열티 제도의 유래와 발전
⑤ 지적 재산권을 보호하는 방법

03 | 문단 나열

| 유형분석 |

- 각 문단의 내용을 파악하고 논리적 순서에 맞게 배열하는 복합적인 문제이다.
- 전체적인 글의 흐름을 이해하는 것이 중요하며, 각 문장의 지시어나 접속어에 주의한다.

다음 문단을 논리적 순서대로 바르게 나열한 것은?

> (가) 또 그는 현대 건축 이론 중 하나인 '도미노 이론'을 정립했는데, 도미노란 집을 뜻하는 라틴어 '도무스 (Domus)'와 혁신을 뜻하는 '이노베이션(Innovation)'을 결합한 단어다.
>
> (나) 그는 이 이론의 원칙을 통해 인간이 효율적으로 살 수 있는 집을 꾸준히 연구해왔으며, 그가 제안한 건축 방식 중 필로티와 옥상정원 등이 최근 우리나라 주택에 많이 쓰이고 있다.
>
> (다) 최소한의 철근콘크리트 기둥들이 모서리를 지지하고 평면의 한쪽에서 각 층으로 갈 수 있게 계단을 만든 개방적 구조가 이 이론의 핵심이다. 건물을 돌이나 벽돌을 쌓아 올리는 조적식 공법으로만 지었던 당시에 이와 같은 구조는 많은 이들에게 적지 않은 충격을 주었다.
>
> (라) 스위스 출신의 프랑스 건축가 르 코르뷔지에는 근대주택의 기본형을 추구했다는 점에서 현대 건축의 거장으로 불린다. 그는 현대 건축에서의 집의 개념을 '거주 공간'에서 '더 많은 사람이 효율적으로 살 수 있는 공간'으로 바꿨다.

① (가) – (라) – (다) – (나)   ② (나) – (다) – (라) – (가)

③ (다) – (가) – (라) – (나)   ④ (라) – (가) – (다) – (나)

⑤ (라) – (나) – (가) – (다)

정답 ④

제시문은 현대 건축가 르 코르뷔지에의 업적에 대해 설명하고 있다. 먼저, 현대 건축의 거장으로 불리는 르 코르뷔지에를 소개하는 (라) 문단이 나오고, 르 코르뷔지에가 정립한 도미노 이론의 정의를 설명하는 (가) 문단이 나와야 한다. 다음으로 도미노 이론을 설명하는 (다) 문단이 나오고, 마지막으로 도미노 이론의 연구와 적용되고 있는 다양한 건물을 설명하는 (나) 문단이 나오는 것이 적절하다.

풀이 전략!

상대적으로 시간이 부족하다고 느낄 때는 선택지를 참고하여 문단의 순서를 생각해 본다.

※ 다음 문단을 논리적 순서대로 바르게 나열한 것을 고르시오. [1~2]

01

> (가) 결국 이를 다시 생각하면, 과거와 현재의 문화 체계와 당시 사람들의 의식 구조, 생활상 등을 역추적할 수 있다는 말이 된다. 즉, 동물의 상징적 의미가 문화를 푸는 또 하나의 열쇠이자 암호가 되는 것이다. 그리고 동물의 상징적 의미를 통해 인류의 총체인 문화의 실타래를 푸는 것은 우리는 어떤 존재인가라는 정체성에 대한 답을 하는 과정이 될 수 있다.
>
> (나) 인류는 선사시대부터 생존을 위한 원초적 본능에서 동굴이나 바위에 그림을 그리는 일종의 신앙 미술을 창조했다. 신앙 미술은 동물에게 여러 의미를 부여하기 시작했고, 동물의 상징적 의미는 현재까지도 이어지고 있다. 1억 원 이상 복권 당첨자의 23%가 돼지꿈을 꿨다거나, 황금 돼지해에 태어난 아이는 만복을 타고난다는 속설 때문에 결혼과 출산이 줄을 이었고, 대통령 선거에서 '두 돼지가 나타나 두 뱀을 잡아 먹는다.'는 식으로 후보들이 홍보를 하기도 했다. 이렇게 동물의 상징적 의미는 우리 시대에도 여전히 유효한 관념으로 남아 있는 것이다.
>
> (다) 동물의 상징적 의미는 시대나 나라에 따라 변하고 새로운 역사성을 담기도 했다. 예를 들면, 뱀은 다산의 상징이자 불사의 존재이기도 했지만, 사악하고 차가운 간사한 동물로 여겨지기도 했다. 하지만 그리스에서 뱀은 지혜의 신이자, 아테네의 상징물이었고, 논리학의 상징이었다. 그리고 과거에 용은 숭배의 대상이었으나, 상상의 동물일 뿐이라는 현대의 과학적 사고는 지금의 용에 대한 믿음을 약화시키고 있다.
>
> (라) 동물의 상징적 의미가 이렇게 다양하게 변하는 것은 문화가 살아 움직이기 때문이다. 문화는 인류의 지식, 신념, 행위의 총체로서, 동물의 상징적 의미 또한 문화에 속한다. 문화는 항상 현재 진행형이기 때문에 현재의 생활이 바로 문화이며, 이것은 미래의 문화로 전이된다. 문화는 과거, 현재, 미래가 따로 떨어진 게 아니라 뫼비우스의 띠처럼 연결되어 있는 것이다. 다시 말하면 그 속에 포함된 동물의 상징적 의미 또한 거미줄처럼 얽히고설켜 형성된 것으로, 그 시대의 관념과 종교, 사회·정치적 상황에 따라 의미가 달라질 수밖에 없다는 말이다.

① (가) - (다) - (라) - (나)　　　　② (나) - (다) - (라) - (가)
③ (나) - (라) - (다) - (가)　　　　④ (다) - (나) - (라) - (가)
⑤ (다) - (라) - (가) - (나)

PART 1

02

(가) 오류가 발견된 교과서들은 편향적 내용을 검증 없이 인용하거나 부실한 통계를 일반화하는 등의 문제점을 보였다. 대표적으로 교과서 대부분이 대도시의 온도 상승 평균값만을 보고 한반도의 기온 상승이 세계 평균보다 2배 높다고 과장한 것으로 나타났다.

(나) 환경 관련 교과서 대부분이 표면적으로 드러나는 사실을 검증하지 않고 그대로 싣는 문제점을 보였다. 고등학생들이 보는 교과서이므로 객관적 사실을 토대로 균형 있는 내용을 실어야 한다.

(다) 고등학교 환경 관련 교과서 대부분이 특정 주장을 검증 없이 게재하는 등 많은 오류가 존재한다는 보수 환경·시민단체의 지적이 제기됐다. 환경정보평가원이 고등학교 환경 관련 교과서 23종을 분석한 결과 총 1,175개의 오류가 발견됐다.

(라) 또한 우리나라 전력 생산의 상당 부분을 차지하는 원자력 발전의 경우 단점만을 자세히 기술하고 경제성과 효율성이 낮은 신재생 에너지는 장점만 언급한 교과서도 있었다.

① (가) – (라) – (나) – (다)
② (나) – (가) – (라) – (다)
③ (다) – (가) – (라) – (나)
④ (다) – (나) – (라) – (가)
⑤ (다) – (라) – (나) – (가)

03 다음 제시된 문단에 이어질 문단을 논리적 순서대로 바르게 나열한 것은?

담배는 임진왜란 때 일본으로부터 호박, 고구마 등과 함께 들어온 것으로 알려져 있다. 당시에는 담배를 약초로 많이 생각했었는데, 이러한 생각을 이수광이 펴낸 〈지봉유설〉에서도 볼 수 있다. 그러나 선조들이 알고 있던 것과는 달리, 담배는 약초가 아니다.

(가) 흡연자와 비흡연자 사이의 후두암, 폐암 등의 질병별 발생위험도에 대해서 K공단은 유의미한 연구 결과를 내놓기도 했는데, 연구 결과에 따르면 흡연자는 비흡연자에 비해서 후두암 발생률이 6.5배, 폐암 발생률이 4.6배 등 각종 암에 걸릴 확률이 높은 것으로 나타났다.

(나) K공단은 이에 대해 담배회사가 절차적 문제로 방어막을 치고 있는 것에 지나지 않는다며 비판을 제기하고 있다. 소송이 이제 시작된 만큼 담배회사와 K공단 간의 '담배 소송'의 결과를 보려면 오랜 시간을 기다려야 할 것이다.

(다) 이와 같은 담배의 유해성 때문에 K공단은 현재 담배회사와 소송을 진행하고 있는데, 당해 소송에서는 담배의 유해성에 관한 인과관계 입증 이전에 다른 문제가 부상하였다. K공단이 소송당사자가 될 수 있는지가 문제가 된 것이다.

(라) 우선 담배의 유해성은 담뱃갑이 스스로를 경고하는 경고 문구에 나타나 있다. 담뱃갑에는 '흡연은 폐암 등 각종 질병의 원인'이라는 문구를 시작으로, '담배 연기에는 발암성 물질인 나프틸아민, 벤젠, 비닐 크롤라이드, 비소, 카드뮴이 들어 있다.'라고 적시하고 있다.

① (가) – (다) – (라) – (나)
② (가) – (라) – (다) – (나)
③ (라) – (가) – (다) – (나)
④ (라) – (나) – (가) – (다)
⑤ (라) – (다) – (가) – (나)

04 다음은 문제중심학습(PBL)에 대한 내용이다. 제시된 문단에 이어질 문단을 논리적 순서대로 바르게 나열한 것은?

> 개인의 일상생활은 물론 사회생활에서도 의사소통능력은 매우 중요하지만, 과거에는 이러한 중요성에도 불구하고 의사소통능력에 대해 단순 암기 위주의 수업으로 진행해왔다.

> ㉠ 이러한 문제중심학습(PBL)은 학생들로 하여금 학습에 더 능동적이게 참여하도록 할 뿐만 아니라 자기 주도적으로 문제를 해결할 수 있는 문제해결능력도 기를 수 있도록 도와준다.
> ㉡ 따라서 의사소통 능력에 관한 지식은 교수자가 단순히 기존에 확립되어 있는 지식을 학습자들에게 이해시키는 강의 교수법이 아닌, 실제 현장에서 일어나는 사례를 예로 들어 실제 현장에서 학습자들이 적용시킬 수 있는 문제중심학습(PBL)이 더 적절할 것이다.
> ㉢ 하지만 의사소통은 단순 암기 위주로 배울 수 있는 특정한 장소와 시간에 관한 단편적인 지식이 아니다. 의사소통은 본래 실제 상황에서 발생하는 현상을 잘 관찰하고 이해를 해야만 얻을 수 있는 고차원적인 지식이기 때문이다.
> ㉣ 단, 이때 교수자는 학생들이 다양한 문제해결능력을 기를 수 있도록 자신의 생각이나 행동들을 객관적 기준으로 생각하지 않게 하는 것이 중요하다.

① ㉠ - ㉡ - ㉢ - ㉣
② ㉠ - ㉣ - ㉢ - ㉡
③ ㉢ - ㉠ - ㉣ - ㉡
④ ㉢ - ㉡ - ㉠ - ㉣
⑤ ㉢ - ㉣ - ㉠ - ㉡

04 | 빈칸 삽입

| 유형분석 |

- 주어진 지문을 바탕으로 빈칸에 들어갈 내용을 찾는 문제이다.
- 선택지의 내용을 정확하게 확인하고 빈칸 앞뒤 문맥을 파악하는 능력이 필요하다.

다음 글의 빈칸에 들어갈 내용으로 가장 적절한 것은?

1993년 착공한 '동해남부선(이하 동해선) 복선 전철화 사업' 부전 – 일광 1단계 구간(28.5km)의 개통식이 2016년 12월 29일 오후 2시 신해운대역에서 진행되었다. 다음날인 12월 30일 오전 5시 30분에는 부전역과 일광역에서 첫 운행의 기적 소리가 울려 퍼졌다. 시작은 광역철도 사업으로 착공을 했지만 2003년 6월, 부산시의 공사비용 부담 문제 등으로 표류하다 국비로 건설하는 일반철도 사업으로 전환하여 우여곡절 끝에 개통한 것이다.

1단계 구간(부전 – 일광)에는 14개의 현대화 철도역사가 들어섰으며 교대역, 벡스코역, 거제역에서 부산도시철도 1, 2, 3호선과 환승할 수 있다. 출퇴근 시간인 7 ~ 9시, 18 ~ 20시에는 배차 간격이 15분이며, 그 외 시간에는 배차 간격 30분으로 운행된다. 부산 주요 도심을 통과하는 이 구간을 시내버스로 이동할 경우 약 1시간 40분이 소요되지만, 전철을 타면 37분이 소요되어 동부산권 접근성이 높아졌다. 이를 통해 _____

① 철도 이용객이 증가할 것으로 생각된다.
② 부산 관광이 활기를 띨 것으로 예상된다.
③ 철도 이용객의 만족도가 올라갈 것으로 기대된다.
④ 부산 전철화 사업에 진전이 있을 것으로 생각된다.
⑤ 부산 도심 교통난도 크게 해소될 것으로 기대된다.

정답 ⑤

제시문은 동해남부선의 개통으로 부산 주요 도심을 37분만에 이동할 수 있고 출퇴근 시간에는 15분 간격, 그 외 시간에는 30분 간격으로 운행하여 부산 도심 교통난이 해소될 것을 이야기하고 있다.

풀이 전략!

빈칸 앞뒤의 문맥을 파악한 후 선택지에서 가장 어울리는 내용을 찾는다. 빈칸 앞에 접속사가 있다면 이를 활용한다.

01 K주임은 D공단에 견학을 온 A대학교 학생들을 안내하는 업무를 맡았다. 이에 K주임은 학생들의 교육을 준비하면서 사회보장의 개념에 대한 글을 작성했다. 다음 중 빈칸에 들어갈 내용으로 적절하지 않은 것은?

> '사회보장'이라는 용어가 처음으로 사용된 시기에 대해서는 대체적으로 의견이 일치하고 있으며, 해당 용어가 전 세계적으로 파급되어 사용하고 있음에도 불구하고 '사회보장'의 개념에 대해서는 개인적·국가적·시대적·학문적 관점에 따라 매우 다양하게 인식되고 있다.
> 국제노동기구는 『사회보장의 길』에서 '사회보장'은 사회 구성원들에게 발생하는 일정한 위험에 대해서 사회가 적절하게 부여하는 보장이라고 정의하면서, 그 구성 요소로 ＿＿＿＿＿＿＿＿＿을/를 말했다.
> 우리나라는 사회보장기본법 제3조 제1호에 의하여 '사회보장'이란 출산, 양육, 실업, 노령, 장애, 질병, 빈곤 및 사망 등의 사회적 위험으로부터 모든 국민을 보호하고 국민의 삶의 질을 향상시키는 데 필요한 소득·서비스를 보장하는 사회보험, 공공부조, 사회서비스라고 정의하고 있다.

① 최저생활의 보장
② 전체 국민의 대상화
③ 모든 위험과 사고로부터 보호
④ 공공의 기관을 통한 보호와 보장
⑤ 보호가 필요하다고 판단되는 빈곤 계층에 한한 지원

02 다음 글의 빈칸에 들어갈 내용으로 가장 적절한 것은?

> 과학은 한 형태의 자연에 대한 지식이라는 사실 그 자체만으로도 한없이 귀중하고, 과학적 기술이 인류에게 가져온 지금까지의 혜택은 이성적인 사람에게는 아무리 부정하려 해도 부정될 수 없다. 앞으로도 보다 많고 보다 정확한 과학 지식과 고도로 개발된 과학적 기술이 필요하다. 그러나 문제의 핵심은 생태학적이고 예술적인 자연관, 즉 존재 일반에 대한 넓고 새로운 시각, 포괄적인 맥락에서 과학적 지식과 기술의 의미에 눈을 뜨고 그러한 지식과 기술을 활용함에 있다. 그렇지 않고 오늘날과 같은 추세로 그러한 지식과 기술을 당장의 욕망을 위해서 인간 중심적으로 개발하고 이용한다면 그 효과가 당장에는 인간에게 만족스럽다 해도 머지않아 자연의 파괴뿐만 아니라 인간적 삶의 파괴, 그리고 궁극적으로는 인간 자신의 멸망을 초래하고 말 것이다. 한마디로 지금 우리에게 필요한 것은 과학적 비전과 과학적 기술의 의미를 보다 포괄적인 의미에서 이해하는 작업이다. 이러한 작업을 ＿＿＿＿＿＿＿라 불러도 적절할 것 같다.

① 예술의 다양화　　　　　　　　② 예술의 기술화
③ 과학의 예술화　　　　　　　　④ 과학의 현실화
⑤ 예술의 과학화

요즘에는 낯선 곳을 찾아갈 때 지도를 해석하며 어렵게 길을 찾지 않아도 된다. 이는 기술력의 발달에 따라 제공되는 공간 정보를 바탕으로 최적의 경로를 탐색할 수 있게 되었기 때문이다. _____ 이처럼 공간 정보가 시간에 따른 변화를 반영할 수 있게 된 것은 정보를 수집하고 분석하는 정보 통신 기술의 발전과 밀접한 관련이 있다.

공간 정보의 활용은 '위치정보시스템(GPS)'과 '지리정보시스템(GIS)' 등의 기술적 발전과 휴대전화나 태블릿 PC 등 정보 통신 기기의 보급을 기반으로 한다. 위치정보시스템은 공간에 대한 정보를 수집하고, 지리정보시스템은 정보를 저장, 분류, 분석한다. 이렇게 분석된 정보는 사용자의 요구에 따라 휴대전화나 태블릿 PC 등을 통해 최적화되어 전달된다.

길 찾기를 예로 들어 이 과정을 살펴보자. 휴대전화 애플리케이션을 이용해 사용자가 가려는 목적지를 입력하고 이동 수단으로 버스를 선택하였다면, 우선 사용자의 현재 위치가 위치정보시스템에 의해 실시간으로 수집된다. 그리고 목적지와 이동 수단 등 사용자의 요구와 실시간으로 수집된 정보에 따라 지리정보시스템은 탑승할 버스 정류장의 위치, 다양한 버스 노선, 최단 시간 등을 분석하여 제공한다. _____ _____ 예를 들어, 여행지와 관련한 공간 정보는 여행자의 요구와 선호에 따라 선별적으로 분석되어 활용된다. 나아가 유동 인구를 고려한 상권 분석과 교통의 흐름을 고려한 도시 계획 수립에도 공간 정보 활용이 가능하게 되었다. 획기적으로 발전되고 있는 첨단 기술이 적용된 공간 정보가 국가 차원의 자연재해 예측 시스템에도 활발히 활용된다면 한층 정밀한 재해 예방 및 대비가 가능해질 것이다. 이로 인해 우리의 삶도 더 편리하고 안전해질 것으로 기대된다.

보기
㉠ 어떤 곳의 위치 좌표나 지리적 형상에 대한 정보뿐만 아니라 시간에 따른 공간의 변화를 포함한 공간 정보를 이용할 수 있게 되면서 가능해진 것이다.
㉡ 더 나아가 교통 정체와 같은 돌발 상황과 목적지에 이르는 경로의 주변 정보까지 분석하여 제공한다.
㉢ 공간 정보의 활용 범위는 계속 확대되고 있다.

① ㉠, ㉡, ㉢
② ㉠, ㉢, ㉡
③ ㉡, ㉠, ㉢
④ ㉡, ㉢, ㉠
⑤ ㉢, ㉠, ㉡

04 다음 글의 빈칸에 들어갈 내용으로 가장 적절한 것은?

기분관리 이론은 사람들의 기분과 선택 행동의 관계에 대해 설명하기 위한 이론이다. 이 이론의 핵심은 사람들이 현재의 기분을 최적 상태로 유지하려고 한다는 것이다. 따라서 기분관리 이론은 흥분 수준이 최적 상태보다 높을 때는 사람들이 이를 낮출 수 있는 수단을 선택한다고 예측한다. 반면에 흥분 수준이 낮을 때는 이를 회복시킬 수 있는 수단을 선택한다고 예측한다. 예를 들어, 음악 선택의 상황에서 전자의 경우에는 차분한 음악을 선택하고 후자의 경우에는 흥겨운 음악을 선택한다는 것이다. 기분조정 이론은 기분관리 이론이 현재 시점에만 초점을 맞추고 있다는 점을 지적하고 이를 보완하고자 한다. 기분조정 이론을 음악 선택의 상황에 적용하면, _____고 예측할 수 있다.

연구자 A는 음악 선택 상황을 통해 기분조정 이론을 검증하기 위한 실험을 했다. 그는 실험 참가자들을 두 집단으로 나누고 집단 1에게는 한 시간 후 재미있는 놀이를 하게 된다고 말했고, 집단 2에게는 한 시간 후 심각한 과제를 하게 된다고 말했다. 집단 1은 최적 상태 수준에서 즐거워했고, 집단 2는 최적 상태 수준을 벗어날 정도로 기분이 가라앉았다. 이때 연구자 A는 참가자들에게 기다리는 동안 음악을 선택하게 했다. 그랬더니 집단 1은 다소 즐거운 음악을 선택한 반면, 집단 2는 과도하게 흥겨운 음악을 선택했다. 그런데 30분이 지나고 각 집단이 기대하는 일을 하게 될 시간이 다가오자 두 집단 사이에는 뚜렷한 차이가 나타났다. 집단 1의 선택에는 큰 변화가 없었으나, 집단 2는 기분을 가라앉히는 차분한 음악을 선택하는 쪽으로 변하는 경향을 보인 것이다. 이러한 선택의 변화는 기분조정 이론을 뒷받침하는 것으로 간주되었다.

① 사람들은 현재의 기분을 지속하는 데 도움이 되는 음악을 선택한다
② 사람들은 다음에 올 상황을 고려해 흥분을 유발할 수 있는 음악을 선택한다
③ 사람들은 다음에 올 상황에 맞추어 현재의 기분을 조정하는 음악을 선택한다
④ 사람들은 현재의 기분과는 상관없이 자신이 평소 선호하는 음악을 선택한다
⑤ 사람들은 현재의 기분이 즐거운 경우에는 그것을 조정하기 위해 그와 반대되는 기분을 자아내는 음악을 선택한다

05 | 문서 작성 · 수정

| 유형분석 |

- 기본적인 어휘력과 어법에 대한 지식을 필요로 하는 문제이다.
- 글의 내용을 파악하고 문맥을 읽을 줄 알아야 한다.

다음 글에서 ㉠ ~ ㉤의 수정 방안으로 적절하지 않은 것은?

㉠ 일반적인 사전적 의미의 '취미'는 '전문적으로 하는 것이 아니라 즐기기 위하여 하는 일'이지만 좀 더 철학적 관점에서 본다면 취미(Geschmack)는 주관적인 인간의 감정적 영역으로, 미적 대상을 감상하고 비판하는 능력이다. 발타사르 그라시안(Baltasar Gracian)에 따르면 취미는 충동과 자유, 동물성과 정신의 중간적인 것으로 각종 일에 대해 거리를 취하고 구별하여 선택하는 능력으로 일종의 인식 방식이다.

취미에 대한 정의와 관점은 다양하다. 취미를 감각 판단으로 바라볼 것인가에 대해 서로 맞서고 있는 감각주의 전통과 합리주의 전통의 논쟁이 있어 왔으며, 현대사회에서는 취미 연구를 심리학적·사회적 두 가지 관점에서 본다. 심리학적인 관점에서 취미는 개인의 생애를 통해서 변화하며 동시에 개인, 시대, 민족, 지역 등에 따라 ㉡ 틀리다. 개인의 취미는 넓고 깊은 교양에 의한 것이며, 통속적으로는 여가나 오락을 뜻하는 것으로 쓰이기도 한다. ㉢ 하지만 이와 동시에 일정한 시대, 민족에 있어서는 공통된 취미가 '객관적 정신'으로 전체를 지배하기도 한다. ㉣ 따라서 취미는 그 누구도 '취미란 이런 것이다.'라고 정의내려서는 안 된다. 이 과정에서 우리는 '한 사회 내에서 일정 기간 동안 유사한 문화양식과 행동양식이 일정 수의 사람들에게 공유되는 사회적 동조 현상'인 유행과의 차이에 대해 의문을 가지게 된다. 유행은 취미와 아주 밀접하게 결부된 현상이다. ㉤ 그러나 유행은 경험적 일반성에 의존하는 공동체적 감각이고, 취미는 경험보다는 규범적 일반성에 의존하는 감각이다. 다시 말해 유행은 공동체 속에서 활동하고 또 그것에 종속되지 않는다.

① ㉠ : 문장이 너무 길어 호흡이 길어지므로 '…하는 일'이다. 하지만…'으로 수정한다.
② ㉡ : 의미상 '비교가 되는 대상이 서로 같지 아니하다.'라는 뜻의 '다르다'로 바꾼다.
③ ㉢ : 자연스러운 연결을 위해 '또한'으로 바꾼다.
④ ㉣ : 글의 전개상 불필요한 내용이므로 삭제한다.
⑤ ㉤ : 앞뒤 내용의 자연스러운 흐름을 위해 '그래서'로 바꾼다.

정답 ⑤
㉤의 앞뒤 내용을 살펴보면 유행은 취미와 아주 밀접하게 결부된 현상이지만, 서로 다른 특징을 가진다고 하였다. 따라서 역접 기능의 접속어 '그러나'가 오는 것이 맞다.

풀이 전략!
문장에서 주어와 서술어의 호응 관계가 적절한지 주어와 서술어를 찾아 확인해 보는 연습을 하며, 문서 작성의 원칙과 주의사항을 미리 알아 두는 것이 좋다.

01 다음 글에서 ㉠ ~ ㉤의 수정 방안으로 적절하지 않은 것은?

> 선진국과 ㉠ 제3세계간의 빈부 양극화 문제를 해결하기 위해 등장했던 적정기술은 시대적 요구에 부응하면서 다양한 모습으로 발전하여 탄생 50주년을 맞았다. 이를 기념하기 위해 우리나라에서도 각종 행사가 열리고 있다. ㉡ 게다가 적정기술의 진정한 의미가 무엇인지, 왜 그것이 필요한지에 대한 인식은 아직 부족한 것이 현실이다.
>
> 그렇다면 적정기술이란 무엇인가? 적정기술은 '현지에서 구할 수 있는 재료를 이용해 도구를 직접 만들어 삶의 질을 향상시키는 기술'을 뜻한다. 기술의 독점과 집적으로 인해 개인의 접근이 어려운 첨단기술과 ㉢ 같이 적정기술은 누구나 쉽게 배우고 익혀 활용할 수 있다. 이런 이유로 소비 중심의 현대사회에서 적정기술은 자신의 삶에 필요한 것을 직접 생산하는 자립적인 삶의 방식을 유도한다는 점에서 시사하는 바가 크다.
>
> 적정기술이 우리나라에 도입된 것은 2000년대 중반부터이다. 당시 일어난 귀농 열풍과 환경 문제에 대한 관심 등 다양한 사회·문화적 맥락 속에서 적정기술에 대한 고민이 싹트기 시작했다. 특히 귀농인들을 중심으로 농촌의 에너지 문제를 해결하기 위한 다양한 방법이 시도되면서 국내에서 활용되는 적정기술은 난방 에너지 문제에 ㉣ 초점이 모아져 있다. 에너지 자립형 주택, 태양열 온풍기·온수기, 생태 단열 등이 좋은 예이다.
>
> 우리나라의 적정기술이 에너지 문제에 집중된 이유는 시대적 상황 때문이다. 우리나라는 전력 수요 1억 kW 시대 진입을 눈앞에 두고 있는 세계 10위권의 에너지 소비 대국이다. 게다가 에너지 소비량이 늘어나면서 2011년 이후 매년 대규모 정전 사태의 위험성을 경고하는 목소리가 커지고 있다. 이런 상황에서 에너지를 직접 생산하여 삶의 자립성을 추구하는 적정기술은 환경 오염과 대형 재난의 위기를 극복하는 하나의 대안이 될 수 있다. 이뿐만 아니라 기술의 공유를 목적으로 하는 새로운 공동체 문화 형성에도 기여하기 때문에 ㉤ 그 어느 때만큼 적정기술의 발전 방향에 대한 진지한 논의가 필요하다.

① ㉠ : 띄어쓰기가 올바르지 않으므로 '제3세계 간의'로 고친다.

② ㉡ : 앞 문장과의 내용을 고려하여 '하지만'으로 고친다.

③ ㉢ : 문맥에 어울리지 않으므로 '달리'로 고친다.

④ ㉣ : 맞춤법에 어긋나므로 '촛점'으로 고친다.

⑤ ㉤ : 문맥의 흐름을 고려하여 '그 어느 때보다'로 수정한다.

02 다음 글에서 ㉠ ~ ㉤의 수정 방안으로 가장 적절한 것은?

> 최근 사물인터넷에 대한 사람들의 관심이 부쩍 늘고 있는 추세이다. 사물인터넷은 '인터넷을 기반으로 모든 사물을 연결하여 사람과 사물, 사물과 사물 간에 정보를 상호 소통하는 지능형 기술 및 서비스'를 말한다.
>
> ㉠ 통계에 따르면 사물인터넷은 전 세계적으로 민간 부문 14조 4,000억 달러, 공공 부문 4조 6,000억 달러에 달하는 경제적 가치를 창출할 것으로 ㉡ 예상되며 그 가치는 더욱 커질 것으로 기대된다. 그래서 사물인터넷 사업은 국가 경쟁력을 확보할 수 있는 미래 산업으로서 그 중요성이 강조되고 있으며, 이에 선진국들은 에너지·교통·의료·안전 등 다양한 분야에 걸쳐 투자를 하고 있다. 그러나 우리나라는 정부 차원의 경제적 지원이 부족하여 사물인터넷 산업이 활성화되는 데 어려움이 있다. 또한 국내의 기업들은 사물인터넷 시장의 불확실성 때문에 적극적으로 투자에 나서지 못하고 있으며, 사물인터넷 관련 기술을 확보하지 못하고 있는 실정이다. ㉢ 그 결과 우리나라의 사물인터넷 시장은 선진국에 비해 확대되지 못하고 있다.
>
> 그렇다면 국내 사물인터넷 산업을 활성화하기 위한 방안은 무엇일까? 우선 정부에서는 사물인터넷 산업의 기반을 구축하는 데 필요한 정책과 제도를 정비하고, 관련 기업에 경제적 지원책을 마련해야 한다. 또한 수익성이 불투명하다고 느끼는 기업으로 하여금 투자를 하도록 유도하여 사물인터넷 산업이 발전할 수 있도록 해야 한다. 그리고 기업들은 이동 통신 기술 및 차세대 빅데이터 기술 개발에 집중하여 사물인터넷으로 인해 발생하는 대용량의 데이터를 원활하게 수집하고 분석할 수 있는 기술력을 ㉣ 확증해야 할 것이다.
>
> ㉤ 사물인터넷은 세상을 연결하여 소통하게 하는 끈이다. 이런 사물인터넷은 우리에게 편리한 삶을 약속할 뿐만 아니라 경제적 가치를 창출할 미래 산업으로 자리매김할 것이다.

① ㉠ : 서로 다른 내용을 다루고 있는 부분이 있으므로 문단을 두 개로 나눈다.

② ㉡ : 불필요한 피동 표현에 해당하므로 '예상하며'로 수정한다.

③ ㉢ : 앞 문장의 결과라기보다는 원인이므로 '그 이유는 우리나라의 사물인터넷 시장은 선진국에 비해 확대되지 못하고 있기 때문이다.'로 수정한다.

④ ㉣ : 문맥상 어울리지 않는 단어이므로 '확인'으로 바꾼다.

⑤ ㉤ : 글과 상관없는 내용이므로 삭제한다.

03 다음 중 문서를 작성할 때 주의해야 할 사항으로 옳지 않은 것은?

① 문서는 그 작성 시기가 중요하다.

② 문서는 육하원칙에 의해서 써야 한다.

③ 모든 첨부자료는 반드시 첨부해야 한다.

④ 한 사안은 한 장의 용지에 작성해야 한다.

⑤ 문서를 작성한 후 반드시 다시 한 번 내용을 검토해야 한다.

04 다음은 기안문 작성 시 유의해야 할 사항에 대한 자료이다. (가) ~ (라)에 해당하는 유의사항을 〈보기〉에서 찾아 바르게 연결한 것은?

〈기안문 작성 시 유의사항〉

올바른 문서 작성은 정확한 의사소통을 위하여 필요할 뿐만 아니라 문서 자체의 품격을 높이고, 그 기관의 대외적인 권위와 신뢰도를 높여 준다. 문서의 올바른 작성을 위하여 다음과 같은 사항에 유의할 필요가 있다.

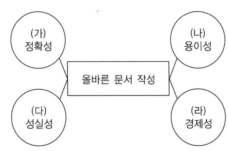

보기

㉠ 서식을 통일하여 규정된 서식을 사용하는 것이 경제적이다.

㉡ 상대방의 입장에서 이해하기 쉽게 작성한다.

㉢ 애매모호하거나 과장된 표현에 의하여 사실이 왜곡되지 않도록 한다.

㉣ 감정적이고 위압적인 표현을 쓰지 않는다.

	(가)	(나)	(다)	(라)
①	㉠	㉡	㉢	㉣
②	㉠	㉢	㉣	㉡
③	㉡	㉢	㉠	㉣
④	㉢	㉡	㉣	㉠
⑤	㉢	㉣	㉠	㉡

06 | 경청 · 의사 표현

| 유형분석 |

- 주로 특정 상황을 제시한 뒤 올바른 의사소통 방법을 묻는 형태의 문제가 출제된다.
- 경청과 관련한 이론에 대해 묻거나 대화문 중에서 올바른 경청 자세를 고르는 문제가 출제되기도 한다.

다음 〈보기〉 중 올바른 경청 방법을 보인 사람을 모두 고르면?

보기
- 자신의 잘못에 대해 상사가 나무라자 갑은 고개를 숙이고 바닥만 응시하다가 상사의 말이 다 끝나자 잘못하였다고 말하였다.
- 을은 후배가 자신의 생각에 반대하는 의견을 말하자 다리를 꼬고 앉아 후배를 말하는 내내 계속해 쳐다봤다.
- 병은 바쁘게 일하는 나머지 동료 직원이 다가와 도움을 요청한 소리를 제대로 못들어 동료 직원에게 상체를 기울여 다시 말해줄 것을 요청하였다.
- 회사 주가가 연일 하락해 심란한 나머지 자리에 앉지 못하는 대표 정에게 직원이 면담을 요청하자 정은 자리에 앉았다.

① 갑, 을　　　　　　　　　　　② 갑, 병
③ 갑, 정　　　　　　　　　　　④ 을, 병
⑤ 병, 정

정답　⑤
- 병 : 병은 상대방을 향하여 상체를 기울여 다가앉는 자세를 취함으로써 자신이 열심히 들을 것이라는 것을 강조하였다. 따라서 올바른 경청 방법으로 볼 수 있다.
- 정 : 정은 심란한 상황이지만, 직원의 말을 경청하기 위해 비교적 편안한 자세를 취했으므로 올바른 경청 방법으로 볼 수 있다.

오답분석
- 갑 : 상대방의 말에 경청을 할 때에는 상대와 정면으로 눈을 마주치는 자세가 필요하다. 따라서 상대방과의 눈을 피해 바닥을 보는 갑의 행동은 올바른 경청 방법이 아니다.
- 을 : 손이나 다리를 꼬지 않는 자세는 개방적 자세로 상대에게 마음을 열어 놓고 있다는 표시이다. 하지만 을의 다리를 꼬고 앉아 있는 행동은 자신의 의견에 반대한 후배에게 마음을 열어 놓고 경청하고 있다고 보기 어렵다.

풀이 전략!

별다른 암기 없이도 풀 수 있는 문제가 자주 출제되지만, 문제에 주어진 상황에 대한 확실한 이해가 필요하다.

01 다음은 김사원의 고민을 듣고 동료 사원인 A ~ E가 보인 반응이다. 사원 A ~ E의 경청의 문제점이 바르게 짝지어지지 않은 것은?

> 김사원 : 이부장님이 새로 오시고부터 일하기가 너무 힘들어. 내가 하는 일 하나하나 지적하시고, 매일매일 체크하셔. 마치 내가 초등학생 때 담임 선생님께 숙제 검사를 받는 것 같은 기분이야. 일을 맡기셨으면 믿고 기다려주셨으면 좋겠어.

> 사원 A : 매일매일 체크하신다는 건 네가 일을 못한 부분이 많아서 아닐까 생각이 들어. 너의 행동도 뒤돌아보는 게 좋을 것 같아.
> 사원 B : 내가 생각하기엔 네가 평소에도 예민한 편이라 이부장님의 행동을 너무 예민하게 받아들이는 것 같아. 부정적이게만 보지 말고 좋게 생각해봐.
> 사원 C : 너의 말을 들으니 이부장님이 너를 너무 못 믿는 것 같네. 직접 대면해서 이 문제에 대해 따져보는 게 좋을 것 같아. 계속 듣고만 있을 수는 없잖아, 안 그래?
> 사원 D : 기분 풀고 우리 맛있는 거나 먹으러 가자. 회사 근처에 새로 생긴 파스타 가게 가봤어? 정말 맛있더라. 먹으면 기분이 풀릴 거야.
> 사원 E : 이부장님 왜 그러신다니. 마음 넓은 네가 참아.

① 사원 A – 짐작하기　　　　　　　　② 사원 B – 판단하기
③ 사원 C – 언쟁하기　　　　　　　　④ 사원 D – 슬쩍 넘어가기
⑤ 사원 E – 비위 맞추기

02 다음 〈보기〉 중 경청에 대한 설명으로 옳지 않은 것을 모두 고르면?

> **보기**
> ㄱ. 상대방의 성격상 지나친 경청은 부담스러워할 수 있으므로, 적당히 거리를 두며 듣는다.
> ㄴ. 경청을 통해 상대방의 메시지와 감정이 더욱 효과적으로 전달될 수 있다.
> ㄷ. 상대의 말에 대한 경청은 상대에게 본능적 안도감을 제공한다.
> ㄹ. 경청을 하는 사람은 상대의 말에 무의식적 믿음을 갖게 된다.

① ㄱ　　　　　　　　　　　　　　　② ㄴ
③ ㄱ, ㄷ　　　　　　　　　　　　　④ ㄱ, ㄹ
⑤ ㄴ, ㄷ, ㄹ

※ 다음은 경청태도에 대한 강연 내용의 일부이다. 이어지는 질문에 답하시오. **[3~4]**

우리는 회사생활을 하면서 많이 말하기보다 많이 들어야 합니다. 말 잘하는 법, 발표 잘하는 법에 대한 노하우는 어디서든 찾아볼 수 있지만 잘 듣는 법에 대한 이야기는 별로 없는 것 같아요. 그래서 오늘은 올바른 경청태도에 대해 이야기하고자 합니다. 제가 여러분께 어제 메일로 오늘 강의할 자료를 보내드렸습니다. 혹시 읽어 오신 분 있나요? 네, 잘 없죠. 이해합니다. 그런데 여러분, 이렇게 강연 전 미리 수업계획서나 강의계획서를 미리 읽어두는 것도 효과적인 경청 방법에 해당한다는 사실을 알고 계셨나요? 상대의 말을 잘 알아듣기 위해서는 상대가 말하고자 하는 주제나 용어에 친숙해질 필요가 있으니까요. 이 밖에도 효과적인 경청 방법에는 주의 집중하기가 있습니다. 여러분은 지금 모두 제 말을 아주 집중해서 듣고 계시네요. 모두 좋은 경청 태도를 보이고 계십니다.

경청에 도움을 주는 자세가 있다면 경청을 방해하는 요인들도 있겠죠? 상대방의 말을 듣고 받아들이기보다 자신의 생각에 들어맞는 단서를 찾아 자신의 생각을 확인하는 행동, 상대방에 대한 부정적인 판단 또는 상대방을 비판하기 위해 상대방의 말을 듣지 않는 행동 등이 있죠. 그럼 각각의 사례를 통해 경청을 방해하는 요인에 대해 더 자세히 알아보도록 하겠습니다.

03 다음 중 윗글에서 설명하고 있는 경청의 방해요인을 〈보기〉에서 모두 고르면?

> **보기**
>
> (가) 다른 생각하기   (나) 짐작하기
> (다) 판단하기   (라) 걸러내기

① (가), (나) ② (가), (라)
③ (나), (다) ④ (나), (라)
⑤ (다), (라)

04 다음 중 강연 내용을 바탕으로 윤수, 상민, 서희. 선미가 나눈 대화에서 옳지 않은 말을 하는 사람을 모두 고르면?

> 윤수 : 말하는 것만큼 듣는 것도 중요하구나. 경청은 그저 잘 듣기만 하면 되는 줄 알았는데, 경청에도 여러 가지 방법이 있는지 오늘 처음 알았어.
>
> 상민 : 맞아. 특히 오늘 강사님이 알려주신 경청을 방해하는 요인은 정말 도움이 되었어. 그동안 나도 모르게 했던 행동들 중에 해당되는 게 많더라고. 특히 내가 대답할 말을 생각하느라 상대의 말에 집중하지 않는 태도는 꼭 고쳐야겠다고 생각이 들었어.
>
> 서희 : 나도 상대에게 호의를 보인다고 상대의 말에 너무 쉽게 동의하거나 너무 빨리 동의하곤 했는데 앞으로 조심해야겠어. 그리고 보니 강사님께서 경청의 방해 요인은 예시까지 들어주시며 자세히 설명해주셨는데, 경청의 올바른 자세는 몇 가지 알려주시지 않아 아쉬웠어. 또 무엇이 있을까?
>
> 선미 : 아, 그건 강사님이 보내주신 강의 자료에 더 자세히 나와 있어. 그런데 서희야, 네가 말한 행동은 경청의 올바른 자세니까 굳이 고칠 필요 없어.

① 윤수　　　　　　　　　　　② 상민
③ 서희　　　　　　　　　　　④ 선미
⑤ 상민, 선미

05 다음은 의사 표현의 말하기 중 '쉼'에 대한 설명이다. 빈칸에 들어갈 수 있는 내용으로 옳지 않은 것은?

> 쉼이란 대화 도중 잠시 침묵하는 것으로 의도적인 경우도 있고, 비의도적인 경우도 있으며, 의도적으로 할 경우 쉼을 활용하여 논리성, 감성제고, 동질감 등을 얻을 수 있다. 듣기에 좋은 말의 속도는 이야기 전체에서 35 ~ 40%가 적당하다는 주장이 있으며, 대화를 할 때 쉼을 하는 경우는 _____ 등이 있다.

① 이야기가 전이될 때　　　　　② 양해, 동조의 경우
③ 생략, 암시의 경우　　　　　　④ 분노, 화냄의 경우
⑤ 여운을 남길 때

07 | 어휘 · 맞춤법

| 유형분석 |

- 주어진 문장이나 지문에서 잘못 쓰인 단어·표현을 바르게 고칠 수 있는지 평가한다.
- 띄어쓰기, 동의어·유의어·다의어 또는 관용적 표현 등을 찾는 문제가 출제될 가능성이 있다.

다음 중 우리말 어법으로 옳은 문장은?

① 이번에 아주 비싼 대가를 치루었다.
② 신문은 우리 주변의 모든 일이 기사 대상이다.
③ 거칠은 솜씨로 정교한 작품을 만들기는 어렵다.
④ 모든 청소년은 자연을 사랑하고 그 속에서 심신을 수련해야 한다.
⑤ 단편 소설은 길이가 짧은 대신, 장편 소설이 제공할 수 없는 강한 인상이다.

정답 ④

④는 문장 성분 간 호응이 어색하지 않고 맞춤법도 틀린 부분이 없다.

오답분석

① 치루었다 → 치르었다, 치렀다
② 일이 → 일을, 대상이다 → 대상으로 한다
③ 거칠은 → 거친
⑤ 인상이다 → 인상을 준다

풀이 전략!

자주 틀리는 맞춤법

틀린 표현	옳은 표현	틀린 표현	옳은 표현
몇일	며칠	오랫만에	오랜만에
귀뜸	귀띔	선생으로써	선생으로서
웬지	왠지	안되	안돼
왠만하면	웬만하면	돼고 싶다	되고 싶다
어떻해	어떻게 해 / 어떡해	병이 낳았다	병이 나았다
금새	금세	내일 뵈요	내일 봬요
구지	굳이	고르던지 말던지	고르든지 말든지
서슴치	서슴지	합격하길 바래요	합격하길 바라요

01 다음 중 밑줄 친 ㉠~㉤을 우리말 어법에 맞게 수정한 것은?

> - 빨리 도착하려면 저 산을 ㉠ <u>넘어야</u> 한다.
> - 장터는 저 산 ㉡ <u>넘어</u>에 있소.
> - 나는 대장간 일을 ㉢ <u>어깨너머로</u> 배웠다.
> - 자동차는 수많은 작은 부품들로 ㉣ <u>나뉜다</u>.
> - 나는 일이 바빠 쉴 ㉤ <u>새</u>가 없었다.

① ㉠ : 목적지에 대해 설명하고 있으므로 '너머야'로 수정한다.
② ㉡ : 산으로 가로막힌 반대쪽 장소를 의미하기 때문에 '너머'로 수정한다.
③ ㉢ : 남몰래 보고 배운 것을 뜻하므로 '어깨넘어'로 수정한다.
④ ㉣ : 피동 표현을 사용해야 하므로 '나뉘어진다'로 수정한다.
⑤ ㉤ : '세'로 수정한다.

02 다음 중 밑줄 친 부분의 맞춤법 수정 방안으로 적절하지 않은 것은?

> 옛것을 <u>본받는</u> 사람은 옛 자취에 <u>얽메이는</u> 것이 문제다. 새것을 만드는 사람은 이치에 <u>합당지</u> 않은 것이 걱정이다. 진실로 능히 옛것을 <u>변화할줄</u> 알고, 새것을 만들면서 법도에 맞을 수만 있다면 지금 글도 <u>옛글 만큼</u> 훌륭하게 쓸 수 있을 것이다.

① 본받는 → 본 받는
② 얽메이는 → 얽매이는
③ 합당지 → 합당치
④ 변화할줄 → 변화할 줄
⑤ 옛글 만큼 → 옛글만큼

03 다음 중 밑줄 친 부분이 맞춤법상 옳지 않은 것은?

> 매년 3월 22일을 세계 물의 날로 인구와 경제 활동의 증가로 수질이 오염되고 먹는 물이 부족해지
> 자 UN이 경각심을 ㉠ 일깨우기 위해 지정한 날이다. 우리나라의 상수도 보급현황은 매우 우수한
> 편으로 매년 상승하고 있으나, 해가 갈수록 1인당 물 ㉡ 사용량도 늘어나고 있다. 우리나라 수자원
> 량은 '물 스트레스' 국가로 주기적인 물 압박 경험이 있는 수준에 해당된다. 물은 아낄 필요가 있으
> 며, 생활 속에서도 물을 절약하기 위한 여러 방법이 있고 다음과 같은 캠페인도 진행하고 있다.
> • 사용 후 ㉢ 수도꼭지는 꼭 ㉣ 잠궈 주세요.
> • 절수용 샤워기를 사용해 주세요.
> • 레버를 잠그고 ㉤ 양치질을 해 주세요.
> • 설거지 할 때는 설거지통을 사용해 주세요.

① ㉠
② ㉡
③ ㉢
④ ㉣
⑤ ㉤

04 다음 중 밑줄 친 단어의 띄어쓰기가 옳은 것은?

① 어찌나 금방 품절되던지 나도 열 번만에 겨우 주문했어.
② 둘째 아들이 벌써 아빠 만큼 자랐구나.
③ 이번 일은 직접 나서는 수밖에 없다.
④ 달라는대로 다 주었는데 무엇을 더 줘야 하니?
⑤ 너 뿐만 아니라 우리 모두 노력해야 한다.

05 다음 중 밑줄 친 부분의 맞춤법이 옳지 않은 것은?

> 어젯밤 꿈에서 돌아가신 할머니를 만났다. 할머니는 숨겨둔 비밀을 밝힐 때가 됐다며, 꿈에서 깨면
> 당신께서 사용하셨던 화장대의 첫 번째 서랍을 열어보라고 하셨다. 나는 할머니의 비밀이 도대체
> 무엇인지 여러 차례 물었지만 돌아오는 것은 할머니의 미소뿐이었다. 꿈에서 깨어나 보니 할머니는
> 더 이상 보이질 않았고, 방안은 적막만 흘렀다. 나는 왠지 모르게 그동안 나를 덥쳤던 온갖 불행들이
> 사라진 것 같은 기분이 들었다.

① 어젯밤
② 첫 번째
③ 깨어나 보니
④ 덥쳤던
⑤ 것 같은

06 다음은 문서 작성 시 유의해야 할 한글 맞춤법 및 어법에 따른 표기일 때, 표기가 옳지 않은 것은?

> 1. 고 / 라고
>   앞말이 직접 인용되는 말임을 나타내는 조사는 '라고'이다. '고'는 앞말이 간접 인용되는 말임을 나타내는 격조사이다.
> 2. 로써 / 로서
>   지위나 신분 또는 자격을 나타내는 격조사는 '로서'이며, '로써'는 어떤 일의 수단이나 도구를 나타내는 격조사이다.
> 3. 율 / 률
>   받침이 있는 말 뒤에서는 '렬, 률', 받침이 없는 말이나 'ㄴ' 받침으로 끝나는 말 뒤에서는 '열, 율'로 적는다.
> 4. 년도 / 연도
>   한자음 '녀, 뇨, 뉴, 니'가 단어 첫머리에 올 때는 두음 법칙에 따라 '여, 요, 유, 이'로 적는다. 단, 의존 명사의 경우 두음 법칙을 적용하지 않는다.

① 이사장은 "이번 기회를 통해 소중함을 깨닫게 되었으면 좋겠다."라고 말했다.

② 모든 것이 말로써 다 표현되는 것은 아니다.

③ 올해의 상반기 목표 성장률을 달성하기 위해서는 모두가 함께 노력해야 한다.

④ 노인 일자리 추가 지원 사업을 시작한 지 반 연도 되지 않아 지원이 끝이 났다.

⑤ 시험 원서 접수는 2024. 11. 01.(금)에 마감됩니다.

08 | 한자성어 · 속담

| 유형분석 |

- 실생활에서 활용되는 한자성어나 속담을 이해할 수 있는지 평가한다.
- 제시된 상황과 일치하는 사자성어 또는 속담을 고르거나 한자의 훈음·독음을 맞히는 등 다양한 유형이 출제된다.

다음 글과 가장 잘 어울리는 한자성어는?

우리나라의 200만 개 일자리를 창출 중인 건설업에서 매년 400여 명이 목숨을 잃고 있는 것으로 나타났다. 이에 고용노동부장관은 최근 희생자가 발생한 8개의 건설사 대표이사들을 불러 이 문제에 대한 간담회를 열었다. 간담회에서 고용노동부장관은 단순히 안전 구호를 외치며 안전 체조를 하던 과거 방식은 더 이상 사망사고를 막을 수 없다며, 사망사고를 예방하기 위해서는 각 작업장에서의 위험 요소를 파악하고 이에 대한 안전조치를 파악해 현장 자체를 변화시켜야 한다고 말했다. 또한 특정 건설사에서 계속하여 사망사고가 발생하는 것은 경영자와 본사의 노력이 현장에 미치지 못하고 형식적인 데에서만 그치고 있는 것이라며 안전경영 리더십을 글이 아닌 직접 행동으로 보여줄 것을 촉구하였다.

① 각주구검(刻舟求劍)
② 수주대토(守株待兔)
③ 자강불식(自强不息)
④ 오하아몽(吳下阿蒙)
⑤ 일취월장(日就月將)

정답 ②

수주대토(守株待兔)는 이전부터 행해지던 관습이나 사례들을 융통성 없이 계속하여 따르는 발전 없는 사람을 일컫는다. 제시문에서 '단순히 안전 구호를 외치며 안전 체조를 하던 과거 방식을 고집하는 일부 건설사'와 가장 관련이 있는 한자성어이다.

오답분석

① 각주구검(刻舟求劍) : 어리석고 우둔하여 현실과 맞지 않는 융통성 없는 행동을 하는 사람을 의미한다. 제시문에서 일부 건설사가 현실과 맞지 않는 방식을 고집하는 것은 어리석고 우둔하기보다는 낡은 과거 방식을 계속하여 고집하는 것이기 때문에 '각주구검'보다는 '수주대토'가 더 적절하다.
③ 자강불식(自强不息) : 스스로 강인하게 매진해 쉬지 않고 끊임없이 목표를 향해 나아가는 것을 의미한다.
④ 오하아몽(吳下阿蒙) : 힘은 있으나 배워서 얻은 지식이 없는 사람을 비웃는 말로 쓰인다.
⑤ 일취월장(日就月將) : 하루가 다르게 더 좋은 상태로 나아간다는 의미이다.

■ 풀이 전략!

- 한자성어나 속담 관련 문제의 경우 일정 수준 이상의 사전지식을 요구하므로, 지원 기업 관련 기사 및 이슈를 틈틈이 찾아보며 한자성어나 속담에 대입하는 연습을 하면 효과적으로 대처할 수 있다.
- 문제에 제시된 한자성어의 의미를 파악하기 어렵다면, 먼저 알고 있는 한자가 있는지 확인한 후 글의 문맥과 상황에 대입하며 선택지를 하나씩 소거해 나가는 것이 효율적이다.

01 다음 상황과 가장 관련 있는 속담은 무엇인가?

> 얼마 전 반장 민수는 실수로 칠판을 늦게 지운 주번 상우에게 벌점을 부과하였고, 이로 인해 벌점이
> 초과된 상우는 방과 후 학교에 남아 반성문을 쓰게 되었다. 이처럼 민수는 사소한 잘못을 저지른
> 학급 친구에게도 가차 없이 벌점을 부여하여 학급 친구들의 원망을 샀고, 결국에는 민수를 반장으로
> 추천했던 친구들 모두 민수에게 등을 돌렸다.

① 원님 덕에 나팔 분다 　　　　　　　 ② 찬물도 위아래가 있다
③ 집 태우고 바늘 줍는다 　　　　　　 ④ 맑은 물에 고기 안 논다
⑤ 듣기 좋은 꽃노래도 한두 번이지

02 다음 밑줄 친 관용 표현의 쓰임이 적절하지 않은 것은?

① 그는 엉너리를 치며 슬그머니 다가와 앉았다.
② 그 교수의 이론은 사개가 맞아 모두가 동의하였다.
③ 그는 오랫동안 만나 온 사람이지만 좀처럼 곁을 주지 않았다.
④ 너도 곱살이 껴서 뭐든 해 보려고 하는 모양인데, 이번에는 제발 빠져 주라.
⑤ 깐깐오월은 너무 바빠 시간이 언제 지나는지도 모르는 음력 5월을 가리키지.

03 다음 글과 가장 관련 있는 한자성어는?

> 지하철 선로에 떨어진 아이를 구한 고등학생에게 서울시에서 표창장을 주었다.

① 신언서판(身言書判) 　　　　　　　 ② 신상필벌(信賞必罰)
③ 순망치한(脣亡齒寒) 　　　　　　　 ④ 숙호충비(宿虎衝鼻)
⑤ 견문발검(見蚊拔劍)

CHAPTER 02

문제해결능력

합격 Cheat Key

문제해결능력은 업무를 수행하면서 여러 가지 문제 상황이 발생하였을 때, 창의적이고 논리적인 사고를 통하여 이를 올바르게 인식하고 적절히 해결하는 능력으로, 하위 능력에는 사고력과 문제처리능력이 있다.

문제해결능력은 NCS 기반 채용을 진행하는 대다수의 공사·공단에서 채택하고 있으며, 다양한 자료와 함께 출제되는 경우가 많아 어렵게 느껴질 수 있다. 특히, 난이도가 높은 문제로 자주 출제되기 때문에 다른 영역보다 더 많은 노력이 필요할 수는 있지만 그렇기에 차별화를 할 수 있는 득점 영역이므로 포기하지 말고 꾸준하게 노력해야 한다.

1 │ 질문의 의도를 정확하게 파악하라!

문제해결능력은 문제에서 무엇을 묻고 있는지 정확하게 파악하여 먼저 풀이 방향을 설정하는 것이 가장 효율적인 방법이다. 특히, 조건이 주어지고 답을 찾는 창의적·분석적인 문제가 주로 출제되고 있기 때문에 처음에 정확한 풀이 방향이 설정되지 않는다면 문제를 제대로 풀지 못하게 되므로 첫 번째로 출제 의도 파악에 집중해야 한다.

2 중요한 정보는 반드시 표시하라!

출제 의도를 정확히 파악하기 위해서는 문제의 중요 정보를 반드시 표시하거나 메모하여 하나의 조건, 단서도 잊고 넘어가는 일이 없도록 해야 한다. 실제 시험에서는 시간의 압박과 긴장감으로 정보를 잘못 적용하거나 잊어버리는 실수가 많이 발생하므로 사전에 충분한 연습이 필요하다.

3 반복 풀이를 통해 취약 유형을 파악하라!

문제해결능력은 특히 시간관리가 중요한 영역이다. 따라서 정해진 시간 안에 고득점을 할 수 있는 효율적인 문제 풀이 방법을 찾아야 한다. 이때, 반복적인 문제 풀이를 통해 자신이 취약한 유형을 파악하는 것이 중요하다. 정확하게 풀 수 있는 문제부터 빠르게 풀고 취약한 유형은 나중에 푸는 효율적인 문제 풀이를 통해 최대한 고득점을 맞는 것이 중요하다.

01 | 명제 추론

| 유형분석 |

- 주어진 문장을 토대로 논리적으로 추론하여 참 또는 거짓을 구분하는 문제이다.
- 대체로 연역추론을 활용한 명제 문제가 출제된다.
- 자료를 제시하고 새로운 결과나 자료에 주어지지 않은 내용을 추론해 가는 형식의 문제가 출제된다.

김대리는 체육대회에 참여할 직원 명단을 작성하고자 한다. A ~ F 6명의 직원들이 다음 〈조건〉에 따라 참여한다고 할 때, 체육대회에 반드시 참여하는 직원의 수는?

조건

- A가 참여하면 F는 참여하지 않고, B는 체육대회에 참여한다.
- C가 체육대회에 참여하면 D는 체육대회에 참여하지 않는다.
- E가 체육대회에 참여하지 않으면 C는 체육대회에 참여한다.
- B와 E 중 1명만 체육대회에 참여한다.
- D는 체육대회에 참여한다.

① 2명 ② 3명
③ 4명 ④ 5명
⑤ 6명

정답 ①

제시된 조건을 기호화하여 나타내면 다음과 같다.
- A → ~F & B
- C → ~D
- ~E → C
- B or E
- D

다섯 번째 조건에 의해 D가 참여하므로 두 번째 조건의 대우인 D → ~C에 의해 C는 참여하지 않고, 세 번째 조건의 대우인 ~C → E에 의해 E는 참여한다. E가 참여하므로 네 번째 조건에 의해 B는 참여하지 않는다. 또한 첫 번째 조건의 대우인 F or ~B → ~A에 의해 A는 참여하지 않는다. 그리고 F는 제시된 조건으로는 반드시 참여하는지 알 수 없다. 따라서 반드시 체육대회에 참여하는 직원은 D, E 2명이다.

풀이 전략!

조건과 관련한 기본적인 논법에 대해서는 미리 학습해 두며, 이를 바탕으로 각 문장에 있는 핵심단어 또는 문구를 기호화하여 정리한 후, 선택지와 비교하여 참 또는 거짓을 판단한다. 또한 이를 바탕으로 문제에서 구하고자 하는 내용을 추론 및 분석한다.

01 아마추어 야구 리그에서 활동하는 4개의 팀(A ~ D)은 빨간색, 노란색, 파란색, 보라색 중에서 매년 상징하는 색을 바꾸고 있다. 다음 〈조건〉을 참고할 때, 반드시 참인 것은?

> **조건**
>
> • 하나의 팀은 하나의 상징색을 선택한다.
> • 이전에 사용했던 상징색을 다시 사용할 수는 없다.
> • A팀과 B팀은 빨간색을 사용한 적이 있다.
> • B팀과 C팀은 보라색을 사용한 적이 있다.
> • D팀은 노란색을 사용한 적이 있고, 파란색을 선택하였다.

① A팀은 파란색을 사용한 적이 있어 다른 색을 골라야 한다.
② A팀의 상징색은 노란색이 될 것이다.
③ C팀은 파란색을 사용한 적이 있을 것이다.
④ C팀의 상징색은 빨간색이 될 것이다.
⑤ D팀은 보라색을 사용한 적이 있다.

02 D기업 직원들은 대전에서 열리는 세미나에 참석하기 위해 출장을 가게 되었다. 〈조건〉에 따라 출장을 갈 인원들이 결정된다고 할 때, 다음 중 출장을 가게 될 직원의 조합으로 옳지 않은 것은?

> **조건**
>
> • 지역·산업별지원부는 지역지원부, 산업지원부, 컨소시엄지원부로 구성되어 있다. 이 중 출장이 가능한 인원은 지역지원부에서는 A팀장, B대리, C주임, 산업지원부에서는 D대리, E대리, F사원, 컨소시엄지원부에서는 G주임, H사원이다.
> • 출장을 가는 지역·산업별지원국 직원은 총 4명이다.
> • 반드시 1명 이상의 팀장이 출장에 참여하여야 한다.
> • 사원들은 함께 출장을 갈 수 없다.
> • 대리는 최대 2명까지만 출장에 참여 가능하며, 주임은 출장을 가게 될 경우 반드시 2명 이상이 함께 출장에 참여하여야 한다.
> • 컨소시엄지원부는 단기적 인력 부족으로 인해 1명의 직원만 출장이 가능하다.
> • 팀장이 출장에 참여하는 경우, 동일한 부의 직원이 1명 이상 동행하여야 한다.
> • 모든 부에서 1명 이상 출장에 참여하여야 한다.

① A팀장, B대리, C주임, H사원
② A팀장, B대리, D대리, F사원
③ A팀장, B대리, D대리, G주임
④ A팀장, C주임, D대리, G주임
⑤ A팀장, C주임, E대리, G주임

03 다음 명제들이 참일 때, 옳지 않은 추론은?

- 책을 좋아하면 영화를 좋아한다.
- 여행을 좋아하지 않으면 책을 좋아하지 않는다.
- 산책을 좋아하면 게임을 좋아하지 않는다.
- 영화를 좋아하면 산책을 좋아한다.

① 책을 좋아하면 산책을 좋아한다.
② 책을 좋아하면 여행을 좋아한다.
③ 게임을 좋아하면 영화를 좋아하지 않는다.
④ 영화를 좋아하지 않으면 책을 좋아하지 않는다.
⑤ 여행을 좋아하지 않으면 게임을 좋아하지 않는다.

04 다음 〈조건〉을 바탕으로 〈보기〉를 판단한 내용으로 옳은 것은?

조건
- 영업을 잘하면 기획을 못한다.
- 편집을 잘하면 영업을 잘한다.
- 디자인을 잘하면 편집을 잘한다.

보기
A : 디자인을 잘하면 기획을 못한다.
B : 편집을 잘하면 기획을 잘한다.

① A만 옳다.
② B만 옳다.
③ A, B 모두 옳다.
④ A, B 모두 틀리다.
⑤ A, B 모두 옳은지 틀린지 판단할 수 없다.

05 A건설은 D공사의 건설사업과 관련한 입찰부정 의혹사건으로 감사원의 집중 감사를 받았다. 감사원에서는 이 사건에 연루된 윤부장, 이과장, 김대리, 박대리 및 입찰담당자 강주임을 조사하여 최종적으로 〈조건〉과 같은 결론을 내렸다. 다음 중 입찰부정에 실제로 가담한 사람을 모두 고르면?

> **조건**
> • 입찰부정에 가담한 사람은 정확히 두 명이다.
> • 이과장과 김대리는 함께 가담했거나 가담하지 않았다.
> • 윤부장이 가담하지 않았다면, 이과장과 입찰담당자 강주임도 가담하지 않았다.
> • 박대리가 가담하지 않았다면, 김대리도 가담하지 않았다.
> • 박대리가 가담하였다면, 입찰담당자 강주임도 분명히 가담하였다.

① 윤부장, 이과장   ② 이과장, 김대리
③ 김대리, 박대리   ④ 윤부장, 강주임
⑤ 이과장, 박대리

06 A ~ D는 한 판의 가위바위보를 한 후 그 결과에 대해 각각 두 가지의 진술을 하였다. 두 가지의 진술 중 하나는 반드시 참이고, 하나는 반드시 거짓이라고 할 때, 다음 중 항상 참인 것은?

> A : C는 B를 이길 수 있는 것을 냈고, B는 가위를 냈다.
> B : A는 C와 같은 것을 냈지만, A가 편 손가락의 수는 나보다 적었다.
> C : B는 바위를 냈고, 그 누구도 같은 것을 내지 않았다.
> D : A, B, C 모두 참 또는 거짓을 말한 순서가 동일하다. 이 판은 승자가 나온 판이었다.

① B와 같은 것을 낸 사람이 있다.
② 보를 낸 사람은 1명이다.
③ D는 혼자 가위를 냈다.
④ B가 기권했다면 가위를 낸 사람이 지는 판이다.
⑤ 바위를 낸 사람은 2명이다.

02 | SWOT 분석

| 유형분석 |

- 상황에 대한 환경 분석 결과를 통해 주요 과제를 도출하는 문제이다.
- 주로 3C 분석 또는 SWOT 분석을 활용한 문제들이 출제되고 있으므로 해당 분석도구에 대한 사전 학습이 요구된다.

다음 L공사에 관한 SWOT 분석 결과를 바탕으로 적절한 전략을 〈보기〉에서 모두 고르면?

S(강점)	W(약점)
• 공공기관으로서의 신뢰성 • 국토의 종합적 이용 · 개발	• 국토개발로 인한 환경파괴 • 정부 통제 및 보수적 조직문화
O(기회)	T(위협)
• 정부의 해외 개발 사업 추진 • 환경친화적 디지털 신도시에 대한 관심 확대	• 환경보호 단체, 시민 단체와의 충돌 • 건설 경기 위축 및 침체

보기

ㄱ. 공공기관으로서의 높은 신뢰도를 바탕으로 정부의 해외 개발 사업에 적극적으로 참여한다.
ㄴ. 침체된 건설 경기를 회복하기 위해 비교적 개발이 진행되지 않은 산림, 해안지역 등의 개발을 추진한다.
ㄷ. 환경파괴를 최소화하면서도 국토를 효율적으로 이용할 수 있는 환경친화적 신도시를 개발한다.
ㄹ. 환경보호 단체나 시민 단체에 대한 규제 강화를 통해 공공기관으로서의 역할을 수행한다.

① ㄱ, ㄴ   ② ㄱ, ㄷ
③ ㄴ, ㄷ   ④ ㄴ, ㄹ
⑤ ㄷ, ㄹ

정답 ②

ㄱ. 강점인 공공기관으로서의 신뢰성을 바탕으로 해외 개발 사업에 참여하는 것은 강점을 살려 기회를 포착하는 SO전략으로 적절하다.
ㄷ. 약점인 환경파괴를 최소화하는 방향의 환경친화적 신도시 개발은 약점을 보완하여 기회를 포착하는 WO전략으로 적절하다.

오답분석

ㄴ. 국토개발로 인한 환경파괴라는 약점, 환경보호 단체 등과의 충돌이라는 위협을 고려하면 적절한 전략으로 볼 수 없다.
ㄹ. 환경보호 단체나 시민 단체와의 충돌을 규제 강화라는 강압적 방법으로 해결하는 것은 적절한 전략으로 볼 수 없으며, 공공기관
의 역할 수행으로도 볼 수 없다.

풀이 전략!

문제에 제시된 분석도구를 확인한 후, 분석 결과를 종합적으로 판단하여 각 선택지의 전략 과제와 일치 여부를 판단한다.

01 다음은 국내 신재생에너지 산업에 대한 SWOT 분석 결과에 대한 자료이다. 이에 따른 경영 전략이 바르게 연결되지 않은 것을 〈보기〉에서 모두 고르면?

구분	내용
강점(Strength)	• 해외 기관과의 협업을 통한 풍부한 신재생에너지 개발 경험 • 에너지 분야의 우수한 연구개발 인재 확보
약점(Weakness)	• 아직까지 화석연료 대비 낮은 전력 효율성 • 도입 필요성에 대한 국민적 인식 저조
기회(Opportunity)	• 신재생에너지에 대한 연구가 세계적으로 활발히 추진 • 관련 정부부처로부터 충분한 예산 확보
위협(Threat)	• 신재생에너지 특성상 설비 도입 시의 높은 초기 비용

보기

㉠ SO전략 : 개발 경험을 통해 쌓은 기술력을 바탕으로 향후 효과적인 신재생에너지 산업 개발 가능
㉡ ST전략 : 우수한 연구개발 인재들을 활용하여 초기비용 감축 방안 연구 추진
㉢ WO전략 : 확보한 예산을 토대로 우수한 연구원 채용
㉣ WT전략 : 세계의 신재생에너지 연구를 활용한 전력 효율성 개선

① ㉠, ㉡
② ㉠, ㉢
③ ㉡, ㉢
④ ㉡, ㉣
⑤ ㉢, ㉣

02 다음 중 SWOT 분석에 대한 설명으로 적절하지 않은 것은?

〈SWOT 분석〉

강점, 약점, 기회, 위협요인을 분석 · 평가하고 이들을 서로 연관 지어 전략을 개발하고 문제해결 방안을 개발하는 방법이다.

	강점 (Strengths)	약점 (Weaknesses)
기회 (Opportunities)	SO	WO
위협 (Threats)	ST	WT

① 강점과 약점은 외부 환경요인에 해당하며, 기회와 위협은 내부 환경요인에 해당한다.
② SO전략은 강점을 살려 기회를 포착하는 전략을 의미한다.
③ ST전략은 강점을 살려 위협을 회피하는 전략을 의미한다.
④ WO전략은 약점을 보완하여 기회를 포착하는 전략을 의미한다.
⑤ WT전략은 약점을 보완하여 위협을 회피하는 전략을 의미한다.

03 다음은 미용실에 관한 SWOT 분석 결과이다. 이를 토대로 적절한 대응 방안은?

S(강점)	W(약점)
• 뛰어난 실력으로 미용대회에서 여러 번 우승한 경험이 있다. • 인건비가 들지 않아 저렴한 가격으로 서비스를 제공한다.	• 한 명이 운영하는 가게라 동시에 많은 손님을 받을 수 없다. • 홍보가 미흡하다.
O(기회)	**T(위협)**
• 바로 옆에 유명한 프랜차이즈 레스토랑이 생겼다. • 미용실을 위한 소셜 네트워크 예약 서비스가 등장했다.	• 소셜 커머스를 활용하여 주변 미용실들이 열띤 가격경쟁을 펼치고 있다. • 대규모 프랜차이즈 미용실들이 잇따라 등장하고 있다.

① ST전략 : 여러 번 대회에서 우승한 경험을 가지고 가맹점을 낸다.
② WT전략 : 여러 명의 직원을 고용해 오히려 가격을 올리는 고급화 전략을 펼친다.
③ WT전략 : 한 명의 전문 인력이 운영하는 미용실이라는 특색으로 가격을 올리는 고급화 전략을 펼친다.
④ SO전략 : 소셜 네트워크 예약 서비스를 이용해 방문한 사람들에게만 저렴한 가격에 서비스를 제공한다.
⑤ WO전략 : 유명한 프랜차이즈 레스토랑과 연계하여 홍보물을 비치한다.

04 다음은 천연가스와 관련한 D공사의 SWOT 분석 결과이다. 이에 따라 〈보기〉의 ⓐ ~ ⓓ에 들어갈 추진전략을 바르게 연결한 것은?

S(Strength)	W(Weakness)
• 세계 제2위의 LNG 구매력 • 우수한 LNG 수송 능력과 EPC 경쟁력 • 세계적인 인수 기지, 배관망 운영 역량 • 독점적 사업 지위, 운영하는 사업의 공공성 • 재난 대응 체계와 안전 컨트롤타워 재정비	• 수요 예측 실패로 비싼 현물 구입 • 액화 플랜트, 핵심 기자재 기술 취약 • 천연가스 연관 산업의 미흡한 발전 현황 • 가정, 산업, 발전, 일반 등 전체 천연가스 수요 감소세 • 다른 연료, 특히 원자력에 비해 낮은 천연가스의 가격 경쟁력 • 원가 미만으로 가스를 시장에 공급해 생기는 미수금이 12조 원에 이를 것으로 예상
O(Opportunity)	**T(Threat)**
• 충남 ○○시에 LNG 기지 건설 • 분산형 전원으로서의 역할 증대 • 셰일 가스 혁명으로 인한 LNG 시장 변화 • 온실가스 규제 강화 및 친환경 청정 에너지로의 전환 기조로 천연가스 산업 부각	• LNG 수입 원가 상승 및 향후 가격 상승 여지 • 공기업 투자 여건 약화로 신규투자 여력 위축 • 20년 이상 사용해 노후화된 설비에 대한 안전 대책 필요 • 국내의 천연가스 수요에 대한 성장 정체, 규제 시장에 대한 효율성 제고 압력 • 발전 관련 공기업들의 LNG 사업 추진 움직임과 공기업 사이의 소모적 경쟁 우려

보기

추진전략	전략 내용
ⓐ	노후 설비를 안전한 최신 설비로 대거 교체하는 한편 천연가스의 모든 공급 단계에서 비용 소모 절감을 통한 요금 인하로 가격 경쟁력을 제고한다.
ⓑ	천연가스의 분산형 전원으로서의 역할 증대를 더욱 강화할 수 있는 방안을 마련해 시행함으로써 천연가스 수요의 증가를 측면에서 지원한다.
ⓒ	세계 제2위라고 평가받는 D공사의 LNG 구매력을 무기로 삼아 세계 최대의 구매력을 보유한 일본의 J사와 공조해 불안정한 시장 변동성 조절에 적극 관여해 LNG 가격 교섭력 강화와 향후 가격 급등의 방지를 도모한다.
ⓓ	세계적인 천연가스 산업 부각 기조를 계기로, D공사가 갖춘 기술력과 인프라 건설·운용 노하우를 해외 시장 창출의 원동력으로 적극 활용한다.

	ⓐ	ⓑ	ⓒ	ⓓ
①	WT전략	WO전략	ST전략	SO전략
②	WT전략	WO전략	SO전략	ST전략
③	WT전략	ST전략	WO전략	SO전략
④	WO전략	SO전략	ST전략	WT전략
⑤	WO전략	ST전략	WT전략	SO전략

03 | 자료 해석

| 유형분석 |

- 주어진 자료를 해석하고 활용하여 풀어가는 문제이다.
- 꼼꼼하고 분석적인 접근이 필요한 다양한 자료들이 출제된다.

K사 인사팀 직원인 A씨는 사내 설문조사를 통해 요즘 사람들이 연봉보다는 일과 삶의 균형을 더 중요시하고 직무의 전문성을 높이고 싶어 한다는 결과를 도출했다. 다음 중 설문조사 결과와 K사 임직원의 근무여건에 대한 자료를 참고하여 인사제도를 합리적으로 변경한 것은?

〈임직원 근무여건〉

구분	주당 근무 일수(평균)	주당 근무시간(평균)	직무교육 여부	퇴사율
정규직	6일	52시간 이상	O	17%
비정규직 1	5일	40시간 이상	O	12%
비정규직 2	5일	20시간 이상	×	25%

① 정규직의 연봉을 7% 인상한다.
② 정규직을 비정규직으로 전환한다.
③ 비정규직 1의 직무교육을 비정규직 2와 같이 조정한다.
④ 비정규직 2의 근무 일수를 정규직과 같이 조정한다.
⑤ 정규직의 주당 근무시간을 비정규직 1과 같이 조정하고 비정규직 2의 직무교육을 시행한다.

정답 ⑤

정규직의 주당 근무시간을 비정규직 1과 같이 줄여 근무여건을 개선하고, 퇴사율이 가장 높은 비정규직 2의 직무교육을 시행하여 퇴사율을 줄이는 것이 가장 적절하다.

오답분석

① 설문조사 결과에서 연봉보다는 일과 삶의 균형을 더 중요시한다고 하였으므로 연봉이 상승하는 것은 퇴사율에 영향을 미치지 않음을 알 수 있다.
② 정규직을 비정규직으로 전환하는 것은 고용의 안정성을 낮추어 퇴사율을 더욱 높일 수 있다.
③ 직무교육을 하지 않는 비정규직 2보다 직무교육을 하는 정규직과 비정규직 1의 퇴사율이 더 낮기 때문에 이는 적절하지 않다.
④ 비정규직 2의 주당 근무 일수를 정규직과 같이 조정하면, 주 6일 20시간을 근무하게 되어 비효율적인 업무를 수행한다.

풀이 전략!

문제 해결을 위해 필요한 정보가 무엇인지 먼저 파악한 후, 제시된 자료를 분석적으로 읽고 해석한다.

01 K동에서는 임신한 주민에게 출산장려금을 지원하고자 한다. 출산장려금 지급 기준 및 K동에 거주하는 임산부에 대한 정보가 다음과 같을 때, 출산장려금을 가장 먼저 받을 수 있는 사람은?

〈K동 출산장려금 지급 기준〉

• 출산장려금 지급액은 모두 같으나, 지급 시기는 모두 다르다.
• 지급 순서 기준은 임신일, 자녀 수, 소득 수준 순서이다.
• 임신일이 길수록, 자녀가 많을수록, 소득 수준이 낮을수록 먼저 받는다(단, 자녀는 만 19세 미만의 아동 및 청소년으로 제한한다).
• 임신일, 자녀 수, 소득 수준이 모두 같으면 같은 날에 지급한다.

〈K동 거주 임산부 정보〉

임산부	임신일	자녀	소득 수준
A	150일	만 1세	하
B	200일	만 3세	상
C	100일	만 10세, 만 6세, 만 5세, 만 4세	상
D	200일	만 7세, 만 5세, 만 3세	중
E	200일	만 20세, 만 16세, 만 14세, 만 10세	상

① A임산부
② B임산부
③ C임산부
④ D임산부
⑤ E임산부

02 D사 총무팀, 개발팀, 영업팀, 홍보팀, 고객지원팀이 각각 1~5층에 있다. 각 팀 탕비실에는 이온음료, 탄산음료, 에너지음료, 캔 커피가 구비되어 있다. 총무팀에서 각 팀에 채워 넣을 음료를 일괄적으로 구매하고자 한다. 〈조건〉에 따라 각 음료를 구매하려고 할 때, 주문해야 할 최소 개수를 바르게 연결한 것은?

조건

- 각 팀의 음료 보유 현황은 다음과 같다.

(단위 : 캔)

구분	총무팀	개발팀	영업팀	홍보팀	고객지원팀
이온음료	3	10	10	10	8
탄산음료	10	2	16	7	8
에너지음료	10	1	12	8	7
캔 커피	2	3	1	10	12

- 이온음료, 탄산음료, 에너지음료, 캔 커피는 각각 최소 6캔, 12병, 10캔, 30캔이 구비되어 있어야 하며, 최소 수량 미달 시 음료를 구매한다.
- 각 팀은 구매 시 각 음료의 최소 구비 수량의 1.5배를 구매한다.
- 모든 음료는 낱개로 구매할 수 없으며 묶음 단위로 구매해야 한다.
- 이온음료, 탄산음료, 에너지음료, 캔 커피 각각 6캔, 6캔, 6캔, 30캔을 묶음으로 판매하고 있다.

	이온음료	탄산음료	에너지음료	캔 커피
①	12캔	72캔	48캔	240캔
②	12캔	72캔	42캔	240캔
③	12캔	66캔	42캔	210캔
④	18캔	66캔	48캔	210캔
⑤	18캔	66캔	50캔	220캔

03 다음은 아동수당에 대한 매뉴얼과 신청 방법에 대한 상담의 일부이다. 제시된 상담에서 고객의 문의에 대한 처리로 적절한 것을 모두 고르면?

〈아동수당〉

- 아동수당은 만 6세 미만 아동의 보호자에게 월 10만 원의 수당을 지급하는 제도이다.
- 아동수당은 보육료나 양육수당과는 별개의 제도로서 다른 복지급여를 받고 있어도 수급이 가능하지만, 반드시 신청을 해야 혜택을 받을 수 있다.
- 6월 20일부터 사전 신청 접수가 시작되고, 9월 21일부터 수당이 지급된다.
- 아동수당 수급대상 아동을 보호하고 있는 보호자나 대리인은 20일부터 아동 주소지 읍·면·동 주민센터에서 방문 신청 또는 복지로 홈페이지 및 모바일 앱에서 신청할 수 있다.
- 아동수당 제도 첫 도입에 따라 초기에 아동수당 신청이 한꺼번에 몰릴 것으로 예상되어 연령별 신청기간을 운영한다(연령별 신청기간은 만 0~1세는 20~25일, 만 2~3세는 26~30일, 만 4~5세는 7월 1~5일, 전 연령은 7월 6일부터이다).
- 아동수당은 신청한 달의 급여분(사전신청은 제외)부터 지급한다. 따라서 9월분 아동수당을 받기 위해서는 9월 말까지 아동수당을 신청해야 한다(단, 소급 적용은 되지 않는다).
- 아동수당 관련 신청서 작성요령이나 수급 가능성 등 자세한 내용은 아동수당 홈페이지에서 확인 가능하다.

고객 : 저희 아이가 만 5세인데요. 아동수당을 지급받을 수 있나요?
상담원 : (가) 네, 만 6세 미만의 아동이면 9월 21일부터 10만 원의 수당을 지급받을 수 있습니다.
고객 : 제가 보육료를 지원받고 있는데, 아동수당도 받을 수 있는 건가요?
상담원 : (나) 아동수당은 보육료와는 별개의 제도로 신청만 하면 수당을 받을 수 있습니다.
고객 : 그럼 아동수당을 신청하려면 어떻게 해야 하나요?
상담원 : (다) 아동 주소지의 주민센터를 방문하거나 복지로 홈페이지 또는 모바일 앱에서 신청하시면 됩니다.
고객 : 따로 정해진 신청기간은 없나요?
상담원 : (라) 6월 20일부터 사전 신청 접수가 시작되고, 9월 말까지 아동수당을 신청하면 되지만 소급 적용이 되지 않습니다. 10월에 신청하시면 9월 아동수당은 지급받을 수 없으므로 9월 말까지 신청해 주시면 될 것 같습니다.
고객 : 네, 감사합니다.
상담원 : (마) 아동수당 관련 신청서 작성요령이나 수급 가능성 등의 자세한 내용은 메일로 문의해 주세요.

① (가), (나)
② (가), (다)
③ (가), (나), (다)
④ (나), (다), (라)
⑤ (나), (다), (마)

04 | 규칙 적용

| 유형분석 |

- 주어진 상황과 규칙을 종합적으로 활용하여 풀어 가는 문제이다.
- 일정, 비용, 순서 등 다양한 내용을 다루고 있어 유형을 한 가지로 단일화하기 어렵다.

H공사의 ICT센터는 정보보안을 위해 직원의 컴퓨터 암호를 아래와 같은 규칙으로 지정해두었다. 김사원의 컴퓨터 비밀번호는 '자전거'이다. 이를 암호로 바르게 치환한 것은?

〈정보보안을 위한 컴퓨터 암호 작성 규칙〉

1. 자음과 모음의 배열은 국어사전의 배열 순서에 따른다.
   - 자음
     - 국어사전 배열 순서에 따라 알파벳 소문자(a, b, c, …)로 치환하여 사용한다.
     - 받침으로 사용되는 자음의 경우 대문자로 구분한다.
     - 겹받침일 경우, 먼저 쓰인 순서대로 알파벳을 나열한다.
   - 모음
     - 국어사전 배열 순서에 따라 숫자(1, 2, 3, …)로 치환하여 사용한다.
2. 비밀번호는 임의의 세 글자로 구성하되 마지막 한 자리 숫자는 다음의 규칙에 따라 지정한다.
   - 음절에 사용된 각 모음의 해당하는 숫자의 합으로 구성한다.
   - 모음의 합이 두 자리 이상일 경우엔 각 자릿수를 다시 합해 한 자리 수가 나올 때까지 더한다.
   - '–'을 사용하여 단어와 구별한다.

① m1m3ca5–9
② m1m5Ca5–2
③ n1n5ca3–9
④ m1m3Ca3–7
⑤ m1m5Ca5–9

정답 ②

국어사전의 배열 순서에 따른다고 했으므로, 쌍자음을 넣어 소문자로 치환해야 하는 것에 유의해야 한다.
- 자 : m1
- 전 : m5C
- 거 : a5
- 1+5+5=11 → 1+1=2

풀이 전략!

문제에 제시된 조건이나 규칙을 정확히 파악한 후, 선택지나 상황에 적용하여 문제를 풀어 나간다.

01 다음은 의류 생산공장의 생산 코드 부여 방식에 대한 자료이다. 이를 참고할 때 〈보기〉에 해당하지 않는 생산 코드는 무엇인가?

〈의류 생산 코드〉

- 생산 코드 부여 방식

  [종류] – [색상] – [제조일] – [공장지역] – [수량] 순으로 16자리이다.

- 종류

티셔츠	스커트	청바지	원피스
OT	OH	OJ	OP

- 색상

검정색	붉은색	푸른색	노란색	흰색	회색
BK	RD	BL	YL	WH	GR

- 제조일

해당연도	월	일
마지막 두 자리 숫자 예 2024 → 24	01 ~ 12	01 ~ 31

- 공장지역

서울	수원	전주	창원
475	869	935	753

- 수량

100벌 이상 150벌 미만	150장 이상 200벌 미만	200장 이상 250벌 미만	250장 이상	50벌 추가 생산
aaa	aab	aba	baa	ccc

〈예시〉

– 2024년 5월 16일에 수원 공장에서 검정 청바지 170벌을 생산하였다.

– 청바지 생산 코드 : OJBK – 240516 – 869aab

보기

㉠ 2023년 12월 4일에 붉은색 스커트를 창원 공장에서 120벌 생산했다.

㉡ 회색 티셔츠를 추가로 50벌을 서울 공장에서 2024년 1월 24일에 생산했다.

㉢ 생산날짜가 2023년 7월 5일인 푸른색 원피스는 창원 공장에서 227벌 생산되었다.

㉣ 흰색 청바지를 전주 공장에서 265벌을 납품일(2024년 7월 23일) 전날에 생산했다.

㉤ 티셔츠와 스커트를 노란색으로 178벌씩 수원 공장에서 2024년 4월 30일에 생산했다.

① OPGR-240124-475ccc   ② OJWH-240722-935baa

③ OHRD-231204-753aaa   ④ OTYL-240430-869aab

⑤ OPBL-230705-753aba

02 다음 그림과 같이 검은색 바둑돌과 흰색 바둑돌을 교대로 개수를 늘려가며 삼각형 모양으로 배열하고 있다. 37번째에 배열되는 바둑돌 중 개수가 많은 바둑돌의 종류와 바둑돌 개수 차이를 순서대로 바르게 나열한 것은?

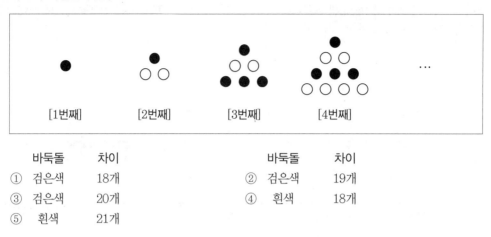

[1번째]　　　[2번째]　　　[3번째]　　　[4번째]

	바둑돌	차이		바둑돌	차이
①	검은색	18개	②	검은색	19개
③	검은색	20개	④	흰색	18개
⑤	흰색	21개			

03 다음 글을 근거로 판단할 때, 그림 2의 정육면체 아랫면에 쓰인 36개 숫자의 합은?

> 정육면체인 하얀 블록 5개와 검은 블록 1개를 일렬로 붙인 막대 30개를 만든다. 각 막대의 윗면에는 가장 위에 있는 블록부터, 아랫면에는 가장 아래에 있는 블록부터 세어 검은 블록이 몇 번째 블록인지를 나타내는 숫자를 쓴다. 이런 규칙에 따르면 그림 1의 예에서는 윗면에 2를, 아랫면에 5를 쓰게 된다. 다음으로 검은 블록 없이 하얀 블록 6개를 일렬로 붙인 막대를 6개 만든다. 검은 블록이 없으므로 윗면과 아랫면 모두에 0을 쓴다.
> 이렇게 만든 36개의 막대를 붙여 그림 2와 같은 큰 정육면체를 만들었더니, 윗면에 쓰인 36개 숫자의 합이 109였다.

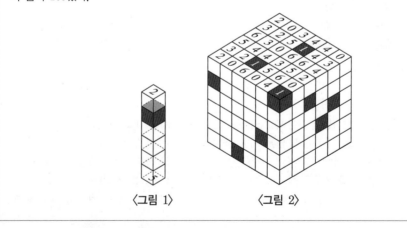

〈그림 1〉　　　〈그림 2〉

① 97　　　　　　　　　② 100
③ 101　　　　　　　　④ 103
⑤ 106

04 다음은 달걀에 표시되는 난각코드에 관한 자료이다. 생산자 고유번호가 'M3FDS'인 농장에서 2023년 8월 23일 이후 생산된 달걀로 볼 수 없는 것은?

〈난각코드〉

- 1단계(2023.04.25.부터) : 생산자 고유번호(5자리) 기재
  ※ 생산자 고유번호는 가축사육업 허가·등록증에 기재된 고유번호
- 2단계(2023.08.23.부터) : 생산자 고유번호(5자리)+사육환경번호(1자리)
  ※ 사육환경번호

1	2	3	4
방사사육 ($1.1m^2$/마리)	축사 내 평사 ($0.1m^2$/마리)	개선된 케이지 ($0.075m^2$/마리)	기존 케이지 ($0.05m^2$/마리)

- 3단계(2024.02.23.부터) : 산란일자(4자리)+생산자 고유번호(5자리)+사육환경번호(1자리)
  ※ 산란일은 '△△○○(월일)'의 방법으로 표시(예 10월 2일 – 1002)
  ※ 달걀 껍데기 표시를 1줄로 표시하기 어려운 경우 2줄로 표시 가능

① M3FDS

② M3FDS1

③ 0324M3FDS1

④ 0405M3FDS2

⑤ 0405M3FDS2

CHAPTER 03

대인관계능력

합격 Cheat Key

대인관계능력은 직장생활에서 접촉하는 사람들과 원만한 관계를 유지하고 조직구성원들에게 도움을 줄 수 있으며 조직 내부 및 외부의 갈등을 원만히 해결하고 고객의 요구를 충족할 수 있는 능력을 의미한다. 또한 직장생활을 포함한 일상에서 스스로를 관리하고 개발하는 능력을 말한다. 세부 유형은 팀워크, 갈등 관리, 협상, 고객 서비스로 나눌 수 있다.

1 | 일반적인 수준에서 판단하라!

일상생활에서의 대인관계를 생각하면서 문제에 접근하면 어렵지 않게 풀 수 있다. 그러나 수험생들 입장에서 직장 내에서의 상황, 특히 역할(직위)에 따른 대인관계를 묻는 문제는 까다롭게 느껴질 수 있고 일상과는 차이가 있을 수 있기 때문에 이런 유형에 대해서는 따로 알아둘 필요가 있다.

2 | 이론을 먼저 익히라!

대인관계능력 이론을 접목한 문제가 종종 출제된다. 물론 상식 수준에서도 풀 수 있지만 정확하고 신속하게 해결하기 위해서는 이론을 정독한 후 자주 출제되는 부분들은 암기를 필수로 해야 한다. 자주 출제되는 부분은 리더십과 멤버십의 차이, 단계별 협상 과정, 고객 불만 처리 프로세스 등이 있다.

3 실제 업무에 대한 이해를 높이라!

출제되는 문제의 수는 많지 않으나, 고객과의 접점에 있는 서비스직군 시험에 출제될 가능성이 높은 영역이다. 특히 상황 제시형 문제들이 많이 출제되므로 실제 업무에 대한 이해를 높여야 한다.

4 애매한 유형의 빈출 문제, 선택지를 파악하라!

대인관계능력의 출제 문제들을 보면 이것도 맞고, 저것도 맞는 것 같은 선택지가 많다. 하지만 정답은 하나이다. 출제자들은 대인관계능력이란 공부를 통해 얻는 것이 아닌 본인의 독립적인 성품으로부터 자연스럽게 나오는 것이라고 생각한다. 수험생들이 선택하는 보기로 그 수험생들을 파악한다. 그러므로 대인관계능력은 빈출 유형의 문제와 선택지를 파악하고 가는 것이 애매한 문제들의 정답률을 높이는 데 도움이 될 것이다. 내가 맞다고 생각하는 선택지가 답이 아닐 가능성이 있기 때문이다.

01 | 팀워크

| 유형분석 |

- 팀워크에 대한 이해를 묻는 문제가 자주 출제된다.
- 직장 내 상황 중에서 구성원으로서 팀워크를 위해 어떤 행동을 해야 하는지 묻는 문제가 출제되기도 한다.

다음 상황에 대하여 K부장에게 조언할 수 있는 말로 가장 적절한 것은?

K부장은 얼마 전에 자신의 부서에 들어온 두 명의 신입사원 때문에 고민 중이다. 신입사원 A씨는 꼼꼼하고 차분하지만 대인관계가 서투르며, 신입사원 B씨는 사람들과 금방 친해지는 친화력을 가졌으나, 업무에 세심하지 못한 모습을 보여주고 있다. 이러한 성격으로 인해 A씨는 현재 영업 업무를 맡아 자신에게 어려운 대인관계로 인해 스트레스를 받고 있으며, B씨는 재고 관리 업무에 대해 재고 기록을 누락시키는 등의 실수를 반복하고 있다.

① 조직 구조를 이해시켜야 한다.
② 의견의 불일치를 해결해야 한다.
③ 개인의 강점을 활용해야 한다.
④ 주관적인 결정을 내려야 한다.
⑤ 팀의 풍토를 발전시켜야 한다.

정답 ③

팀 에너지를 최대로 활용하는 효과적인 팀을 위해서는 팀원들 개인의 강점을 인식하고 활용해야 한다. A씨의 강점인 꼼꼼하고 차분한 성격과 B씨의 강점인 친화력을 인식하여 A씨에게 재고 관리 업무를, B씨에게 영업 업무를 맡긴다면 팀 에너지를 향상시킬 수 있다.

오답분석

① · ② · ⑤ 효과적인 팀을 위해서 필요하지만, K부장의 상황에 적절한 조언은 아니다.
④ 효과적인 팀의 조건으로는 문제 해결을 위해 모두가 납득할 수 있는 객관적인 결정이 필요하다.

풀이 전략!

제시된 상황을 자신의 입장이라고 생각해 본 후, 가장 모범적이라고 생각되는 것을 찾아야 한다. 이때, 지나치게 자신의 생각만 가지고 문제를 풀지 않도록 주의하며, 팀워크에 대한 이론과 연관 지어 답을 찾도록 해야 한다.

01 다음 중 팀워크에 대한 설명으로 옳지 않은 것은?

① 조직에 대한 이해 부족은 팀워크를 저해하는 요소이다.

② 팀워크를 유지하기 위해 구성원은 공동의 목표의식과 강한 도전의식을 가져야 한다.

③ 공동의 목적을 달성하기 위해 상호관계성을 가지고 협력하여 업무를 수행하는 것이다.

④ 사람들이 집단에 머물도록 만들고, 집단의 멤버로서 계속 남아 있기를 원하게 만드는 힘이다.

⑤ 효과적인 팀은 갈등을 인정하고 상호신뢰를 바탕으로 건설적으로 해결한다.

02 다음 두 사례를 보고 팀워크에 대해 바르지 않게 분석한 사람은?

〈A사의 사례〉

A사는 1987년부터 1992년까지 품질과 효율 향상은 물론 생산 기간을 50%나 단축시키는 성과를 내었다. 모든 부서에서 품질 향상의 경쟁이 치열했고, 그 어느 때보다 좋은 팀워크가 만들어졌다고 평가되었다. 가장 성과가 우수하였던 부서는 미국의 권위 있는 볼드리지(Baldrige) 품질대상을 수상하기도 하였다. 그런데 이러한 개별 팀의 성과가 회사 전체의 성과나 주주의 가치로 잘 연결되지 못했던 것으로 분석되었다. 시장의 PC 표준 규격을 반영하지 않은 새로운 규격으로 인해 호환성 문제가 대두되었고, 대중의 외면을 받아야만 했다. 한 임원은 "아무리 빨리, 제품을 잘 만들어도 고객의 가치를 반영하지 못하거나, 시장에서 고객의 접촉이 제대로 이루어지지 않으면 의미가 없다는 점을 배웠다."라고 말했다.

〈D병원의 사례〉

가장 정교하고 효과적인 팀워크가 요구되는 의료 분야에서 D병원은 최고의 의료 수준과 서비스로 명성을 얻고 있다. 이 병원의 조직 운영 기본 원칙에는 '우리 지역과 국가, 세계의 환자들의 니즈에 집중하는 최고의 의사, 연구원 및 의료 전문가의 협력을 기반으로 병원을 운영한다.'라고 명시되어 있다고 한다. 팀 간의 협력은 물론 전 세계의 고객을 지향하는 웅대한 가치를 공유하고 있는 것이다. D병원이 최고의 명성과 함께 노벨상을 수상하는 실력을 갖출 수 있었던 데는 이러한 팀워크가 중요한 역할을 하였다고 볼 수 있다.

① 재영 : 개별 팀의 팀워크가 좋다고 해서 반드시 조직의 성과로 이어지는 것은 아니군.

② 건우 : 팀워크는 공통된 비전을 공유하고 있어야 해.

③ 수정 : 개인의 특성을 이해하고 개인 간의 차이를 중시해야 해.

④ 유주 : 팀워크를 지나치게 강조하다 보면 외부에 배타적인 자세가 될 수 있어.

⑤ 바위 : 역시 팀워크는 성과를 만드는 데 중요한 역할을 하네.

02 | 리더십

| 유형분석 |

- 리더십의 개념을 비교하는 문제가 자주 출제된다.
- 리더의 역할에 대한 문제가 출제되기도 한다.

다음 〈보기〉 중 리더의 특징에 해당하는 것을 모두 고르면?

보기

㉠ 새로운 상황 창조자   ㉡ 혁신지향적

㉢ 오늘에 초점을 맞춤   ㉣ 사람을 중시함

㉤ '어떻게 할까?'를 생각함

---

① ㉠, ㉡, ㉣   ② ㉠, ㉡, ㉤

③ ㉡, ㉢, ㉤   ④ ㉢, ㉣, ㉤

⑤ ㉠, ㉡, ㉣, ㉤

정답 ①

오답분석

㉢·㉤ 관리자에 대한 설명이다.

리더와 관리자의 차이점

리더	관리자
• 새로운 상황을 창조한다.	• 상황에 수동적이다.
• 혁신지향적이다.	• 유지지향적이다.
• 내일에 초점을 둔다.	• 오늘에 초점을 둔다.
• 사람의 마음에 불을 지핀다.	• 사람을 관리한다.
• 사람을 중시한다.	• 체제나 기구를 중시한다.
• 정신적이다.	• 기계적이다.
• 계산된 리스크를 취한다.	• 리스크를 회피한다.
• '무엇을 할까?'를 생각한다.	• '어떻게 할까?'를 생각한다.

풀이 전략!

리더십의 개념을 비교하는 문제가 자주 출제되기 때문에 관련 개념을 정확하게 암기해야 하고, 조직 내에서의 리더의 역할에 대한 이해가 필요하다.

01 다음은 멤버십 유형별 특징을 정리한 자료이다. 각 유형의 멤버십을 가진 사원에 대한 리더의 대처
방안으로 가장 적절한 것은?

<표>

〈멤버십 유형별 특징〉	
소외형	**순응형**
• 조직에서 자신을 인정해주지 않음 • 적절한 보상이 없음 • 업무 진행에 있어 불공정하고 문제가 있음	• 기존 질서를 따르는 것이 중요하다고 생각함 • 리더의 의견을 거스르는 것은 어려운 일임 • 획일적인 태도와 행동에 익숙함
실무형	**수동형**
• 조직에서 규정준수를 강조함 • 명령과 계획을 빈번하게 변경함	• 조직이 나의 아이디어를 원치 않음 • 노력과 공헌을 해도 아무 소용이 없음 • 리더는 항상 자기 마음대로 함

① 소외형 사원은 팀에 협조하는 경우에 적절한 보상을 주도록 한다.

② 소외형 사원은 팀을 위해 업무에서 배제시킨다.

③ 순응형 사원에 대해서는 조직을 위해 순응적인 모습을 계속 권장한다.

④ 실무형 사원에 대해서는 징계를 통해 규정준수를 강조한다.

⑤ 수동형 사원에 대해서는 의견 존중을 통해 자신감을 주도록 한다.

02 다음 빈칸에 들어갈 말이 바르게 연결된 것은?

미국의 영웅인 아이젠하워는 2차 세계대전을 승리로 이끌고 미국의 34대 대통령에 당선되었다. 아
이젠하워가 말하는 ___㉠___이란 성실하고 고결한 성품 그 자체이다. 그는 "___㉡___(이)란 잘못된 것
에 대한 책임은 ___㉢___이/가 지고, 잘된 것에 대한 모든 공로는 ___㉣___에게 돌릴 줄 아는 것"이라고
말했다.

	㉠	㉡	㉢	㉣
①	멤버십	멤버십	부하	자신
②	리더십	멤버십	부하	자신
③	리더십	리더십	자신	부하
④	멤버십	리더십	자신	부하
⑤	리더십	관리자	자신	부하

03 | 갈등 관리

| 유형분석 |

- 갈등의 개념이나 원인, 해결방법을 묻는 문제가 자주 출제된다.
- 실제 사례에 적용할 수 있는지를 확인하는 문제가 출제되기도 한다.
- 일반적인 상식으로 해결할 수 있는 문제가 출제되기도 하지만, 자의적인 판단에 주의해야 한다.

다음 중 갈등해결 방법으로 옳은 것을 〈보기〉에서 모두 고르면?

보기

ㄱ 사람들이 당황하는 모습을 보는 것은 되도록 피한다.
ㄴ 사람들과 눈을 자주 마주친다.
ㄷ 어려운 문제는 피하지 말고 맞선다.
ㄹ 논쟁을 통해 해결한다.
ㅁ 어느 한쪽으로 치우치지 않는다.

① ㄱ, ㄴ, ㄹ   ② ㄱ, ㄷ, ㅁ
③ ㄴ, ㄷ, ㄹ   ④ ㄴ, ㄷ, ㅁ
⑤ ㄷ, ㄹ, ㅁ

정답 ④

올바른 갈등해결 방법
- 다른 사람들의 입장을 이해한다.
- 사람들이 당황하는 모습을 자세하게 살핀다.
- 어려운 문제는 피하지 말고 맞선다.
- 자신의 의견을 명확하게 밝히고 지속적으로 강화한다.
- 사람들과 눈을 자주 마주친다.
- 마음을 열어놓고 적극적으로 경청한다.
- 타협하려 애쓴다.
- 어느 한쪽으로 치우치지 않는다.
- 논쟁하고 싶은 유혹을 떨쳐낸다.
- 존중하는 자세로 사람들을 대한다.

풀이 전략!

문제에서 물어보는 내용을 정확하게 파악한 뒤, 갈등 관련 이론과 대조해 본다. 특히 자주 출제되는 갈등해결 방법에 대한 이론을 암기해 두면 문제 푸는 속도를 줄일 수 있다.

01 다음은 D회사 사보에 실린 조직의 분쟁 해결을 위한 여섯 단계에 대한 자료이다. 오늘 아침 회의시간에 회사 성과급 기준과 관련하여 팀원 간의 갈등이 있었는데, 이를 토대로 고려할 수 있는 갈등 해결 방안으로 옳지 않은 것은?

> 〈조직의 분쟁 해결을 위한 여섯 단계〉
> 1. 문제가 무엇이며, 분쟁의 원인이 무엇인지 명확히 정의하기
> 2. 공동의 목표 수립하기
> 3. 공동의 목표를 달성하는 방법에 대해 토론하기
> 4. 공동의 목표를 수립하는 과정에서 발생할 장애물 탐색하기
> 5. 분쟁을 해결하는 최선의 방법에 대해 협의하기
> 6. 합의된 해결 방안을 확인하고 책임 분할하기

① 성과급 기준에 대해 내가 원하는 점과 다른 사람이 원하는 점을 모두 생각해봐야지.
② 합의된 성과급 기준에서 발생할 수 있는 문제점들도 생각해봐야겠다.
③ 모두가 만족할 만한 해결 방안을 확인했으니, 팀장인 내가 책임감을 가지고 실행해야지.
④ 성과급 기준과 관련하여 팀원들과 갈등이 있었는데 원인을 찾아봐야겠다.
⑤ 팀원들 모두가 참여하는 가운데 조직 목표를 달성할 수 있는 방안에 대해 논의해야지.

02 다음 사례를 읽고 C팀장에게서 볼 수 있는 갈등 관리법으로 옳은 것은?

> A팀원 : 팀장님 죄송합니다. 팀원들의 의견을 종합해서 오늘 오전 중으로 보고 드리려고 했지만, B팀원의 의견을 늦게 받아서 보고가 늦었습니다.
> C팀장 : B팀원에게 의견을 늦게 받은 이유가 무엇입니까?
> A팀원 : B팀원이 업무로 바빠 보였고, 이로 인해 저의 요청을 계속해서 무시하는 것 같아서 B팀원에게 의견을 요청을 하기가 꺼려졌던 것 같습니다.
> B팀원 : 저는 A팀원이 제 의견이 중요하지 않다고 생각한다고 보았고, 저를 무시한다고 생각했는데 서로 간의 오해가 있었던 것 같습니다.
> C팀장 : 자자, 말 그대로 서로 간의 오해가 있었던 것 같군요. 우선 A씨의 경우 B씨가 바빠 보이고 자신을 무시한다고 생각했다는 이유로, B씨에게 의견을 요청하지 않은 점은 적절하지 않았다고 보여집니다. B씨가 바빠 보이더라도 B씨의 의견이 꼭 필요하다는 이유를 B씨에게 상세하게 설명하여 모두의 의견을 종합하는 것이 중요합니다. B씨 역시 아무리 업무가 바쁘더라도 A씨가 요청하면 경청하는 자세를 갖고 팀의 임무에 참석하는 모습을 보여야 합니다. 혹시 부재 중이거나 구두로 설명하기 힘든 경우에는 메신저를 통해서 서로 소통하는 모습을 보였으면 합니다.

① Win – Win 관리법   ② 간접 관리법
③ KISS 관리법   ④ 출구 관리법
⑤ 경쟁 관리법

04 | 고객 서비스

| 유형분석 |

- 고객불만을 효과적으로 처리하기 위한 과정이나 방법에 대한 문제이다.
- 고객불만 처리 프로세스에 대한 숙지가 필요하다.

S통신회사에서 상담원으로 근무하는 K씨는 다음과 같은 문의 전화를 받게 되었다. 다음의 상황에 대해서 K씨가 고객을 응대하는 방법으로 적절하지 않은 것은?

> K사원 : 안녕하세요. S통신입니다. 무엇을 도와드릴까요?
> 고객 : 인터넷이 갑자기 안 돼서 너무 답답해요. 좀 빨리 해결해주세요. 지금 당장요!
> K사원 : 네, 고객님 최대한 빠르게 처리해드리겠습니다.
> 고객 : 확실해요? 언제 해결 가능하죠? 빨리 좀 부탁합니다.

① 현재 업무 절차에 대해 설명해주면서 시원스럽게 업무 처리하는 모습을 보여준다.
② 고객이 문제 해결에 대해 의심하지 않도록 확신감을 가지고 말한다.
③ '글쎄요, 아마'와 같은 표현으로 고객이 흥분을 가라앉힐 때까지 시간을 번다.
④ 정중한 어조를 통해 고객의 흥분을 가라앉히도록 노력한다.
⑤ 고객의 이야기를 경청하고, 공감해주면서 업무 진행을 위한 고객의 협조를 유도한다.

정답 ③

K씨와 통화 중인 고객은 고객의 불만표현 유형 중 하나인 빨리빨리형으로, 성격이 급하고, 확신 있는 말이 아니면 잘 믿지 못하는 모습을 보이고 있다. 이러한 경우 '글쎄요, 아마'와 같은 애매한 표현은 고객의 불만을 더 높일 수 있다.

▮ 풀이 전략!

제시된 상황이나 고객 유형을 정확하게 파악해야 하고, 고객불만 처리 프로세스를 토대로 갈등을 해결해야 한다.

01 다음 중 고객 만족도를 향상시키고, 지속적인 상품 구매를 유도하기 위한 상담원의 고객 응대 자세로 옳지 않은 것은?

① 수익을 많이 올릴 수 있는 고부가가치의 상품을 중심으로 설명하고 판매하도록 노력한다.

② 고객 관리를 위해 고객 정보·취향을 데이터 시트에 기록하고, 지속적인 관계 유지를 위해 노력한다.

③ 자신 있는 태도와 음성으로 전문적인 상담을 진행해 고객의 신뢰를 획득해야 한다.

④ 설득력 있는 대화와 유용한 정보 제공을 통해 고객의 구매 결정에 도움을 주어야 한다.

⑤ 상품의 장점과 지속구매 시 이점을 고객에게 충분히 이해시켜 고객의 니즈를 충족시킨다.

02 다음 고객 불만사항에 대한 처리 프로세스에서 ㉠, ㉡에 들어갈 말을 바르게 연결한 것은?

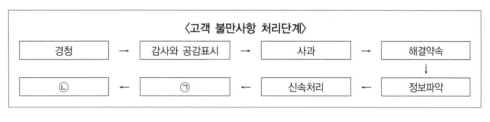

〈고객 불만사항 처리단계〉

경청 → 감사와 공감표시 → 사과 → 해결약속

㉡ ← ㉠ ← 신속처리 ← 정보파악

	㉠	㉡
①	처리내용 내부 확인	처리 확인과 사과
②	처리내용 내부 확인	피드백
③	처리 확인과 사과	고객평가 수신
④	처리 확인과 사과	피드백
⑤	처리사항 재안내	피드백

03 다음과 같은 상황에서 대응방안으로 가장 적절한 것은?

> 고객이 상품을 주문했는데 배송이 일주일이 걸렸다. 상품을 막상 받아보니 사이즈가 작아 반품을 요구했으나, 주문처에서 갑자기 반품 배송비용을 청구하였다. 고객은 반품 배송비용을 고객이 부담해야 한다는 공지를 받은 적이 없어 당황해했으며 기분이 매우 언짢아하였다.

① 사이즈를 정확하게 기재하겠습니다.

② 배송을 빨리 하도록 노력하겠습니다.

③ 주문서를 다시 한 번 확인하겠습니다.

④ 고객에게 사이즈를 교환해주겠습니다.

⑤ 반품 배송비가 있다는 항목을 제대로 명시하겠습니다.

직업윤리

합격 Cheat Key

직업윤리는 업무를 수행함에 있어 원만한 직업생활을 위해 필요한 태도, 매너, 올바른 직업관이다. 직업윤리는 필기시험뿐만 아니라 서류를 제출하면서 자기소개서를 작성할 때와 면접을 시행할 때도 포함되는 항목으로 들어가지 않는 공사·공단이 없을 정도로 필수 능력으로 꼽힌다.

직업윤리의 세부 능력은 근로 윤리·공동체 윤리로 나눌 수 있다. 구체적인 문제 상황을 제시하여 해결하기 위해 어떤 대안을 선택해야 할지에 관한 문제들이 출제된다.

1   오답을 통해 대비하라!

이론을 따로 정리하는 것보다는 문제에서 본인이 생각하는 모범답안을 선택하고 틀렸을 경우 그 이유를 정리하는 방식으로 학습하는 것이 효율적이다. 암기하기보다는 이해에 중점을 두고 자신의 상식으로 문제를 푸는 것이 아니라 해당 문제가 어느 영역 어떤 하위 능력의 문제인지 파악하는 훈련을 한다면 답이 보일 것이다.

2   직업윤리와 일반윤리를 구분하라!

일반윤리와 구분되는 직업윤리의 특징을 이해해야 한다. 통념상 비윤리적이라고 일컬어 지는 행동도 특정한 직업에서는 허용되는 경우가 있다. 그러므로 문제에서 주어진 상황을 판단할 때는 우선 직업의 특성을 고려해야 한다.

3 **직업윤리의 하위능력을 파악해 두라!**

직업윤리의 경우 직장생활 경험이 없는 수험생들은 조직에서 일어날 수 있는 구체적인 직업윤리와 관련된 내용에 흥미가 없고 이를 이해하는 데 어려움이 있을 수 있다. 그러나 문제에서는 구체적인 상황・사례를 제시하는 문제가 나오기 때문에 직장에서의 예절을 정리하고 문제 상황에서 적절한 대처를 선택하는 연습을 하는 것이 중요하다.

4 **면접에서도 유리하다!**

많은 공사・공단에서 면접 시 직업윤리에 관련된 질문을 하는 경우가 많다. 직업윤리 이론 학습을 미리 해 두면 본인의 가치관을 세우는 데 도움이 되고 이는 곧 기업의 인재상과도 연결되기 때문에 미리 준비해 두면 필기시험에서 합격하고 면접을 준비할 때도 수월할 것이다.

01 | 윤리 · 근면

| 유형분석 |

- 주어진 제시문 속의 비윤리적인 상황에 대하여 원인이나 대처법을 고르는 문제가 출제된다.
- 근면한 자세의 사례를 고르는 문제 또한 종종 출제된다.
- 직장생활 내에서 필요한 윤리적이고 근면한 태도에 대한 문제가 자주 출제된다.

다음 중 직장에서 근면한 생활을 하는 직원을 모두 고르면?

A사원 : 저는 이제 더 이상 일을 배울 필요가 없을 만큼 업무에 익숙해졌어요. 실수 없이 완벽하게 업무를 해결할 수 있어요.

B사원 : 저는 요즘 매일 운동을 하고 있어요. 일에 지장이 가지 않도록 건강관리에 힘쓰고 있습니다.

C대리 : 나도 오늘 할 일을 내일로 미루지 않으려고 노력 중이야. 그래서 업무 시간에는 개인적인 일을 하지 않아.

D대리 : 나는 업무 시간에 잡담을 하지 않아. 대신 사적인 대화는 사내 메신저를 활용하는 편이야.

① A사원, B사원
② A사원, C대리
③ B사원, C대리
④ B사원, D대리
⑤ C대리, D대리

정답 ③

직장에서의 근면한 생활을 위해서는 B사원과 같이 일에 지장이 없도록 항상 건강관리에 유의해야 하며, C대리와 같이 오늘 할 일을 내일로 미루지 않고, 업무 시간에 개인적인 일을 하지 않아야 한다.

오답분석
- A사원 : 항상 일을 배우는 자세로 임하여 열심히 해야 한다.
- D대리 : 사무실 내에서 메신저 등을 통해 사적인 대화를 나누지 않아야 한다.

풀이 전략!

근로윤리는 우리 사회가 요구하는 도덕상에 기초하고 있다는 점을 유념하고, 다양한 사례를 익혀 문제에 적응한다.

01 다음 사례에서 B사원에게 결여된 덕목과 그에 따른 A부장의 조언으로 가장 적절한 것은?

> 평소 지각이 잦은 편인 B사원은 어제 퇴근 후 참석한 모임에서 무리하게 술을 마셨고, 결국 오늘도 지각을 하였다. 그동안 B사원의 지각을 눈감아 주었던 A부장은 오늘은 B사원에게 꼭 한마디를 해 야겠다고 생각했다.

① 정직 : 근무 시간에 거짓말을 하고 개인적인 용무를 보지 않아야 합니다.
② 정직 : 비록 실수를 하였더라도, 정직하게 밝혀야 합니다.
③ 책임 : 내가 해야 할 일이라면, 개인적인 일을 포기하고 먼저 해야 합니다.
④ 근면 : 나에게 이익이 되는 일보다는 옳은 일을 해야 합니다.
⑤ 근면 : 출근 시간을 엄수하고, 술자리를 적당히 절제하여야 합니다.

02 다음 사례에서 알 수 있는 김과장의 가장 큰 문제점은 무엇인가?

> 수석팀장인 김과장은 맡은 업무는 뒷전이고 늘 재테크에만 관심을 기울인다. 자신이 다니고 있는 회사보다 주식 투자한 회사 상황을 더 잘 알고 있을 정도도. 오늘은 김과장이 투자한 회사의 주식이 갑자기 하한가를 쳤는지, 하루 종일 업무에 집중을 못하고 밖에서 담배만 피운다.

① 업무시간에 개인적인 용무를 하고 있다.
② 회사업무 외에 부수입으로 많은 돈을 벌길 원하고 있다.
③ 시간과 비용 대비 쉽게 돈을 벌기 위해 재테크를 하고 있다.
④ 자신의 회사보다 남의 회사에 관한 정보를 더 많이 알고 있다.
⑤ 저축과 같은 보수적인 재테크보다 주식과 같은 투기적인 재테크를 하고 있다.

03 다음 사례를 읽고 K대리에게 필요한 직업윤리로 가장 적절한 것은?

> K대리는 늦잠을 자서 약속시간 지키기가 빠듯했고, 과속으로 주행하다 결국 경찰에 단속되었다.
> 경찰 : 안녕하세요. 제한속도 60km 이상 과속하셨습니다.
> K대리 : 어머님이 위독하다는 연락을 받고 경황이 없어서 그랬습니다.
> 경찰 : 그래도 과속하셨습니다. 벌점 15점에 벌금 6만 원입니다.
> K대리 : 이번에 벌점을 받으면 면허정지됩니다. 한번만 봐주세요.

① 창의력   ② 협동심
③ 근면   ④ 자주
⑤ 준법

02 | 봉사 · 책임 의식

| 유형분석 |

- 개인이 가져야 하는 책임 의식과 기업의 사회적 책임으로 양분되는 문제이다.
- 봉사의 의미를 묻는 문제가 종종 출제된다.

다음 설명에 해당하는 직업윤리의 덕목으로 옳은 것은?

> 자신이 하고 있는 일이 사회나 기업을 위해 중요한 역할을 하고 있다고 믿고 자신의 활동을 수행하는 태도

① 소명 의식   ② 천직 의식

③ 책임 의식   ④ 직분 의식

⑤ 전문가 의식

정답 ④

직분 의식은 자신의 자아실현을 통해 사회와 기업이 성장할 수 있다는 자부심을 뜻한다.

오답분석

① 소명 의식 : 자신이 맡은 일은 하늘에 의해 맡겨진 일이라고 생각하는 태도이다.

② 천직 의식 : 자신의 일이 자신의 능력과 적성에 꼭 맞는다 여기고 그 일에 열성을 가지고 성실히 임하는 태도이다.

③ 책임 의식 : 직업에 대한 사회적 역할과 책무를 충실히 수행하고 책임을 다하는 태도이다.

⑤ 전문가 의식 : 자신의 일이 누구나 할 수 있는 것이 아니라 해당 분야의 지식과 교육을 밑바탕으로 성실히 수행해야만 가능한 것이라 믿고 수행하는 태도이다.

풀이 전략!

직업인으로서 요구되는 봉사 정신과 책임 의식에 관해 숙지하도록 한다.

01   다음에서 설명하는 '이것'의 사례로 적절하지 않은 것은?

> '이것'은 복지 사회를 이루기 위하여 기업이 이윤 추구에만 집착하지 않고 사회의 일원으로서 사회적 책임을 자각하고 실천하여야 할 의무로, 기업의 수익 추구와 밀접한 관련을 맺고 있다고 보는 견해도 있다. 윌리엄 워서와 데이비드 챈들러는 '이것'을 기업이 제품이나 서비스를 소비자들에게 전달하는 과정인 동시에 사회에서 기업 활동의 정당성을 유지하기 위한 방안이라고 주장하였다.

① A기업은 자사의 직원 복지를 위해 거액의 펀드를 만들었다.
② B기업은 자사의 제품에서 결함이 발견되자 이에 대한 사과문을 발표했다.
③ C기업은 전염병이 발생하자 의료 물품을 대량으로 구입하여 지역 병원에 기부했다.
④ D기업은 협력업체 공장에서 폐수를 불법으로 버린 것을 알고 협업과 투자를 종료했다.
⑤ E기업은 새로운 IT 계열의 중소벤처기업을 창업한 20대 청년에게 투자하기로 결정했다.

02   다음 중 직장에서 책임 있는 생활을 하고 있지 않은 사람은?

① A사원은 몸이 아파도 맡은 임무는 다하려고 한다.
② B과장은 자신이 맡은 일이라면 개인적인 일을 포기하고 그 일을 먼저 한다.
③ C대리는 자신과 상황을 최대한 객관적으로 판단한 뒤 책임질 수 있는 범위의 일을 맡는다.
④ D부장은 나쁜 상황이 일어났을 때 왜 그런 일이 일어났는지에 대해서만 끊임없이 분석한다.
⑤ E대리는 자신의 업무뿐만 아니라 자신이 속한 부서의 일은 자신의 일이라고 생각하고 다른 사원들을 적극적으로 돕는다.

03   다음 〈보기〉에서 서비스(Service)의 7가지 의미에 해당하는 것은 모두 몇 개인가?

> **보기**
> ㄱ. 고객에게 효과적인 도움을 제공할 수 있어야 한다.
> ㄴ. 고객에게 예의를 갖추고 서비스를 제공하여야 한다.
> ㄷ. 고객에게 좋은 이미지를 심어주어야 한다.
> ㄹ. 고객에게 정서적 감동을 제공할 수 있어야 한다.
> ㅁ. 고객에게 탁월한 수준으로 지원이 제공되어야 한다.

① 1개   ② 2개
③ 3개   ④ 4개
⑤ 5개

정보능력

합격 Cheat Key

정보능력은 업무를 수행함에 있어 기본적인 컴퓨터를 활용하여 필요한 정보를 수집, 분석, 활용하는 능력을 의미한다. 또한 업무와 관련된 정보를 수집하고, 이를 분석하여 의미 있는 정보를 얻는 능력이다. 국가직무능력표준에 따르면 정보능력의 세부 유형은 컴퓨터 활용·정보 처리로 나눌 수 있다.

1 평소에 컴퓨터 활용 스킬을 틈틈이 익히라!

윈도우(OS)에서 어떠한 설정을 할 수 있는지, 응용프로그램(엑셀 등)에서 어떠한 기능을 활용할 수 있는지를 평소에 직접 사용해 본다면 문제를 보다 수월하게 해결할 수 있다. 여건이 된다면 컴퓨터 활용 능력에 관련된 자격증 공부를 하는 것도 이론과 실무를 익히는 데 도움이 될 것이다.

2 문제의 규칙을 찾는 연습을 하라!

일반적으로 코드체계나 시스템 논리체계를 제공하고 이를 분석하여 문제를 해결하는 유형이 출제된다. 이러한 문제는 문제해결능력과 같은 맥락으로 규칙을 파악하여 접근하는 방식으로 연습이 필요하다.

3 현재 보고 있는 그 문제에 집중하라!

정보능력의 모든 것을 공부하려고 한다면 양이 너무나 방대하다. 그렇기 때문에 수험서에서 본인이 현재 보고 있는 문제들을 집중적으로 공부하고 기억하려고 해야 한다. 그러나 엑셀의 함수 수식, 연산자 등 암기를 필요로 하는 부분들은 필수적으로 암기를 해서 출제가 되었을 때 오답률을 낮출 수 있도록 한다.

4 사진·그림을 기억하라!

컴퓨터 활용 능력을 파악하는 영역이다 보니 컴퓨터 속 옵션, 기능, 설정 등의 사진·그림이 문제에 같이 나오는 경우들이 있다. 그런 부분들은 직접 컴퓨터를 통해서 하나하나 확인을 하면서 공부한다면 더 기억에 잘 남게 된다. 조금 귀찮더라도 한 번씩 클릭하면서 확인을 해보도록 한다.

01 | 정보 이해

| 유형분석 |

- 정보능력 전반에 대한 이해를 확인하는 문제이다.
- 정보능력 이론이나 새로운 정보 기술에 대한 문제가 자주 출제된다.

다음은 정보처리 과정 중 하나에 대한 설명이다. 이 과정 다음에 수행해야 할 정보처리 과정은 무엇인가?

S공사는 2024년 국제유가의 변화를 예측하기 위해 2023년 전 세계 유가 동향 및 사우디아라비아 등 주요 산유국의 원유 생산 추이에 대한 자료를 취합해 2024년의 예상되는 국제유가 평균 변동률 및 국내물가에 대한 시사점을 제시한 바 있다.

① 정보의 기획
② 정보의 수집
③ 정보의 관리
④ 정보의 활용
⑤ 정보의 적용

정답 ③

제시문은 취합한 정보를 통해 예측하는 과정으로, '정보의 수집'에 해당되는 단계이다. 따라서 제시된 과정 다음에 이어지는 정보처리 과정은 '정보의 관리'에 해당한다.

오답분석

① 정보의 기획 : 정보관리의 첫 단계로, '무엇을 · 어디에서 · 언제까지 · 왜 · 누가 · 어떻게 · 얼마나'에 맞춰 정보에 대해 기획하는 것이다.
② 정보의 수집 : 다양한 정보원으로부터 목적에 적합한 정보를 입수하는 것으로, 최종 목적은 과거의 정보를 모아 미래에 대해 예측하는 것이다.
④ 정보의 활용 : 정보가 필요하다는 문제 상황을 인지할 수 있는 능력, 문제해결에 적합한 정보를 찾고 선택할 수 있는 능력, 찾은 정보를 문제해결에 적용할 수 있는 능력, 윤리의식을 가지고 합법적으로 정보를 활용할 수 있는 능력 등 다양한 능력이 수반되는 단계이다.
⑤ 정보의 적용 : 정보의 활용에 포함되는 내용이다.

풀이 전략!

자주 출제되는 정보능력 이론을 확인하고, 확실하게 암기해야 한다. 특히 새로운 정보 기술이나 컴퓨터 전반에 대해 관심을 가지는 것이 좋다.

01 다음 중 클라우드 컴퓨팅(Cloud Computing)에 대한 설명으로 옳지 않은 것은?

① 가상화와 분산처리 기술을 기반으로 한다.

② 서비스 유형에 따라 IaaS, PaaS, SaaS로 분류할 수 있다.

③ 주로 과학적・기술적 계산 같은 대규모 연산의 용도로 사용된다.

④ 최근에는 컨테이너(Container) 방식으로 서버를 가상화하고 있다.

⑤ 공개 범위에 따라 퍼블릭 클라우드, 프라이빗 클라우드, 하이브리드 클라우드로 분류할 수 있다.

02 학원에서 자연어처리(NLP)에 대해 배우고 있는 희영이는 간단한 실습 과제를 수행하는 중이다. 다음 글을 통해 희영이는 자연어처리 과정 중 어떤 단계를 수행하는 중인가?

> 희영이는 프로그램이 잘 돌아가는지 확인하기 위해 시험 삼아 '나는 밥을 먹는다.'를 입력해 보았다.
> 그 결과, "나/NP 는/JXS 밥/NNG 을/JKO 먹/VV 는다/EFN ./SF"가 출력되었다.

① 형태소 분석

② 구문 분석

③ 의미 분석

④ 특성 추출

⑤ 단어 분석

02 | 엑셀 함수

| 유형분석 |

- 컴퓨터 활용과 관련된 상황에서 문제를 해결하기 위한 행동이 무엇인지 묻는 문제이다.
- 주로 업무수행 중에 많이 활용되는 대표적인 엑셀 함수(COUNTIF, ROUND, MAX, SUM, COUNT, AVERAGE …)가 출제된다.
- 종종 엑셀시트를 제시하여 각 셀에 들어갈 함수식이 무엇인지 고르는 문제가 출제되기도 한다.

다음과 같이 거주지가 강원특별자치도인 사람에게 값 1을 부여하고, 그 외 지역인 사람에게 0을 부여하고자 할 때, [D3] 셀에 사용해야 할 함수로 옳은 것은?

	A	B	C	D	E
1					
2		이름	거주지	값	
3		A	서울 송파	0	
4		B	경기 하남	0	
5		C	경남 창원	0	
6		D	강원 홍천	1	
7		E	전북 군산	0	
8		F	경기 남양주	0	
9		G	강원 태백	1	
10					

① =IF(RIGHT(C3,2)=강원,1,0)
② =IF(RIGHT(C3,4)="강원",1,0)
③ =IF(LEFT(C3,2)=강원,1,0)
④ =IF(LEFT(C3,2)="강원",1,0)
⑤ =IF(LEFT(C3,2)="강원",0,1)

정답 ④

「IF(logical_test,[value_if_true],[value_if_false])」 함수는 정의한 조건과 일치하거나 불일치할 때, 그에 맞는 값을 출력하는 조건문이다. 'logical_test'는 정의하려는 조건, [value_if_true]는 앞선 조건이 참일 때 출력할 값, [Value_if_false]는 앞선 조건이 거짓일 때 출력할 값을 입력한다. 또한 LEFT 함수는 셀의 왼쪽부터 공백을 포함하여 몇 번째 수까지의 수 또는 텍스트를 추출하여 출력하는 함수이다. 따라서 [D3] 셀에 입력해야 할 함수는 [C3]의 왼쪽에서 2번째 텍스트를 추출하고, 그 값이 "강원"일 때 1을 출력하는 함수이며, 「=IF(LEFT(C3,2)="강원",1,0)」이다.

풀이 전략!

제시된 상황에서 사용할 엑셀 함수가 무엇인지 파악한 후, 선택지에서 적절한 함수식을 골라 식을 만들어야 한다. 평소 대표적으로 문제에 자주 출제되는 몇몇 엑셀 함수를 익혀두면 풀이시간을 단축할 수 있다.

※ 다음은 D사 인턴 참여자에 대한 업무능력을 평가한 성적표이다. 이어지는 질문에 답하시오. **[1~2]**

	A	B	C	D	E	F
1	〈D사 인턴 업무능력 평가〉					
2	이름	업무정확도	업무속도	근무태도	회사적응도	평균
3	고○○	8.5	5	8.5	8.5	
4	김○○	6	10	6.5	9	
5	김○○	6.5	8	10	8.5	
6	나○○	10	8	7.5	6	
7	도○○	8	6	8	9	
8	박○○	7	7.5	7.5	7.5	
9	신○○	8	7	8.5	10	
10	오○○	9.5	10	8	6.5	
11	유○○	7	8.5	10	10	
12	이○○	7	6	9	8.5	
13	이○○	5	9	6	8	
14	전○○	7.5	8.5	7.5	8	
15	차○○	10	6.5	9	10	
16	천○○	8	7.5	7	7.5	

01 인턴 14명의 평균을 소수점 둘째 자리를 버림하여 구하고자 할 때, [F3] 셀에 들어갈 함수로 옳은 것은?

① =AVERAGE(ROUNDDOWN(B3:E3),1)

② =AVERAGE(ROUNDDOWN(B3:E3,1))

③ =ROUNDDOWN(AVERAGE(B3:E3),1)

④ =ROUNDDOWN(AVERAGE(B3:E3,1))

⑤ =ROUNDDOWN(AVERAGE(B3:E3))

02 평균이 8.5점 이상인 인턴을 정직원으로 채용하고자 할 때, 채용 가능한 인원의 수를 구하는 함수로 옳은 것은?

① =SUMIF(F3:F16,">=8.5")

② =SUMIF(F3:F16,>=8.5)

③ =COUNTIF(F3:F16,">=8.5")

④ =COUNTIF(F3:F16,>=8.5)

⑤ =IF(F3:F16,">=8.5")

03 D중학교에서 근무하는 P교사는 반 학생들의 과목별 수행평가 제출 현황을 확인하기 위해 다음과 같이 자료를 정리하였다. P교사가 [D11] ~ [D13] 셀에 〈보기〉의 함수를 입력하였을 때, [D11] ~ [D13] 셀에 나타날 결괏값이 바르게 연결된 것은?

	A	B	C	D
1				(제출했을 경우 '1'로 표시)
2	이름	A과목	B과목	C과목
3	김혜진	1	1	1
4	이방숙	1		
5	정영교	재제출 요망	1	
6	정혜운		재제출 요망	1
7	이승준		1	
8	이혜진			1
9	정영남	1		1
10				
11				
12				
13				

[D11] 셀에 입력한 함수 → =COUNTA(B3:D9)

[D12] 셀에 입력한 함수 → =COUNT(B3:D9)

[D13] 셀에 입력한 함수 → =COUNTBLANK(B3:D9)

	[D11]	[D12]	[D13]
①	12	10	11
②	12	10	9
③	10	12	11
④	10	12	9
⑤	10	10	9

※ D공단에 근무 중인 S사원은 체육대회를 준비하고 있다. 체육대회에 사용할 물품 비용을 다음과 같이 엑셀로 정리하였다. 이어지는 질문에 답하시오. [4~5]

	A	B	C	D	E
1	구분	물품	개수	단가(원)	비용(원)
2	의류	A팀 체육복	15	20,000	300,000
3	식품류	과자	40	1,000	40,000
4	식품류	이온음료수	50	2,000	100,000
5	의류	B팀 체육복	13	23,000	299,000
6	상품	수건	20	4,000	80,000
7	상품	USB	10	10,000	100,000
8	의류	C팀 체육복	14	18,000	252,000
9	식품류	김밥	30	3,000	90,000

04 S사원이 테이블에서 단가가 두 번째로 높은 물품의 금액을 알고자 한다. S사원이 입력해야 할 함수로 옳은 것은?

① = MAX(D2:D9,2)
② = MIN(D2:D9,2)
③ = MID(D2:D9,2)
④ = LARGE(D2:D9,2)
⑤ = INDEX(D2:D9,2)

05 S사원은 구입물품 중 의류의 총개수를 파악하고자 한다. S사원이 입력해야 할 함수로 옳은 것은?

① = SUMIF(A2:A9,A2,C2:C9)
② = COUNTIF(C2:C9,C2)
③ = VLOOKUP(A2,A2:A9,1,0)
④ = HLOOKUP(A2,A2:A9,1,0)
⑤ = AVERAGEIF(A2:A9,A2,C2:C9)

CHAPTER 06

기술능력

합격 Cheat Key

기술능력은 업무를 수행함에 있어 도구, 장치 등을 포함하여 필요한 기술에 어떠한 것들이 있는지 이해하고, 실제 업무를 수행함에 있어 적절한 기술을 선택하여 적용하는 능력이다.

세부 유형은 기술 이해·기술 선택·기술 적용으로 나눌 수 있다. 제품설명서나 상황별 매뉴얼을 제시하는 문제 또는 명령어를 제시하고 규칙을 대입할 수 있는지 묻는 문제가 출제되기 때문에 이런 유형들을 공략할 수 있는 전략을 세워야 한다.

1 긴 지문이 출제될 때는 보기의 내용을 미리 보라!

기술능력에서 자주 출제되는 제품설명서나 상황별 매뉴얼을 제시하는 문제에서는 기술을 이해하고, 상황에 알맞은 원인 및 해결방안을 고르는 문제가 출제된다. 실제 시험장에서 문제를 풀 때는 시간적 여유가 없기 때문에 보기를 먼저 읽고, 그 다음 긴 지문을 보면서 동시에 보기와 일치하는 내용이 나오면 확인해 가면서 푸는 것이 좋다.

2 모듈형에도 대비하라!

모듈형 문제의 비중이 늘어나는 추세이므로 공기업을 준비하는 취업준비생이라면 모듈형 문제에 대비해야 한다. 기술능력의 모듈형 이론 부분을 학습하고 모듈형 문제를 풀어보고 여러 번 읽으며 이론을 확실히 익혀두면 실제 시험장에서 이론을 묻는 문제가 나왔을 때 단번에 답을 고를 수 있다.

3 전공 이론도 익혀 두라!

지원하는 직렬의 전공 이론이 기술능력으로 출제되는 경우가 많기 때문에 전공 이론을 익혀두는 것이 좋다. 깊이 있는 지식을 묻는 문제가 아니더라도 출제되는 문제의 소재가 전공과 관련된 내용일 가능성이 크기 때문에 최소한 지원하는 직렬의 전공 용어는 확실히 익혀 두어야 한다.

4 쉽게 포기하지 말라!

직업기초능력에서 주요 영역이 아니면 소홀한 경우가 많다. 시험장에서 기술능력을 읽어 보지도 않고 포기하는 경우가 많은데 차근차근 읽어보면 지문만 잘 읽어도 풀 수 있는 문제들이 출제되는 경우가 있다. 이론을 모르더라도 풀 수 있는 문제인지 파악해보자.

01 | 기술 이해

| 유형분석 |

- 업무수행에 필요한 기술의 개념 및 원리, 관련 용어에 대한 문제가 자주 출제된다.
- 기술 시스템의 개념과 발전 단계에 대한 문제가 출제되므로 각 단계의 순서와 그에 따른 특징을 숙지하여야 하며, 단계별로 요구되는 핵심 역할이 다름에 유의한다.

다음은 기술선택으로 성공한 사례이다. 여기서 나타나는 벤치마킹으로 옳은 것은?

S사는 모바일 앱으로 커피 주문과 결제를 모두 할 수 있는 사이렌 오더를 처음으로 시행하였다. 시행 이후 S사 창업자는 'Fantastic!'이라는 메일을 보냈고, 이후 S사의 전체 결제 중 17% 이상이 사이렌 오더를 이용하고 있다. 국내뿐 아니라 미국, 유럽, 아시아 등의 여러 국가의 S사 매장에서 이를 벤치마킹하여 사이렌 오더는 S사의 표준이 되었다.

① 글로벌 벤치마킹
② 내부 벤치마킹
③ 비경쟁적 벤치마킹
④ 경쟁적 벤치마킹
⑤ 직접적 벤치마킹

정답 ②

벤치마킹은 특정 분야에서 뛰어난 업체나 상품, 기술, 경영 방식 등을 배워 합법적으로 응용하는 것으로, 비교 대상에 따라 내부·경쟁적·비경쟁적·글로벌 벤치마킹으로 분류되고, 수행 방식에 따라 직접적·간접적 벤치마킹으로 분류된다. 제시문에 나타난 S사의 사례는 같은 기업 내의 다른 지역, 다른 부서, 국가 간의 유사한 활용을 비교 대상으로 한 내부 벤치마킹이다.

오답분석

① 글로벌 벤치마킹 : 프로세스에 있어 최고로 우수한 성과를 보유한 동일 업종의 비경쟁적 기업을 대상으로 하는 벤치마킹이다.
③ 비경쟁적 벤치마킹 : 제품, 서비스 및 프로세스의 단위 분야에 있어 가장 우수한 실무를 보이는 비경쟁적 기업 내의 유사 분야를 대상으로 하는 벤치마킹이다.
④ 경쟁적 벤치마킹 : 동일 업종에서 고객을 직접적으로 공유하는 경쟁기업을 대상으로 하는 벤치마킹이다.
⑤ 직접적 벤치마킹 : 벤치마킹 대상을 직접 방문하여 자료를 입수하고 조사하는 벤치마킹이다.

풀이 전략!

문제에 제시된 내용만으로는 풀이가 어려울 수 있으므로, 사전에 관련 기술 이론을 숙지하고 있어야 한다. 자주 출제되는 개념을 확실하게 암기하여 빠르게 문제를 풀 수 있도록 하는 것이 좋다.

01 다음 글에 나타난 산업재해의 원인으로 가장 적절한 것은?

> A씨는 퇴근하면서 회사 엘리베이터를 이용하던 중 갑자기 엘리베이터가 멈춰 그 안에 20분 동안 갇히는 사고를 당하였다. 20분 후 A씨는 실신한 상태로 구조되었고 바로 응급실로 옮겨졌다. 이후 A씨는 응급실로 옮겨져 의식을 되찾았지만, 극도의 불안감과 공포감을 느껴 결국 병원에서는 A씨에게 공황장애 진단을 내렸다.

① 교육적 원인
② 기술적 원인
③ 작업 관리상 원인
④ 불안전한 행동
⑤ 불안전한 상태

02 다음은 기술 시스템의 발전 단계를 나타낸 것이다. 빈칸에 들어갈 단계로 가장 적절한 것은?

〈기술 시스템의 발전 단계〉

1단계 : 발명, 개발, 혁신의 단계
↓
2단계 : 기술 이전의 단계
↓
3단계 : _____
↓
4단계 : 기술 공고화 단계

① 기술 협조의 단계
② 기술 경영의 단계
③ 기술 평가의 단계
④ 기술 경쟁의 단계
⑤ 기술 투자의 단계

02 | 기술 적용

| 유형분석 |

- 주어진 자료를 해석하고 기술을 적용하여 풀어가는 문제이다.
- 자료 등을 읽고 제시된 문제 상황에 적절한 해결 방법을 찾는 문제가 자주 출제된다.
- 지문의 길이가 길고 복잡하므로, 문제에서 요구하는 정보를 놓치지 않도록 주의해야 한다.

다음은 TV 제품설명서 중 일부이다. 귀하는 새롭게 구매한 TV로 호텔을 광고할 계획을 하고 있다. 그래서 많은 고객에게 노출될 수 있도록 적절한 장소를 찾다가 로비 중앙에 TV를 설치하는 것이 좋다고 판단하였다. 〈보기〉처럼 가구를 구매하여 TV를 설치했을 때의 문제점으로 옳은 것은?

> 〈TV 설치 관련 주의사항〉
>
> 1. 제품을 들어 운반할 때는 화면 표시부를 만지지 말고 2명 이상이 안전하게 운반하세요. 제품이 떨어지면 다치거나 고장이 날 수 있습니다.
> 2. 전원코드는 다른 제품을 사용하지 말고 정품만 사용하세요. 감전 및 화재의 원인이 될 수 있습니다.
> 3. 스탠드는 반드시 평평한 바닥 위에 설치하세요. 울퉁불퉁한 장소에 설치한 경우 제품이 떨어져 고장이 나거나 상해를 입을 수 있습니다.
> 4. 제품 설치 시 벽과 일정 거리를 두어 통풍이 잘되게 하세요. 내부 온도 상승으로 인한 화재의 원인이 될 수 있습니다.
> 5. 고온 다습한 곳이나 제품의 무게를 견디지 못하는 벽에는 설치하지 마세요. 제품이 고장나거나 떨어질 수 있습니다.
> 6. 벽걸이 부착 공사는 전문업체에 맡기세요. 비전문가의 공사로 상해를 입을 수 있습니다.
> 7. 책장이나 벽장 등 통풍이 안 되는 좁은 공간에 TV를 설치하지 마십시오. 내부 온도 상승으로 인한 화재의 원인이 될 수 있습니다.
> 8. 불을 사용하거나 열이 발생하는 제품 및 장소와 가까운 곳에 설치하지 마세요. 화재의 위험이 있습니다.
> 9. 장식장 또는 선반 위에 설치 시 제품 밑면이 밖으로 나오지 않게 하세요. 제품이 떨어져 고장이 나거나 상해를 입을 수 있습니다.
> 10. 직사광선에 장기간 노출되지 않도록 주의해 주세요. 패널 표면에 변색이 발생할 수 있습니다.
> 11. 테이블보나 커튼 등으로 통풍구가 막히지 않도록 하세요. 내부 온도 상승으로 인해 화재가 발생할 수 있습니다.

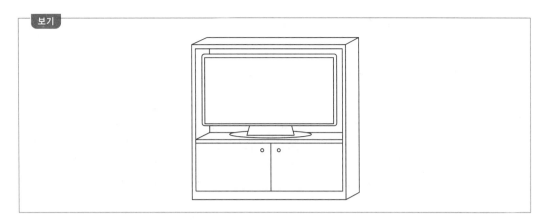
① 화재가 발생할 가능성이 있다.

② 패널 표면이 변색할 가능성이 있다.

③ 바닥이 울퉁불퉁하여 TV가 떨어져 고장이 날 위험이 있다.

④ 제품 밑면이 밖으로 나와 TV가 떨어질 위험이 있다.

⑤ 아무런 문제가 없다.

정답 ①

주의사항 7번째 항목에서는 책장이나 벽장 등 통풍이 안 되는 좁은 공간에 설치하지 말라고 안내하고 있으며, 이는 내부 온도 상승으로 인하여 화재가 발생할 수 있기 때문임을 설명하고 있다. 따라서 보기에서처럼 TV를 가구 안에 설치하게 되면 통풍이 원활하지 않아 화재가 발생할 가능성이 있다는 것을 알 수 있다.

오답분석

② 주의사항 10번째 항목에 따르면 직사광선에 장기간 노출될 경우 패널 표면이 변색할 가능성이 있는데, 햇빛에 노출된다는 정보 는 없다.

③ 보기의 그림을 보면 평평한 가구 안에 설치되어 있음을 알 수 있다.

④ 보기의 그림에서 제품의 밑면(원형)이 밖으로 튀어나와 있지 않다는 것을 알 수 있다.

⑤ 화재의 발생 위험이 있으므로 아무런 문제가 없는 것은 아니다.

풀이 전략!

문제에 제시된 자료 중 필요한 정보를 빠르게 파악하는 것이 중요하다. 질문을 먼저 읽고 문제 상황을 파악한 뒤 제시된 선택지 를 하나씩 소거하며 문제를 푸는 것이 좋다.

※ 다음은 전열 난방기구의 설명서이다. 이어지는 질문에 답하시오. [1~2]

■ 설치 방법

구분	설치 방법
스탠드형	㉠ 제품 밑 부분이 위를 향하게 하고, 스탠드와 히터의 나사 구멍이 일치하도록 맞추세요. ㉡ 십자드라이버를 사용해 스탠드 조립용 나사를 단단히 고정시켜 주세요. ㉢ 스탠드 2개를 모두 조립한 후 제품을 똑바로 세워놓고 흔들리지 않는지 확인합니다.
벽걸이형	㉠ 벽걸이용 거치대를 본체에서 분리해 주세요. ㉡ 벽걸이용 거치대 양쪽 구멍의 거리에 맞춰 벽에 작은 구멍을 냅니다(단단한 콘크리트나 타일이 있을 경우 전동드릴로 구멍을 내면 좋습니다). ㉢ 제공되는 나사를 이용해 거치대를 벽에 고정시켜 줍니다. ㉣ 양손으로 본체를 들어서 평행을 맞춰 거치대에 제품을 고정합니다. ㉤ 거치대의 고정나사를 단단히 조여 흔들리지 않도록 고정시킵니다.

■ 사용 방법
㉠ 전원선을 콘센트에 연결합니다.
㉡ 전원버튼을 누르면 작동을 시작합니다.
㉢ 1단(750W), 2단(1500W)의 출력 조절버튼을 터치해 출력을 조절할 수 있습니다.
㉣ 온도 조절버튼을 터치하여 온도를 조절할 수 있습니다.
   − 설정 가능한 온도 범위는 15 ~ 40℃입니다.
   − 에너지 절약을 위해 실내온도가 설정온도에 도달하면 자동으로 전원이 차단됩니다.
   − 실내온도가 설정온도보다 약 2 ~ 3℃ 내려가면 다시 작동합니다.
㉤ 타이머 버튼을 터치하여 작동 시간을 설정할 수 있습니다.
㉥ 출력 조절버튼을 5초 이상 길게 누르면 잠금 기능이 활성화됩니다.

■ 주의사항
㉠ 제품을 사용하지 않을 때나 제품을 점검할 때는 전원코드를 반드시 콘센트에서 분리하세요.
㉡ 사용자가 볼 수 있는 위치에서만 사용하세요.
㉢ 사용 시에 화상을 입을 수 있으니 손을 대지 마세요.
㉣ 바닥이 고르지 않은 곳에서는 사용하지 마세요.
㉤ 젖은 수건, 의류 등을 히터 위에 올려놓지 마세요.
㉥ 장난감, 철사, 칼, 도구 등을 넣지 마세요.
㉦ 제품 사용 중 이상이 발생한 경우 분해하지 마시고, A/S 센터에 문의해 주세요.
㉧ 본체 가까이에서 스프레이 캔이나 인화성 위험물을 사용하지 않습니다.
㉨ 휘발유, 신나, 벤젠, 등유, 알칼리성 비눗물, 살충제 등을 이용하여 청소하지 마세요.
㉩ 제품을 물에 담그지 마세요.
㉪ 젖은 손으로 전원코드, 본체, 콘센트 등을 만지지 마세요.
㉫ 전원 케이블이 과도하게 꺾이거나 피복이 벗겨진 경우에는 전원을 연결하지 마시고, A/S센터로 문의하시기 바랍니다.
※ 주의 : 주의사항을 지키지 않을 경우 고장 및 감전, 화재의 원인이 될 수 있습니다.

01 작업장에 벽걸이형 난방기구를 설치하고자 한다. 다음 중 벽걸이형 난방기구의 설치 방법으로 옳은 것은?

① 벽걸이용 거치대의 양쪽 구멍과 상단 구멍의 위치에 맞게 벽에 작은 구멍을 낸다.

② 스탠드 2개를 조립한 후 벽걸이형 거치대를 본체에서 분리한다.

③ 벽이 단단한 콘크리트로 되어 있을 경우 거치대를 따로 고정하지 않아도 된다.

④ 거치대를 벽에 고정시킨 뒤, 평행을 맞추어 거치대에 제품을 고정시킨다.

⑤ 스탠드의 고정나사를 조여 제품이 흔들리지 않는지 확인한다.

02 다음 중 난방기 사용 방법으로 옳지 않은 것은?

① 전원선을 콘센트에 연결 후 전원버튼을 누른다.

② 출력 조절버튼을 터치하여 출력을 1단으로 낮춘다.

③ 히터를 작동시키기 위해 설정온도를 현재 실내온도인 20℃로 조절하였다.

④ 전기료 절감을 위해 타이머를 1시간으로 맞추어 놓고 사용하였다.

⑤ 잠금 기능을 활성화하기 위해 출력 조절버튼을 5초 이상 길게 눌렀다.

D정보통신회사에 입사한 A씨는 시스템 모니터링 및 관리 업무를 담당하게 되었다. 다음 자료를 참고할 때, 〈보기〉의 빈칸에 들어갈 코드로 옳은 것은?

다음 모니터에 나타나는 정보를 이해하고 시스템 상태를 판독하여 적절한 코드를 입력하는 방식을 파악하시오.

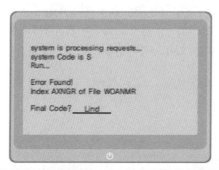

항목	세부사항
Index ◇◇◇ of File ◇◇◇	• 오류 문자 : Index 뒤에 나타나는 문자 • 오류 발생 위치 : File 뒤에 나타나는 문자
Error Value	• 오류 문자와 오류 발생 위치를 의미하는 문자에 사용된 알파벳을 비교하여 일치하는 알파벳의 개수를 확인
Final Code	• Error Value를 통하여 시스템 상태 판단

판단 기준	Final Code
일치하는 알파벳의 개수=0	Svem
0<일치하는 알파벳의 개수≤1	Atur
1<일치하는 알파벳의 개수≤3	Lind
3<일치하는 알파벳의 개수≤5	Nugre
일치하는 알파벳의 개수>5	Qutom

보기

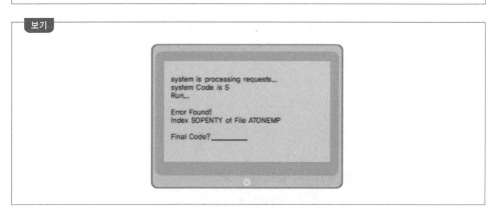

① Svem ② Atur
③ Lind ④ Nugre
⑤ Qutom

04 기술개발팀에서 근무하는 S씨는 차세대 로봇에 사용할 주행 알고리즘을 개발하고 있다. 다음 주행 알고리즘과 예시를 참고하였을 때, 로봇의 이동 경로로 옳은 것은?

〈주행 알고리즘〉

회전과 전진만이 가능한 로봇이 미로에서 목적지까지 길을 찾아가도록 구성하였다. 미로는 (4단위)×(4단위)의 정방형 단위구역(Cell) 16개로 구성되며 미로 중앙부에는 1단위구역 크기의 도착지점이 있다. 도착지점에 이르기 전 로봇은 각 단위구역과 단위구역 사이를 이동할 때 벽의 유무를 탐지하여 벽이 없음이 감지되는 방향으로 주행한다. 로봇은 주명령을 수행하고, 이에 따라 주행할 수 없을 때만 보조명령을 따른다.

- 주명령 : 현재 단위구역(Cell)에서 로봇은 왼쪽, 앞쪽, 오른쪽 순서로 벽의 유무를 탐지하여 벽이 없음이 감지되는 방향의 단위구역을 과거에 주행한 기록이 없다면 해당 방향으로 한 단위구역만큼 주행한다.
- 보조명령 : 현재 단위구역에서 로봇이 왼쪽, 앞쪽, 오른쪽, 뒤쪽 순서로 벽의 유무를 탐지하여 벽이 없음이 감지되는 방향의 단위구역에 벽이 없음이 감지되는 방향과 반대 방향의 주행기록이 있을 때만, 로봇은 그 방향으로 한 단위구역만큼 주행한다.

〈예시〉

로봇이 A → B → C → B → A로 이동한다고 가정할 때, A에서 C로의 이동은 주명령에 의한 것이고 C에서 A로의 이동은 보조명령에 의한 것이다.

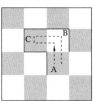

---

①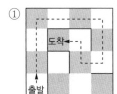

②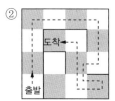

③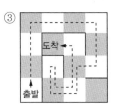

④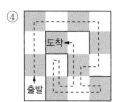

⑤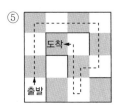

※ A씨는 D음식물처리기를 사용하기 전 주의사항을 알아보고자 설명서를 읽었다. 이어지는 질문에 답하시오. **[5~6]**

〈D음식물처리기 사용 시 주의사항〉

■ **음식물 쓰레기 투입 전 주의사항**
  − 씻어서 넣어 주세요.
  − 수분을 제거 후 넣어 주세요.
  − 잘라서 조금씩 넣어 주세요.
  − 투입 가능한 물질만 넣어 주세요.

투입 가능한 물질	투입 불가능한 물질
− 과일, 야채류 − 어류 및 육류 − 과자 등의 곡류 − 김치류 − 생선뼈 − 계란	− 동물 뼈 − 조개껍데기류 − 줄기류 − 씨앗류 − 질기거나 딱딱한 껍질류 − 약품류 − 커피찌꺼기 − 고무 등의 기타 비음식류

■ **제품 보관 방법**
  • 단기간(10일 미만) 미사용 시
  − 전원 플러그를 뽑지 말고 연결한 상태를 유지해 주세요. 전원 플러그를 뽑으면 재사용 시 미생물 활동이 저하되거나 악취가 발생할 수 있습니다.
  − 재사용 시 내부가 건조하면 수분기가 조금 있는 음식물 쓰레기 또는 소량의 물을 함께 넣어 주세요.
  • 장기간(10일 이상) 미사용 시
  − 장기간 미사용 시 2일 전부터 음식물 쓰레기 투입을 멈추고 제습모드를 작동시켜 분해물이 건조 상태를 유지할 수 있도록 해 주세요.
  − 분해 잔여물을 모두 배출하여 완벽하게 밀폐 후 보관하면 제품 재사용 시 잔여물을 재사용할 수 있습니다.
  − 수개월 이상 미사용할 경우에는 분해 잔여물을 모두 폐기하고 제품 재사용 시 미생물을 재구입하여 사용해 주세요.
  − 제품 보관 시 전원플러그를 뽑고 필터, 뚜껑 등을 깨끗하게 청소 후 건조하고 통풍이 잘 되는 곳에 보관해 주세요.

■ 고장신고 전 확인사항

증상	발생원인	해결방법
전원이 들어오지 않습니다.	전원플러그 연결 불량	전원 플러그를 연결하고 전원버튼을 눌러 주세요.
	전원버튼 미입력	
소음이 발생합니다.	무엇인가 부딪히는 소리	딱딱한 이물질을 제거해 주세요.
	'뽀드득' 등의 마찰음	소량의 수분을 공급해 주세요.
분해 잔해물에서 악취가 납니다.	청국장 냄새	정상입니다.
	시큼한 냄새	사용을 중단하고 밥 등을 투입해 주세요. 그 후에도 이상 발생 시 미생물 교환 또는 고객센터로 문의해 주세요.
악취가 유출됩니다.	각종 악취	제품의 덮개가 잘 덮여 있는지 확인해 주시고 덮여 있다면 필터를 교체해 주세요.
발효분해가 안 됩니다.	음식물 과다 투입	하루 정도 음식물 투입을 중단하고 제습 모드를 작동해 주세요.
	섬유질이 많은 음식 투입	시간이 지나면 분해됩니다. 꼭 잘라서 넣어 주세요.
벌레가 꼬입니다.	완전분해되지 않은 채 전원 중단	미생물을 교체해 주세요.

■ 고장신고
- 다음과 같은 증상이 지속되면 고객센터로 문의해 주세요.
  - 모터 등의 기계적인 소음
  - 음식물이 잘 안 섞이는 경우(모터 불량일 수 있습니다)
  - 점검 불이 들어오는 경우
  - 기타 제품 이상

05 다음 중 음식물처리기에 넣을 수 없는 음식물 쓰레기는?

① 콩밥
② 감기약
③ 고등어구이
④ 껍질을 깐 삶은 달걀
⑤ 데친 브로콜리

06 D음식물처리기 고객센터 B직원은 여러 건의 고객 문의를 받았다. 다음 중 바로 고장신고를 접수해야 하는 문의는?

① 음식물이 잘 안 섞입니다.
② 제품에서 벌레가 나옵니다.
③ 분해 잔여물에서 청국장 냄새가 납니다.
④ 내부에서 무엇인가 부딪히는 소리가 납니다.
⑤ 작동 시 눈 밟는 듯한 '뽀드득' 소리가 납니다.

교육은 우리 자신의 무지를 점차 발견해 가는 과정이다.

- 윌 듀란트 -

PART 2

최종점검 모의고사

제1회
최종점검 모의고사

※ 대구교통공사 최종점검 모의고사는 채용공고를 기준으로 구성한 것으로 실제 시험과 다를 수
있습니다.

■ 취약영역 분석

번호	O/×	영역	번호	O/×	영역	번호	O/×	영역
01		의사소통능력	21		직업윤리			사무직
02			22		대인관계능력	36		정보능력
03		대인관계능력	23		의사소통능력	37		
04		직업윤리	24			38		
05		문제해결능력	25			39		
06			26		직업윤리	40		
07			27		대인관계능력			사무직 이외
08		대인관계능력	28		의사소통능력	36		기술능력
09		직업윤리	29			37		
10		의사소통능력	30		문제해결능력	38		
11			31			39		
12		문제해결능력	32		직업윤리	40		
13		직업윤리	33		대인관계능력			
14		문제해결능력	34					
15		대인관계능력	35		직업윤리			
16		의사소통능력						
17		문제해결능력						
18								
19								
20		직업윤리						

평가문항	40문항	평가시간	40분
시작시간	:	종료시간	:
취약영역			

최종점검 모의고사

제 **1** 회

🕐 응시시간 : 40분　　📋 문항 수 : 40문항

정답 및 해설 p.040

01 다음 글의 내용으로 가장 적절한 것은?

> 농촌진흥청은 해마다 반복되는 배 과수원의 봄철 저온 피해 예방을 위해 환경친화적인 연소 기술을 개발했다. 우리나라는 해마다 배꽃이 피는 시기에 서리와 저온으로 꽃이 죽는 저온 피해가 발생한다. 올해는 12월과 1월의 기온이 예년보다 2.4℃ 높아 3 ~ 4월에 갑작스러운 추위가 오면 더 큰 피해가 발생할 것으로 예상된다.
>
> 저온 피해 예방을 위해 과거에는 왕겨, 짚, 전정 가지를 태워 온도를 유지하는 방법을 사용했으나, 현재는 폐기물관리법에 저촉되므로 함부로 태워서는 안 된다. 한편 물(살수법)을 이용한 장치도 보급되었으나, 초기 비용이 많이 들어 실제 농가 보급은 미미한 편이다.
>
> 농촌진흥청이 새로 개발한 기술은 금속용기에 메탄올 젤, 목탄, 액체 파라핀 등 3종의 자재를 배치해 연소하는 방식이다. 이들 연소 자재는 친환경적인 소재로, 기존 석유류로 연소했을 때보다 매연 발생량을 4분의 1 이하로 줄일 수 있다. 또한 연소 자재를 분리·배치하고, 연소 과정 중 액상 연료를 고르게 혼합하여 완전히 탈 때까지 불꽃 세력을 안정적으로 유지할 수 있다. 연소 시간은 금속용기의 뚜껑을 닫는 수준에 따라 달라지는데, 뚜껑을 절반 수준으로 열었을 때는 5시간 30분, 완전히 열었을 때는 1시간 30분 동안 유지된다. 비용도 경제적이다. 살수법은 10아르(a)당 85만 원이 소요되고 과수원 규모에 따라 초기 시설비가 많이 들지만, 새로 개발한 연소 자재는 약 30만 원 수준이며 초기 시설도 필요 없다.
>
> 농촌진흥청은 이번에 개발한 연소 자재를 특허 출원하고, 산업체 기술 이전을 통해 보급 중이다. 농촌진흥청의 연구소장은 "과수 농가 대부분이 저온 피해를 본 뒤 대책 중심으로 대응해 왔지만, 피해가 잦은 과수원은 연소 자재를 적극적으로 활용해 과실이 안정적으로 달리도록 해야 한다."라며 "연소 자재를 사용할 경우, 불을 붙일 때부터 끌 때까지 외부 기온 변화를 주시하면서 연소량을 조절하고, 주변을 미리 정리해 화재 위험이 없도록 주의해야 한다."라고 전했다.

① 국내에서 최초로 연소법이 사용되었다.

② 연소법을 사용할 경우 매연이 발생한다.

③ 저온 피해는 과실에 직접적인 피해를 준다.

④ 새로 개발된 기술을 통해 연소 시간을 증가시켰다.

⑤ 배 과수원의 저온 피해는 주로 12월과 1월에 발생한다.

02 다음 글을 읽고 추론한 내용으로 적절한 것을 〈보기〉에서 모두 고르면?

민주주의 사회에서 정치적 의사 결정은 투표에 의해서 이루어진다. 이 경우 구성원들은 자신의 경제력에 관계없이 똑같은 정도의 결정권을 가지고 참여한다. 즉, 의사 결정 과정에서의 민주적 절차와 형평성을 중시하는 것이다. 그러나 시장적 의사 결정에서는 자신의 경제력에 비례하여 차별적인 결정권을 가지고 참여하며, 철저하게 수요 – 공급의 원칙에 따라 의사 결정이 이루어진다. 경제적인 효율성이 중시되는 것이다.

정치적 의사 결정은 다수결과 강제성을 전제로 하지만, 시장적 의사 결정은 완전 합의와 자발성을 근간으로 한다. 투표를 통한 결정이든 선거에 의해 선출된 사람들의 합의에 의한 결정이든 민주주의 제도하에서 의사 결정은 다수결로 이루어지며, 이 과정에서 반대를 한 소수도 결정이 이루어진 뒤에는 그 결정에 따라야 한다. 그러나 시장적 의사 결정에서는 시장 기구가 제대로 작동하는 한, 거래를 원하는 사람만이 자발적으로 의사 결정에 참여하며 항상 모든 당사자의 완전 합의에 의해서만 거래가 이루어진다.

물론 민주주의와 시장경제가 전적으로 상치되는 것은 아니다. 이 둘은 공통적으로 개인의 자유, 책임, 경쟁, 참여, 법치 등의 가치를 존중하는 자유주의 사상에 바탕을 두고 있기 때문에 병행하여 발전하는 속성도 지니고 있다. 민주주의는 정치권력의 남용을 차단하고 자유로운 분위기를 조성함으로써 시장경제의 성장과 발전에 기여한다. 또한 시장경제는 각자의 능력과 노력에 따라 정당한 보상을 받게 함으로써 민주주의의 발전에 필요한 물적 기반을 제공하며 정치적 안정에도 기여한다.

> **보기**
> ㉠ 정치적 의사 결정에서는 구성원의 경제력과 결정권이 반비례한다.
> ㉡ 시장적 의사 결정에서는 당사자 간에 완전한 합의가 이루어지지 않는다면 거래도 이루어질 수 없다.
> ㉢ 정치적 의사 결정 과정에서는 소수의 의견이 무시될 수 있다는 문제점이 있다.

① ㉠   ② ㉡

③ ㉢   ④ ㉠, ㉡

⑤ ㉡, ㉢

03 다음은 갈등의 유형 중의 하나인 '불필요한 갈등'에 대한 설명이다. 이를 이해한 내용으로 적절하지 않은 것은?

> 개개인이 저마다의 문제를 다르게 인식하거나 정보가 부족한 경우, 편견 때문에 발생한 의견 불일치로 적대적 감정이 생길 경우 '불필요한 갈등'이 일어난다.

① 근심, 걱정, 스트레스, 분노 등의 부정적인 감정으로 나타날 수 있다.

② 두 사람의 정반대되는 욕구나 목표, 가치, 이해를 통해 발생할 수 있다.

③ 관리자의 신중하지 못한 태도로 인해 불필요한 갈등은 더 심각해질 수 있다.

④ 잘못 이해하거나 부족한 정보 등 전달이 불분명한 커뮤니케이션으로 나타날 수 있다.

⑤ 변화에 대한 저항, 항상 해오던 방식에 대한 거부감 등에서 나오는 의견 불일치가 원인이 될 수 있다.

04 근면에는 외부로부터 강요당한 근면과 스스로 자진해서 하는 근면 두 가지가 있다. 다음 〈보기〉 중 스스로 자진해서 하는 근면을 모두 고르면?

> **보기**
> ㄱ. 생계를 유지하기 위해 기계적으로 작업장에서 하는 일
> ㄴ. 승진을 위해 외국어를 열심히 공부하는 일
> ㄷ. 상사의 명령에 의해 하는 야근
> ㄹ. 영업사원이 실적 향상을 위해 노력하는 일

① ㄱ, ㄴ   ② ㄱ, ㄷ

③ ㄴ, ㄷ   ④ ㄴ, ㄹ

⑤ ㄷ, ㄹ

05 다음은 도서코드(ISBN)에 대한 자료이다. 주문한 도서의 도서코드가 아래와 같을 때, 이에 대한 설명으로 옳은 것은?

〈[예시] 도서코드(ISBN)〉

국제표준도서번호					부가기호		
접두부	국가번호	발행자번호	서명식별번호	체크기호	독자대상	발행형태	내용분류
123	12	1234567		1	1	1	123

*국제표준도서번호는 5개의 군으로 나누어지고 각 군마다 '–'로 구분한다.

〈도서코드(ISBN) 세부사항〉

접두부	국가번호	발행자번호	서명식별번호	체크기호
978 또는 979	한국 89 미국 05 중국 72 일본 40 프랑스 22	발행자번호 – 서명식별번호 7자리 숫자 예 8491 – 208 : 발행자번호가 8491번인 출판사에서 208번째 발행한 책		0 ~ 9

독자대상	발행형태	내용분류
0 교양 1 실용 2 여성 3 (예비) 4 청소년 5 중고등 학습참고서 6 초등 학습참고서 7 아동 8 (예비) 9 전문	0 문고본 1 사전 2 신서판 3 단행본 4 전집 5 (예비) 6 도감 7 그림책, 만화 8 혼합자료, 점자자료, 전자책, 마이크로자료 9 (예비)	030 백과사전 100 철학 170 심리학 200 종교 360 법학 470 생명과학 680 연극 710 한국어 770 스페인어 740 영미문학 720 유럽사

〈주문도서〉

978 – 05 – 441 – 1011 – 3 14710

① 한국에서 출판한 도서이다.
② 441번째 발행된 도서이다.
③ 발행자번호는 총 7자리이다.
④ 한 권으로만 출판되지는 않았다.
⑤ 한국어로 되어 있다.

06 D공사의 해외영업팀 4명은 해외출장을 계획하면서, 출장지에서의 이동 수단 한 가지를 결정하려고 한다. 다음 〈조건〉에 따라 이동 수단을 선택할 때, 해외영업팀이 최종적으로 선택하게 될 이동 수단의 종류와 그 비용을 바르게 짝지은 것은?

〈이동 수단별 평가표〉

이동 수단	비용계산식	용이성	안전성
렌터카	[(렌트비)+(유류비)]×(이용 일수) • 1일 렌트비 : $50(4인승 차량) • 1일 유류비 : $10(4인승 차량)	상	하
택시	[거리당 가격($1/마일)]×[이동거리(마일)] ※ 최대 4명까지 탑승가능	중	중
대중교통	[대중교통패스 3일권($40/인)]×(인원수)	하	중

〈해외출장 일정〉

출장 일정	이동거리(마일)
11월 1일	100
11월 2일	50
11월 3일	50

조건

• 이동 수단은 경제성, 용이성, 안전성의 총 3가지 요소를 고려하여 최종점수가 가장 높은 이동 수단을 선택한다.
• 각 고려 요소의 평가결과 '상' 등급을 받으면 3점을, '중' 등급을 받으면 2점을, '하' 등급을 받으면 1점을 부여한다. 단, 안전성을 중시하여 안전성 점수는 2배로 계산한다.
• 경제성은 이동 수단별 최소비용이 적은 것부터 상, 중, 하로 평가한다.
• 각 고려 요소의 평가점수를 합하여 최종점수를 구한다.

	이동 수단	비용		이동 수단	비용
①	대중교통	$140	②	대중교통	$160
③	택시	$160	④	택시	$180
⑤	렌터카	$180			

07　다음 명제를 바탕으로 추론한 내용으로 옳은 것은?

> - 영희는 영어 2등, 수학 2등, 국어 2등을 하였다.
> - 상욱이는 영어 1등, 수학 3등, 국어 1등을 하였다.
> - 수현이는 수학만 1등을 하였다.
> - 전체 평균 1등을 한 것은 영희이다.

① 총점이 가장 높은 것은 영희이다.
② 상욱이의 영어 점수는 영희의 수학 점수보다 높다.
③ 상욱이의 국어 점수는 수현이의 수학 점수보다 낮다.
④ 수현이의 수학 점수는 상욱이의 영어 점수보다 높다.
⑤ 영어와 수학 점수만을 봤을 때, 상욱이가 1등일 것이다.

08　다음 특징에 해당하는 리더십 유형으로 가장 적절한 것은?

> - 리더는 조직 구성원들 중 한 명일 뿐이다. 물론 다른 조직 구성원들보다 경험이 더 풍부하겠지만 다른 구성원들보다 더 비중 있게 대우받아서는 안 된다.
> - 집단의 모든 구성원들은 의사결정 및 팀의 방향을 설정하는 데 참여한다.
> - 집단의 모든 구성원들은 집단의 행동의 성과 및 결과에 대해 책임을 공유한다.

① 독재자 유형　　　　　　　　② 민주주의에 근접한 유형
③ 파트너십 유형　　　　　　　④ 변혁적 유형
⑤ 자유방임적 유형

09　다음 사례를 읽고, 김과장에게 필요한 에티켓을 모두 나열한 것은?

> 〈사례〉
>
> 전략기획부의 김과장은 사적인 전화를 사무실에서 아무렇지도 않게 한다. 목소리는 크게 마치 옆 동료가 들어보라는 듯 전화기를 잡고 내려놓지를 않는다. 또한 김과장은 스스로 사교성이 뛰어나다고 착각을 한다. 반말을 섞어 말하는 것이 친근함의 표현이라 믿는 듯하다. 김과장에게 회사의 사무실 비품은 개인 물품이 된 지 오래다. 그리고 음식을 먹을 때 지나치게 집착을 한다. 김과장과 회식하는 날은 항상 기분 좋게 끝난 적이 없다.

① 전화예절, 언어예절, 식사예절　　　② 전화예절, 복장예절, 인사예절
③ 전화예절, 언어예절, 승강기예절　　④ 전화예절, 복장예절, 승강기예절
⑤ 전화예절, 언어예절, 식사예절, 이메일예절

※ D공단의 홍보팀에서 일하는 A사원은 D공단의 주요 기술에 대해 설명하는 홍보책자를 제작하려고 한다. 이어지는 질문에 답하시오. [10~11]

〈배전자동화시스템〉

배전자동화시스템은 첨단IT기술을 접목하여 계발된 배전자동화용 단말장치(FRTU)에서 배전설비와 선로의 현장 정보(상태 정보, 전류 / 전압, 고장 유무 등)를 취득하여 통신장치를 통해 주장치에 재공함으로써 배전계통 운전 상황을 실시간으로 모니터링한다. 특히 고장 구간을 신속히 파악함과 동시에 원격제어를 통해 정전 시간을 단축하고 고장 구간을 축소하여 안정적인 전력을 공금하는 시스템이다.

㉠	㉡	㉢
• 배전선로 개폐기의 원격제어 • 개폐기 상태 감시 및 고장 구간 표시 • 배전기기 및 선로의 품질진단 • 배전선로 운전 정보 수집(전압 / 전류 등) • 고장 분석 및 보고서 출력	• 고품질 전력의 안정적 공급 수요 증대 (인터넷 증권, 반도체 공장 등) • 신속한 고장 위치 파악 • 고장 구간 분리로 정전 시간 단축 • 신뢰도 높은 배전선로 설비 요구 • 복잡한 배전계통에 대한 효율적인 운전	• 배전자동화를 통한 경제적, 효율적 배전계통 운영 가능 • 배전계통 최적화 운전을 통한 손실 최소화 기대 • 안정적인 고품질의 전력 공급 서비스로 국민 생활 불편 최소화 및 다양한 전력 관련 정보 제공 가능

10 다음 중 빈칸 ㉠ ~ ㉢에 들어갈 말이 순서대로 짝지어진 것은?

	㉠	㉡	㉢
①	기대효과	필요성	기능
②	기능	기대효과	필요성
③	기능	필요성	기대효과
④	필요성	기대효과	기능
⑤	필요성	기능	기대효과

11 다음 중 윗글에서 맞춤법상 옳지 않은 단어의 수는?

① 없음　　　　　　　　　② 1개
③ 2개　　　　　　　　　④ 3개
⑤ 4개

12 갑은 다음과 같은 규칙에 따라 알파벳 단어를 숫자로 변환하고자 한다. 〈보기〉에 주어진 규칙 적용 사례 ㉠~㉣의 각 알파벳 단어에서 알파벳 Z에 해당하는 자연수들을 모두 더한 값으로 옳은 것은?

〈규칙〉

① 알파벳 'A'부터 'Z'까지 순서대로 자연수를 부여한다.
　예 A=2라고 하면 B=3, C=4, D=5이다.
② 단어의 음절에 같은 알파벳이 연속되는 경우 ①에서 부여한 숫자를 알파벳이 연속되는 횟수만큼 거듭제곱한다.
　예 A=2이고 단어가 'AABB'이면 AA는 '2^2'이고, BB는 '3^2'이므로 '49'로 적는다.

보기

㉠ AAABBCC는 10000001020110404로 변환된다.
㉡ CDFE는 3465로 변환된다.
㉢ PJJYZZ는 1712126729로 변환된다.
㉣ QQTSR은 625282726으로 변환된다.

① 154
② 176
③ 199
④ 212
⑤ 234

13 다음 사례에서 찾아볼 수 없는 직업윤리의 덕목은?

김사원은 그동안의 경력상 홍보부서로의 발령을 원했지만, 한 번도 해보지 않은 경영부서로 발령이 떨어지면서 착잡하고 심란하였다. 하지만 김사원은 이를 하늘이 주신 배움의 기회라 여기고 긍정적으로 생각하기로 다짐했다. 또 비록 원하던 부서가 아니어서 의욕은 떨어졌지만, 경영부서 역시 우리 회사의 중요한 역할이고 전문성이 있어야만 할 수 있는 일이라 생각하고 성실하게 책임을 갖고 배우기 시작했다. 하지만 해본 적이 없을뿐더러 관심도 없었던 일이었기에 김사원의 적성과는 너무 맞지 않아 김사원은 하루하루 지쳐갔다.

① 소명 의식
② 직분 의식
③ 천직 의식
④ 책임 의식
⑤ 전문가 의식

14 제시된 명제가 모두 참일 때, 다음 빈칸에 들어갈 명제로 가장 적절한 것은?

> • 낡은 것을 버려야 새로운 것을 채울 수 있다.
> • _____
> • 새로운 것을 채우지 않는다면 더 많은 세계를 경험할 수 없다.

① 낡은 것을 버리지 않는다면 더 많은 세계를 경험할 수 없다.
② 더 많은 세계를 경험하지 못한다면 새로운 것을 채울 수 없다.
③ 낡은 것을 버리지 않는다면 새로운 것을 채울 수 없다.
④ 새로운 것을 채운다면 더 많은 세계를 경험할 수 있다.
⑤ 새로운 것을 채운다면 낡은 것을 버릴 수 있다.

15 최근 D사에 입사한 Y사원은 며칠 전 민원상담을 진행하는 데 어려움을 겪었다고 선임인 귀하에게 토로하였다. 귀하는 Y사원이 민원상담을 잘 수행할 수 있도록 민원처리 매뉴얼에 대해 설명하고자 한다. 다음 중 귀하의 발언으로 적절하지 않은 것은?

① 민원처리 결과에 대하여 고객의 의견 및 만족 여부를 확인하여 D사의 신뢰를 조성하도록 노력해야 해.
② 민원처리 시 감정이 상한 고객이 있다면 먼저 공감하는 자세로 고객의 마음을 헤아리도록 노력해야 해.
③ 사실을 확인한 민원에 대해서는 적절한 해결책이 무엇인지 모색하여야 하는데, 만약 D사의 과실에 대한 것이라면 이를 인정하고 먼저 사과해야 해.
④ 고객이 민원을 제기할 때에는 주장하는 내용을 정확하게 파악할 수 있도록 경청하는 것이 중요해. 만약 부정확한 내용이 있다면 반드시 다시 확인해야 해.
⑤ 적절한 해결책이 있다면 고객에게 제시하여 해결하도록 하고, 향후 반복적인 문제가 발생하지 않도록 개인 업무노트에 기록해 두고 수시로 확인하는 것이 중요해.

16 다음 문단에 이어질 내용을 논리적 순서대로 바르게 나열한 것은?

> PTSD(Post Traumatic Stress Disorder)는 '외상 후 스트레스 장애'로서, 외부로부터 피해를 당한 사람에게서 나타나는 일종의 정신질환이다. 성폭행 피해자, 화재를 진압한 소방관, 참전 군인 등에게 상대적으로 많이 발생한다고 한다.

> (가) 현대에 와서야 PTSD를 겁쟁이로 보지 않고 일종의 정신질환으로 보기 시작했다. 가장 가까운 시기로는 이라크 전쟁에 파병되었다가 온 병사들의 사례가 있다. 이들은 PTSD 때문에 매일 약을 먹으며 살고 있다고 한다.
> (나) 사실 과거에 PTSD는 정신질환으로 인정되지 않았다. 잔혹한 임무수행을 해야 하는 군대에서 그러한 경우가 많이 나타나는데, PTSD에 걸린 병사를 정신질환자가 아니라 겁쟁이로 생각했다.
> (다) 이렇게 충동억제장애 등으로 나타나는 PTSD가 다른 정신질환보다 더 문제가 되는 것은 전쟁에 의한 PTSD 질환자들이 건장한 병사 출신으로서, 정신이상 상태로 타인에게 큰 피해를 줄 수 있다는 점도 한몫을 할 것이다.
> (라) 전술한 것처럼 PTSD는 약을 먹어야만 하는 질환이다. PTSD가 발병하였을 때 적절한 치료가 이루어지지 않는다면, 일반적으로 생각되는 정신질환이 발생하게 되며 그 종류도 다양하다. 보통 PTSD는 분노조절장애, 충동억제장애 등의 양상을 보이며, 이외에 우울증이나 공황장애와 함께 발병한다.

① (가) – (나) – (다) – (라)   ② (가) – (나) – (라) – (다)
③ (나) – (가) – (다) – (라)   ④ (나) – (가) – (라) – (다)
⑤ (다) – (라) – (나) – (가)

17 다음의 교통수단별 특징을 고려할 때, 오전 9시에 회사에서 출발해 전주역까지 가장 먼저 도착하는 교통수단은 무엇인가?(단, 자료에 제시된 시간 이외는 고려하지 않는다)

〈회사 → 서울역 간 교통편〉

구분	소요시간	출발시간
A버스	24분	매시 20분, 40분
B버스	40분	매시 정각, 20분, 40분
지하철	20분	매시 30분

〈서울역 → 전주역 간 교통편〉

구분	소요시간	출발시간
새마을호	3시간	매시 정각부터 5분 간격
KTX	1시간 32분	9시 정각부터 45분 간격

① A버스 – 새마을호   ② B버스 – KTX
③ 지하철 – KTX   ④ B버스 – 새마을호
⑤ 지하철 – 새마을호

18 한 야구팀이 재정난을 겪게 되면서 핵심 선수인 민한, 대호, 성흔, 주찬이를 각각 다른 팀으로 트레이드하려고 한다. C팀이 투수만 스카우트하게 될 경우, 다음 〈조건〉을 토대로 반드시 참인 것은?

> **조건**
>
> (가) 이들을 원하는 팀은 A ~ D 4팀이 있다.
> (나) 각 팀은 포수, 내야수, 외야수, 투수 중 중복 없이 하나만 얻을 수 있다.
> (다) 각 팀은 1명만 스카우트할 수 있다.
> (라) 민한이는 투수만 가능하다.
> (마) 대호는 B팀만 가려고 한다.
> (바) A팀은 외야수를 원한다.
> (사) 성흔이는 포수와 외야수만 가능하다.
> (아) 주찬이는 D팀을 가려고 하지 않는다.
> (자) 외야수 포지션은 성흔이와 주찬이 중에 선택한다.

① 주찬이는 포수로 스카우트될 것이다.
② A팀에서 스카우트할 선수는 성흔이다.
③ D팀은 선택할 포지션이 없어서 스카우트를 포기한다.
④ D팀이 성흔이를 포수로 데려갈 것이다.
⑤ B팀은 대호를 외야수로 스카우트할 것이다.

19 다음은 D섬유에 대한 SWOT 분석 자료이다. 분석에 따른 대응 전략으로 적절한 것을 〈보기〉에서 모두 고르면?

• 첨단 신소재 관련 특허 다수 보유	• 신규 생산 설비 투자 미흡 • 브랜드의 인지도 부족
S 강점	**W 약점**
O 기회	**T 위협**
• 고기능성 제품에 대한 수요 증가 • 정부 주도의 문화 콘텐츠 사업 지원	• 중저가 의류용 제품의 공급 과잉 • 저임금의 개발도상국과 경쟁 심화

> **보기**
>
> ㄱ. SO전략으로 첨단 신소재를 적용한 고기능성 제품을 개발한다.
> ㄴ. ST전략으로 첨단 신소재 관련 특허를 개발도상국의 경쟁업체에 무상 이전한다.
> ㄷ. WO전략으로 문화 콘텐츠와 디자인을 접목한 신규 브랜드 개발을 통해 적극적 마케팅을 한다.
> ㄹ. WT전략으로 기존 설비에 대한 재투자를 통해 대량생산 체제로 전환한다.

① ㄱ, ㄷ　　　　　　　　　　② ㄱ, ㄹ
③ ㄴ, ㄷ　　　　　　　　　　④ ㄴ, ㄹ
⑤ ㄷ, ㄹ

이대리와 김사원은 1박 2일 일정으로 아침 일찍 지방 출장을 함께 가게 되었다. 기차를 타고 가는 내내 이대리는 김사원이 작성해 온 고객사 미팅 자료는 보지 않고 모바일 게임에 빠져 있었다. 김사원은 이대리와 고객사 미팅에 대해 이야기를 나누고 싶었지만, 이대리는 김사원의 질문에 시종일관 건성으로 대답하며 멀리 가는 길이니 좀 쉬라는 얘기만 했다.

이대리가 주도한 고객사 미팅은 예상대로 순조롭지 않았고 협의사항에 대한 결말을 내지 못한 채 오후 4시쯤 마무리가 되었다. 미팅 후 지방 사무소에서 회의 내용에 대해 전화 통화를 하라는 팀장님의 지시가 있었지만, 이대리는 고객사 앞에서 팀장님에게 간략히 보고 전화를 하고 곧바로 숙소를 찾아보았다. 퇴근 시간 1시간 전에 숙소에 짐을 풀고 모바일 게임을 계속하던 이대리는 6시가 넘자 김사원에게 저녁식사를 하러 나가자고 했다. 김사원은 선배의 모습을 보면서 '이래도 되나?'라는 생각에 빠지게 되었다.

PART 2

20 다음 중 김사원이 생각할 수 있는 이대리의 문제점으로 적절하지 않은 것은?

① 업무시간에 모바일 게임을 한 점

② 긴 이동시간에 후배를 생각해 재충전의 시간을 준 점

③ 팀장의 지시사항을 이행하지 않고 자신의 편의대로 행동한 점

④ 고객사 미팅 전에 시간이 있었음에도 불구하고 김사원이 작성해 온 고객사 미팅 자료를 검토하지 않은 점

⑤ 고객사 미팅에 대한 김사원의 질문에 시종일관 건성으로 대답하며, 고객사 미팅에 대한 준비를 하지 않은 점

21 다음 중 직업윤리 관점에서 향후 이대리가 보완해야 할 점으로 적절하지 않은 것은?

① 업무시간에 일에 집중하는 것

② 근무시간을 성실하게 지키는 것

③ 업무미팅을 성실하게 준비하는 것

④ 팀장의 지시사항을 성실히 이행하는 것

⑤ 업무미팅 결과에 대해 후배에게 책임을 미루지 않는 것

22 다음 중 (가), (나)의 사례에 대한 상대방 설득방법으로 적절하지 않은 것은?

> (가) A사의 제품은 현재 매출 1위이며 소비자들의 긍정적인 평판을 받고 있다. A사는 이 점을 내세워 B사와 다음 신제품과 관련하여 계약을 맺고 싶어 하지만 B사는 A사의 주장을 믿지 않아 계약이 보류된 상황이다. A사는 최근 신제품에 필요한 기술을 확보하고 있는 B사가 꼭 필요한 협력업체이기 때문에 고심하고 있다.
>
> (나) 플라스틱을 제조하는 C사는 최근 테니스 라켓, 욕조, 배의 선체 등 다양한 곳에 사용되는 탄소섬유 강화 플라스틱 사업의 전망이 밝다고 생각하여 탄소섬유를 다루는 D사와 함께 사업하길 원하고 있다. 하지만 D사는 C사의 사업 전망에 대해 믿지 못하고 있는 상황이어서 사업은 보류된 상태이다.

① (가) : B사에게 대기업인 점을 앞세워서 공격적으로 설득하는 것이 좋겠어.

② (가) : 매출 1위와 관련된 데이터를 시각화하여 B사가 직접 보고 느끼게 해주는 게 좋을 것 같아.

③ (가) : A사 제품을 사용한 소비자들의 긍정적인 후기를 B사에게 보여주는 것이 어때?

④ (나) : 호혜관계를 설명하면서 D사가 얻을 수 있는 혜택도 설명해 주는 게 좋겠어.

⑤ (나) : D사에게 탄소섬유 강화 플라스틱의 효과에 대해 공동 평가할 수 있는 기회를 주는 것이 어때?

23 다음 글과 관련 있는 속담으로 가장 적절한 것은?

> 한국을 방문한 외국인들을 대상으로 한 설문조사에서 인상 깊은 한국의 '빨리빨리' 문화로 '자판기에 손 넣고 기다리기, 웹사이트가 3초 안에 안 나오면 창 닫기, 엘리베이터 닫힘 버튼 계속 누르기' 등이 뽑혔다. 외국인들에게 가장 큰 충격을 준 것은 바로 '가게 주인의 대리 서명'이었다. 외국인들은 가게 주인이 카드 모서리로 대충 사인을 하는 것을 보고 큰 충격을 받았다고 하였다. 외국에서는 서명을 대조하여 확인하기 때문에 대리 서명은 상상도 할 수 없다는 것이다.

① 가재는 게 편이다

② 우물에 가 숭늉 찾는다

③ 봇짐 내어 주며 앉으라 한다

④ 하나를 듣고 열을 안다

⑤ 낙숫물이 댓돌을 뚫는다

24 다음 글의 주제로 가장 적절한 것은?

> 싱가포르에서는 1982년부터 자동차에 대한 정기검사 제도가 시행되었는데, 그 체계가 우리나라의 검사 제도와 매우 유사하다. 단, 국내와는 다르게 재검사에 대해 수수료를 부과하고 있고 금액은 처음 검사 수수료의 절반이다.
>
> 자동차 검사에서 특이한 점은 2007년 1월 1일부터 디젤 자동차에 대한 배출가스 정밀검사가 시행되고 있다는 점이다. 안전도 검사의 검사 방법 및 기준은 교통부에서 주관하고 배출가스 검사의 검사 방법 및 기준은 환경부에서 주관하고 있다.
>
> 싱가포르는 사실상 자동차 등록 총량제에 의해 관리되고 있다. 우리나라와는 다르게 자동차를 운행할 수 있는 권리증을 자동차 구매와 별도로 구매하여야 하며 그 가격이 매우 높다. 또한 일정 구간 (혼잡구역)에 대한 도로세를 우리나라의 하이패스 시스템과 유사한 시스템인 ERP 시스템을 통하여 징수하고 있다.
>
> 강력한 자동차 안전도 규제, 이륜차에 대한 체계적인 검사와 ERP를 이용한 관리를 통해 검사진로 내에서 사진 촬영보다 유용한 시스템을 적용한다. 그리고 분기별 기기 정밀도 검사를 시행하여 국민에게 신뢰받을 수 있는 정기검사 제도를 시행하고 국민의 신고에 의한 수시 검사 제도를 통하여 불법자동차 근절에 앞장서고 있다.

① 싱가포르의 자동차 관리 시스템
② 싱가포르와 우리나라의 교통규제 시스템
③ 싱가포르의 자동차 정기검사 제도
④ 싱가포르의 불법자동차 근절 방법
⑤ 국민에게 신뢰받는 싱가포르의 교통법규

25 다음 글에서 ㉠~㉤의 수정 방안으로 적절하지 않은 것은?

집을 나서니 차가운 바람에 옷깃이 절로 여며졌다. 길을 걷다 보니 나무 한 그루가 눈에 띄었다. 지난 여름 무성했던 나뭇잎들이 다 떨어진 ㉠ 왕성한 나뭇가지를 보니 '이 겨울에 얼마나 추울까?' 하는 안타까움이 들었다. 그런데 자세히 보니 나뭇가지에서 새로운 움이 나고 있었다. 봄이 오면 나무는 움에서 싹을 틔울 것이다. 아마도 움은 봄이 올 것이라는 꿈을 꾸며 추위를 견디고 있지 않을까? ㉡ 우리의 삶도 마찬가지이다. 무엇인가를 꿈꾸어야 현재의 어려움을 견뎌 내고 꿈을 이룰 수 있을 것이다.

하지만 꿈이 있다고 해서 모든 것이 해결되는 것은 아니다. 꿈이 목표라면 그것을 이룰 수 있는 힘이 필요한 것이다. ㉢ 그리고 움이 싹을 낼 수 있는 힘은 어디에서 나온 것일까? 아마도 나무에 양분을 주는 흙과 그 속에 굳건히 내린 뿌리에 있지 않을까 싶다. ㉣ 흙과 뿌리가 튼실하지 못하다면 나무는 이 겨울을 나지 못할 것이다. 삶도 마찬가지이다. 삶에 있어서 흙은 무엇일까? 아마도 나의 삶을 풍요롭게 해 주는 주변 사람들일 것이다. 그렇다면 뿌리를 내린다는 것은 무엇일까? 그것은 아마도 주변 사람들과 잘 어울려 함께 살아가는 것을 의미할 것이다.

이제 겨울이 지나 여름이 되면 나무는 다시 무성한 잎들을 거느릴 것이다. 그리고 사람들에게 시원한 그늘을 제공할 것이다. ㉤ 이제는 부모의 그늘에서 벗어나야 한다. 나도 나무처럼 누군가에게 꿈과 희망을 주는 사람으로 성장하고 싶다.

---

① 의미를 분명히 하기 위해 ㉠을 '앙상한'으로 고친다.
② ㉡은 글의 전개상 불필요한 내용이므로 삭제한다.
③ 자연스러운 연결을 위해 ㉢을 '그렇다면'으로 고친다.
④ 호응 관계를 고려하여 ㉣을 '흙이 없거나'로 고친다.
⑤ ㉤은 글의 전개상 불필요한 내용이므로 삭제한다.

26 다음 중 (가)의 입장에서 (나)의 문제점을 해결하기 위해 제시할 수 있는 자세를 〈보기〉에서 모두 고르면?

> (가) 모든 사회구성원이 공정하게 대우받는 정의로운 공동체를 만들기 위해서는 부패 행위를 방지해야 한다. 우리 조상들은 전통적으로 청렴 의식을 중요하게 여겨, 청렴 의식을 강조하는 전통 윤리를 지켜왔다.
>
> (나) 부패 인식 지수는 공무원과 정치인이 얼마나 부패해 있는지에 대한 정도를 비교 하여 국가별로 순위를 매긴 것이다. 100점 만점을 기준으로 점수가 높을수록 청렴하다. 2023년 조사한 결과 우리나라의 부패 인식 지수는 100점 만점에 63점으로, 조사대상국 180개국 중 32위를 기록했다.

> **보기**
>
> ㉠ 공동체와 국가의 공사(公事)를 넘어서 개인의 일을 우선하는 정신을 기른다.
> ㉡ 공직자들은 개인적 이익과 출세만을 추구하지 않고 바른 마음과 정성을 가진다.
> ㉢ 부당한 방법으로 공익을 추구하려 하지 않고 개인의 이익을 가장 중요하게 여긴다.
> ㉣ 공직자들은 청빈한 생활 태도를 유지하면서 국가의 일에 충심을 다하려는 정신을 지닌다.

① ㉠, ㉡
② ㉠, ㉢
③ ㉡, ㉢
④ ㉡, ㉣
⑤ ㉢, ㉣

27 다음 글에서 A사원의 대인관계 유형으로 가장 적절한 것은?

> 사원 A는 대인관계에 있어 외향적이고 쾌활한 성격이어서 자주 주목을 받곤 한다. 다른 직원들과 대화하기를 좋아하고 주위 사람들로부터 인정받고 싶은 욕구도 가지고 있다. 하지만 혼자서 시간을 보내는 것을 어려워하며, 타인의 활동에 관심이 많아 간섭하는 경향이 있어 나쁘게 보는 직원들도 있다.

① 실리형
② 순박형
③ 친화형
④ 사교형
⑤ 지배형

※ 다음 글을 읽고 이어지는 질문에 답하시오. [28~29]

(가) 자동차를 타고 도로를 운행하다 보면 귀에 거슬릴 정도의 배기소음소리, 차 실내의 시끄러운 음악소리, 야간 운전 시 마주 오는 차량의 시야확보를 곤란하게 하는 밝은 전조등, 정지를 알리는 빨간색의 제동등을 검게 코팅을 하거나 푸른색 등화를 장착해서 앞차의 급정차를 미처 알지 못해 후방 추돌 사고의 위험을 초래하는 자동차, 방향지시등의 색상을 바꾸어 혼란을 주는 행위, 자동차 사고 시 인체 또는 상대방 차량에 심각한 손상을 줄 수 있는 철제 범퍼 설치, 자동차의 차체 옆으로 타이어 또는 휠이 튀어나와 보행자에게 피해를 줄 수 있는 자동차, 자동차등록번호판이 훼손되거나 봉인 없이 운행되어 자동차관리 및 불법에 이용될 소지가 있는 자동차, 화물자동차의 적재장치를 임의변경하여 화물을 과다하게 적재하고 다니는 자동차 등 우리 주변에서 불법 개조 자동차를 심심찮게 접할 수 있다.

(나) 교통문화본부에 따르면 현재 우리나라 자동차 문화지수는 78.9점으로 국민 1인당 차량 보유대수와는 무관하게 일본(160.7점)과 스웨덴(124.9점)과 같은 선진국에 못 미치는 것이 사실이다. 이는 급속한 경제발전과 발맞춘 자동차 관리, 교통법규 준수 등 교통문화 정착에 대한 국가차원의 홍보부족 및 자동차 소유자들의 무관심에 기인한 것으로 보인다. 실제 우리나라 차량 소유자들은 자동차 사용에 따른 의무나 타인에 대한 배려, 환경오염에 따른 피해 등에 관련된 사항보다는 '어떤 자동차를 운행하는가?'를 더 중요하게 생각하고 있는 실정이다.

(다) 하지만 지금까지 불법 자동차에 대한 단속이 체계적으로 이루어지지 않아 법령위반 자동차가 급증하는 추세이며, 선량한 일반 자동차 소유자를 자극하여 모방사례가 확산되는 실정이다. 이에 따라 2004년 국정감사 시에도 교통사고 발생 및 환경오염 유발 등 불법 자동차 운행으로 발생하는 문제점에 대하여 논의된 바가 있다. 이러한 문제점을 해결하기 위해 정부에서는 자동차검사 전문기관인 D공사가 주관이 되어 법령위반 자동차의 연중 수시단속을 시행하게 되었다. 이번 불법 자동차 연중 상시 단속은 D공사에서 위법차량 적발 시 증거를 확보하여 관할 관청에 통보하고, 해당 지방자치단체는 임시검사명령 등의 행정조치를 하고 자동차 소유자는 적발된 위반사항에 대하여 원상복구 등의 조치를 하여야 한다.

28 다음 중 윗글의 문단을 논리적 순서대로 바르게 나열한 것은?

① (가) – (나) – (다)
② (가) – (다) – (나)
③ (나) – (가) – (다)
④ (나) – (다) – (가)
⑤ (다) – (나) – (가)

29 다음 중 공사의 단속 대상에 해당하지 않는 자동차는?

① 철제 범퍼를 장착한 자동차
② 제동등과 방향지시등의 색을 파랗게 바꾼 자동차
③ 스피커를 개조하여 음악을 크게 틀어놓은 자동차
④ 화물자동차 물품적재장치 높이를 임의로 개조한 자동차
⑤ 자동차를 새로 구입하여 등록 전 임시번호판을 달아놓은 자동차

※ 다음은 D대학 졸업자 중 해외기업 인턴에 지원한 5명에 대한 정보이다. 이어지는 질문에 답하시오.
[30~31]

<D대학 졸업자 해외기업 인턴 지원자 정보>

구분	나이	평균 학점	공인영어점수	관련 자격증 개수	희망 국가
A지원자	26세	4.10점	92점	2개	독일
B지원자	24세	4.25점	81점	0개	싱가포르
C지원자	25세	3.86점	75점	2개	일본
D지원자	28세	4.12점	78점	3개	호주
E지원자	27세	4.50점	96점	1개	영국

30 다음 〈조건〉에 따라 점수를 부여할 때, C지원자는 어떤 국가의 해외기업으로 인턴을 가는가?

조건
• 나이가 어린 사람부터 순서대로 5 ~ 1점을 부여한다.
• 평균 학점이 높은 사람부터 순서대로 5 ~ 1점을 부여한다.
• 공인영어점수의 10%를 점수로 환산한다.
• 관련 자격증은 1개당 3점을 부여한다.
• 총점이 가장 높은 2명은 희망한 국가로, 3번째는 미국, 4번째는 중국, 5번째는 탈락한다.

① 영국
② 중국
③ 미국
④ 인도
⑤ 탈락

31 선발 기준이 다음 〈조건〉과 같이 변경되었을 때, 희망한 국가에 가지 못하는 지원자는 누구인가?

조건
• 나이는 고려하지 않는다.
• 평균 학점은 소수점 첫째 자리에서 반올림하여 점수를 부여한다.
• 공인영어점수의 10%를 점수로 환산한다.
• 관련 자격증은 1개당 2점을 부여한다.
• 총점이 가장 낮은 1명은 탈락하고, 나머지는 각자 희망하는 국가로 인턴을 간다.

① A지원자
② B지원자
③ C지원자
④ D지원자
⑤ E지원자

제1회 최종점검 모의고사 • 111

32 다음 중 명함을 교환하는 예절에 대한 설명으로 가장 적절한 것은?

① 명함은 고객이 바로 볼 수 있도록 건넨다.

② 이름의 한자 발음을 물어보는 것은 실례다.

③ 명함은 한 손으로 건네도 예의에 어긋나지 않는다.

④ 명함을 동시에 주고받을 때는 왼손으로 주고 오른손으로 받는다.

⑤ 정중하게 인사를 하고 나서 명함을 내밀 때는 회사명과 이름을 밝히지 않아도 된다.

33 다음 글에서 나타나는 협상 전략으로 가장 적절한 것은?

> 사람들은 합리적인 의사결정보다 감성적인 의사결정을 하곤 한다. 소비에 있어서 이와 같은 현상을 쉽게 발견할 수 있는데, 사람들은 물건을 살 때 제품의 기능이나 가격보다는 다른 사람들의 판단에 기대어 결정하거나 브랜드의 위치를 따르는 소비를 하는 경우를 쉽게 볼 수 있는 것이다. 명품에 대한 소비나 1위 브랜드 제품을 선호하는 것 모두 이러한 현상 때문으로 볼 수 있다.

① 상대방 이해 전략　　　　　② 권위 전략

③ 사회적 입증 전략　　　　　④ 희소성 해결 전략

⑤ 호혜관계 형성 전략

34 신입사원 A씨는 갈등 관리에 대한 책을 읽고 그 내용에 대해 정리했을 때, 적절하지 않은 것은?

① 어려운 문제여도 피하지 말고 맞서야 한다.

② 자신의 의견을 명확하게 밝히고 지속적으로 강화한다.

③ 대화에 적극적으로 참여하고 있음을 드러내기 위해 상대방과 눈을 자주 마주친다.

④ 모두에게 좋은 최선의 해결책을 찾는 것이 목표이기 때문에 타협하려고 애써야 한다.

⑤ 갈등이 인지되자마자 접근할 것이 아니라 가만히 두면 자연히 가라앉는 경우도 있기 때문에 시간을 두고 지켜보는 것이 좋다.

35 다음 중 직장에서의 근면한 직장생활로 옳지 않은 것은?

① 업무시간에는 개인적인 일을 하지 않는다.

② 업무시간에 최대한 업무를 끝내도록 한다.

③ 주어진 지위에 걸맞은 책임감 있는 행동을 한다.

④ 점심시간보다 10분 정도 일찍 나가는 것은 괜찮다.

⑤ 사무실 내에서 전화나 메신저 등을 통해 사적인 대화를 나누지 않는다.

36 D전자는 사원들만 이용할 수 있는 사내 공용 서버를 운영하고 있다. 이 서버에는 아이디와 패스워드를 입력하지 않고 자유롭게 접속하여 업무 관련 파일들을 올리고 내릴 수 있다. 하지만 얼마 전부터 공용 서버의 파일을 다운로드받은 개인용 컴퓨터에서 바이러스가 감지되어, 우선적으로 공용 서버의 바이러스를 모두 제거하였다. 이런 상황에서 발생한 문제에 대처하기 위한 추가 조치 사항으로 옳은 것을 〈보기〉에서 모두 고르면?

> **보기**
> ㄱ. 접속하는 모든 컴퓨터를 대상으로 바이러스를 치료한다.
> ㄴ. 공용 서버에서 다운로드한 파일을 모두 실행한다.
> ㄷ. 접속 후에는 쿠키를 삭제한다.
> ㄹ. 임시 인터넷 파일의 디스크 공간을 최대로 늘린다.

① ㄱ, ㄴ
② ㄱ, ㄷ
③ ㄴ, ㄷ
④ ㄴ, ㄹ
⑤ ㄷ, ㄹ

37 신입사원인 귀하는 선배로부터 엑셀을 활용하여 자료를 정리하는 일이 많다고 들었다. 그래서 귀하는 업무능률을 향상하기 위해서 기초적인 함수부터 익히고자 한다. 다음 함수로 출력되는 값으로 옳지 않은 것은?

◢	A	B	C	D	E	F
1						
2		120	200	20	60	
3		10	60	40	80	
4		50	60	70	100	
5						
6		함수식			결괏값	
7		=MAX(B2:E4)			A	
8		=MODE(B2:E4)			B	
9		=ROUND(B2,−1)			C	
10		=COUNTIF(B2:E4,E4)			D	
11		=LARGE(B2:E4,3)			E	
12						

① A=200
② B=60
③ C=100
④ D=1
⑤ E=100

38 다음 시트를 참조하여 작성한 함수식 「=VLOOKUP(SMALL(A2:A10,3),A2:E10,4,0)」의 결과로 옳은 것은?

	A	B	C	D	E
1	번호	억양	발표	시간	자료준비
2	1	80	84	91	90
3	2	89	92	86	74
4	3	72	88	82	100
5	4	81	74	89	93
6	5	84	95	90	88
7	6	83	87	72	85
8	7	76	86	83	87
9	8	87	85	97	94
10	9	98	78	96	81

① 82

② 83

③ 86

④ 87

⑤ 88

39 다음 시트에서 [E10] 셀에 수식 「=INDEX(E2:E9,MATCH(0,D2:D9,0))」를 입력했을 때, [E10] 셀에 출력되는 결과로 옳은 것은?

	A	B	C	D	E
1	부서	직위	사원명	근무연수	근무월수
2	재무팀	사원	이수연	2	11
3	교육사업팀	과장	조민정	3	5
4	신사업팀	사원	최지혁	1	3
5	교육컨텐츠팀	사원	김다연	0	2
6	교육사업팀	부장	민경희	8	10
7	기구설계팀	대리	김형준	2	1
8	교육사업팀	부장	문윤식	7	3
9	재무팀	대리	한영혜	3	0
10					

① 0

② 1

③ 2

④ 3

⑤ 4

40 D사 인사팀에 근무하는 L주임은 다음과 같이 2024년 공채 지원자들의 PT면접 점수를 입력한 후 면접 결과를 정리하고자 한다. 이를 위해 [F3] 셀에 〈보기〉의 함수를 입력하고, 채우기 핸들을 이용하여 [F6] 셀까지 드래그했을 때, [F3] ~ [F6] 셀에 나타나는 결괏값을 바르게 나열한 것은?

◢	A	B	C	D	E	F
1						(단위 : 점)
2	이름	발표내용	발표시간	억양	자료준비	결과
3	조재영	85	92	75	80	
4	박슬기	93	83	82	90	
5	김현진	92	95	86	91	
6	최승호	95	93	92	90	

보기

=IF(AVERAGE(B3:E3)>=90,"합격","불합격")

	[F3]	[F4]	[F5]	[F6]
①	불합격	불합격	불합격	합격
②	불합격	합격	불합격	합격
③	불합격	불합격	합격	합격
④	합격	합격	불합격	불합격
⑤	합격	불합격	합격	불합격

※ D회사에서는 화장실의 청결을 위해 비데를 구매하고 화장실과 귀하의 팀원들에게 비데를 설치하도록 지시하였다. 다음 제품 설명서를 읽고 이어지는 질문에 답하시오. [36~38]

〈설치방법〉

1) 비데 본체의 변좌와 변기의 앞면이 일치되도록 전후로 고정하십시오.
2) 비데용 급수호스를 정수필터와 비데 본체에 연결한 후 급수밸브를 열어 주십시오.
3) 전원을 연결하십시오(반드시 전용 콘센트를 사용하십시오).
4) 비데가 작동하는 소리가 들린다면 설치가 완료된 것입니다.

〈주의사항〉

• 전원은 반드시 AC220V에 연결하십시오(반드시 전용 콘센트를 사용하십시오).
• 변좌에 걸터앉지 말고 항상 중앙에 앉고, 변좌 위에 어떠한 것도 놓지 마십시오(착좌 센서가 동작하지 않을 수도 있습니다).
• 정기적으로 수도필터와 정수필터를 청소 또는 교환해 주십시오.
• 급수밸브를 꼭 열어 주십시오.

〈A/S 신청 전 확인사항〉

현상	원인	조치방법
물이 나오지 않을 경우	급수 밸브가 잠김	매뉴얼을 참고하여 급수밸브를 열어 주세요.
	정수필터가 막힘	매뉴얼을 참고하여 정수필터를 교체하여 주세요(A/S상담실로 문의하세요).
	본체 급수호스 등이 동결	더운물에 적신 천으로 급수호스 등의 동결부위를 녹여 주세요.
기능 작동이 되지 않을 경우	수도필터가 막힘	흐르는 물에 수도필터를 닦아 주세요.
	착좌 센서 오류	착좌 센서에서 의류, 물방울, 이물질 등을 치워 주세요.
수압이 약할 경우	수도필터에 이물질이 낌	흐르는 물에 수도필터를 닦아 주세요.
	본체의 호스가 꺾임	호스의 꺾인 부분을 펴 주세요.
노즐이 나오지 않을 경우	착좌 센서 오류	착좌 센서에서 의류, 물방울, 이물질을 치워 주세요.
본체가 흔들릴 경우	고정 볼트가 느슨해짐	고정 볼트를 다시 조여 주세요.
비데가 작동하지 않을 경우	급수밸브가 잠김	매뉴얼을 참고하여 급수밸브를 열어 주세요.
	급수호스의 연결문제	급수호스의 연결상태를 확인해 주세요. 계속 작동하지 않는다면 A/S상담실로 문의하세요.
변기의 물이 샐 경우	급수호스가 느슨해짐	급수호스 연결부분을 조여 주세요. 계속 샐 경우 급수 밸브를 잠근 후 A/S상담실로 문의하세요.

36 귀하는 지시에 따라 비데를 설치하였다. 일주일이 지난 뒤, 동료인 K사원은 귀하에게 비데의 기능이 작동하지 않는다고 말하였다. 귀하가 해당 문제점에 대한 원인을 파악하기 위해 확인해야 할 사항으로 올바른 것은?

① 급수밸브의 잠김 여부
② 수도필터의 청결 상태
③ 정수필터의 청결 상태
④ 급수밸브의 연결 상태
⑤ 비데의 고정 여부

37 36번에서 확인한 사항이 추가로 다른 문제를 일으킬 수 있는지 미리 점검하고자 한다. 다음 중 적절한 행동은?

① 본체가 흔들리는지 확인한다.
② 물이 나오지 않는지 확인한다.
③ 수압이 약해졌는지 확인한다.
④ 노즐이 나오지 않는지 확인한다.
⑤ 변기의 물이 세는지 확인한다.

38 36번과 동일한 현상이 재발되지 않도록 하기 위한 근본적인 해결방안으로 가장 적절한 것은?

① 수도필터가 청결함을 유지할 수 있도록 수시로 닦아준다.
② 정수필터가 막히지 않도록 수시로 점검하고 교체한다.
③ 변좌에 이물질이나 물방울이 남지 않도록 수시로 치워준다.
④ 급수호수가 꺾여있는 부분이 없는지 수시로 점검한다.
⑤ 급수호스 연결부분이 느슨해지지 않도록 정기적으로 죄여준다.

39 다음 글에서 설명하는 것은 무엇인가?

> 농부는 농기계와 화학비료를 써서 밀을 재배하고 수확한다. 이렇게 생산된 밀은 보관업자, 운송업자, 제분회사, 제빵 공장을 거쳐 시장으로 판매된다. 보다 높은 생산성을 위해 화학비료를 연구하고, 공장을 가동하기 위해 공작기계와 전기를 생산한다. 보다 빠른 운송을 위해서 트럭이나 기차, 배가 개발되었고, 보다 효과적인 운송수단과 농기계를 운용하기 위해 증기기관에서 석유에너지로 발전하였다. 이렇듯 우리의 식탁에 올라오는 빵은 여러 기술이 네트워크로 결합하여 시너지를 내고 있다.

① 기술경영
② 기술혁신
③ 기술시스템
④ 기술이전
⑤ 기술경쟁

40 다음 글에서 밑줄 친 ㉠이 설명하는 기술선택 방식으로 옳은 것은?

> IT기술을 개발하는 회사의 글로벌 전략부 이과장은 새로운 기술을 도입하기 위해 기술선택을 하려고 한다. 이과장은 ㉠ <u>기술경영진과 기술기획담당자들에 의한 체계적인 분석을 통해 기업이 획득해야 하는 대상기술과 목표기술수준을 결정한다.</u> 이과장의 기술선택 과정에서 진행 상황은 다음과 같다. 먼저 수요 변화 및 경쟁자 변화, 기술 변화 등을 분석하고 기업의 장기 비전, 중장기 매출 목표 및 이익 목표를 설정했다. 다음으로 기술능력, 생산능력, 마케팅 및 영업능력, 재무능력 등을 분석하였다. 그리고 최근에 사업영역을 결정하고 경쟁 우위 확보 방안을 수립했다.

① 확장적 기술선택   ② 상향식 기술선택
③ 하향식 기술선택   ④ 복합적 기술선택
⑤ 통합적 기술선택

남에게 이기는 방법의 하나는 예의범절로 이기는 것이다.

- 조쉬 빌링스 -

제2회
최종점검 모의고사

※ 대구교통공사 최종점검 모의고사는 채용공고를 기준으로 구성한 것으로 실제 시험과 다를 수 있습니다.

■ 취약영역 분석

번호	O/×	영역	번호	O/×	영역	번호	O/×	영역
01		의사소통능력	21		직업윤리	사무직		
02			22		의사소통능력	36		정보능력
03			23			37		
04		문제해결능력	24		문제해결능력	38		
05			25			39		
06		대인관계능력	26			40		
07			27			사무직 이외		
08			28		의사소통능력	36		기술능력
09			29		대인관계능력	37		
10		의사소통능력	30			38		
11			31		직업윤리	39		
12			32			40		
13		문제해결능력	33					
14		대인관계능력	34					
15			35					
16		의사소통능력						
17								
18		문제해결능력						
19								
20		직업윤리						

평가문항	40문항	평가시간	40분
시작시간	:	종료시간	:
취약영역			

01 다음은 의사소통을 저해하는 요인에 대한 직원들의 대화이다. 이 가운데 잘못된 설명을 한 직원을 모두 고르면?

> 김대리 : 우리 과장님은 일방적으로 듣기만 하셔서 의사를 파악하기가 정말 힘들어.
> 최대리 : 그래? 표현 능력이 부족하셔서 자신의 의사를 잘 전달하지 못 하시는 걸 수도 있어.
> 박주임 : 그래도 일방적으로 듣기만 하는 것은 의사를 수용하는 것이니 소통상 문제가 아니지 않나
> 요? 일방적으로 전달만 하는 분과의 의사소통이 문제인 것 같아요.
> 박사원 : 저는 이전 부서에서 대리님과 대화할 때, 대화 과정의 내용을 어느 정도 아시는 줄 알았는
> 데 모르고 계셔서 놀란 적이 있어요.
> 임주임 : 전달한 줄 알았거나, 알고 있는 것으로 착각하는 건 평가적이고 판단적인 태도 때문이야.
> 양대리 : 맞아, 말하지 않아도 알 것이라 생각하는 문화는 선입견이나 고정관념의 한 유형이야.

① 김대리

② 박주임

③ 박사원, 임주임

④ 박주임, 양대리

⑤ 임주임, 양대리

02 다음 중 외래어 표기가 바르지 않은 것은?

① 초콜릿(Chocolate)

② 주스(Juice)

③ 커피숖(Coffee Shop)

④ 카페(Cafe)

⑤ 아웃렛(Outlet)

03 다음 글의 제목으로 가장 적절한 것은?

20세기 한국 사회는 내부 노동시장에 의존한 평생직장 개념을 갖고 있었으나, 1997년 외환 위기 이후 인력 관리의 유연성이 향상되면서 그것은 사라지기 시작하였다. 기업은 필요한 우수 인력을 외부 노동시장에서 적기에 채용하고, 저숙련 인력은 주변화하여 비정규직을 계속 늘려간다는 전략을 구사하고 있다. 이러한 기업의 인력 관리 방식에 따라서 실업률은 계속 하락하는 동시에 주당 18시간 미만으로 일하는 불완전 취업자가 많이 증가하고 있다.

이러한 현상은 우리나라의 경제가 지식 기반 산업 위주로 점차 바뀌고 있음을 말해 준다. 지식 기반 산업이 주도하는 경제 체제에서는 고급 지식을 갖거나 숙련된 노동자는 더욱 높은 임금을 받게 된다. 다시 말해, 지식 기반 경제로의 이행은 지식 격차에 의한 소득 불평등의 심화를 의미한다. 우수한 기술과 능력을 갖춘 핵심 인력은 능력 개발 기회를 얻게 되어 '고급 기술 → 높은 임금 → 양질의 능력 개발 기회'의 선순환 구조를 갖지만, 비정규직·장기 실업자 등 주변 인력은 악순환을 겪을 수밖에 없다. 이러한 '양극화' 현상을 국가가 적절히 통제하지 못할 경우, 사회 계급 간의 간극은 더욱 확대될 것이다. 결국 고도 기술 사회가 온다고 해도 자본주의 사회 체제가 지속되는 한, 사회 불평등 현상은 여전히 계급 간 균열선을 따라 존재하게 될 것이다. 국가가 포괄적 범위에서 강력하게 사회 정책적 개입을 추진하면 계급 간 차이를 현재보다는 축소시킬 수 있겠지만 아주 없어지는 못할 것이다.

사회 불평등 현상은 나라들 사이에서도 발견된다. 각국 간 발전 격차가 지속 확대되면서 전 지구적 생산의 재배치는 이미 20세기 중엽부터 진행됐다. 정보통신 기술은 지구의 자전 주기와 공간적 거리를 '장애물'에서 '이점'으로 변모시켰다. 그 결과, 전 지구적 노동시장이 탄생하였다. 기업을 비롯한 각 사회 조직은 국경을 넘어 인력을 충원하고, 재화와 용역을 구매하고 있다. 개인들도 인터넷을 통해 이러한 흐름에 동참하고 있다. 생산 기능은 저개발국으로 이전되고, 연구·개발·마케팅 기능은 선진국으로 모여드는 경향이 지속·강화되어, 나라 간 정보 격차가 확대되고 있다. 유비쿼터스 컴퓨팅 기술에 의거하여 전 지구 사회를 잇는 지역 간 분업은 앞으로 더욱 활발해질 것이다. 나라 간의 경제적 불평등 현상은 국제 자본 이동과 국제 노동 이동으로 표출되고 있다. 노동 집약적 부문의 국내 기업이 해외로 생산 기지를 옮기는 현상에서 나아가, 초국적 기업화 현상이 본격적으로 대두되고 있다. 전 지구에 걸친 외부 용역 대치가 이루어지고, 콜센터를 외국으로 옮기는 현상도 보편화될 것이다.

① 저개발국에서 나타나는 사회 불평등 현상
② 사회 계급 간 불평등 심화 현상의 해소 방안
③ 지식 기반 산업 사회에서의 노동시장의 변화
④ 국가 간 노동 인력의 이동이 가져오는 폐해
⑤ 선진국과 저개발국 간의 격차 축소 정책의 필요성

※ 다음은 A대리의 출근 경로에 대한 자료이다. 이어지는 질문에 답하시오. **[4~5]**

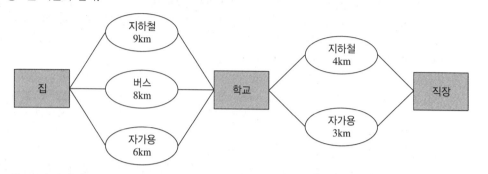

- A대리는 자녀의 학교까지 함께 이동하며 자녀를 바래다준 후, 자신의 직장으로 이동한다. 이를 나타내는 경로는 다음과 같다.

- 각 교통수단의 속도는 다음과 같으며, 수단별로 모든 구간에서의 속도는 동일하다.

교통수단	지하철	버스	자가용
속도	50km/h	40km/h	30km/h

04 다음 중 A대리가 집에서 출발하여 자녀를 학교에 데려다준 후 직장에 도착하기까지 걸리는 시간이 가장 짧은 것은?

① 지하철 – 지하철
② 지하철 – 자가용
③ 버스 – 지하철
④ 자가용 – 자가용
⑤ 자가용 – 버스

05 인근 지하철 역사 공사 및 도심 교통 통제로 인해 다음과 같이 교통수단별 속도가 변하였다. 이를 고려할 때, A대리가 집에서 출발하여 자녀를 학교에 데려다준 후 직장에 도착하기까지 걸리는 시간이 가장 짧은 것은?

교통수단	지하철	버스	자가용
속도	30km/h	30km/h	25km/h

① 지하철 – 자가용
② 버스 – 지하철
③ 자가용 – 지하철
④ 자가용 – 버스
⑤ 자가용 – 자가용

06 다음은 갈등해결을 위한 6단계 프로세스이다. 3단계에 해당하는 대화의 예로 가장 적절한 것은?

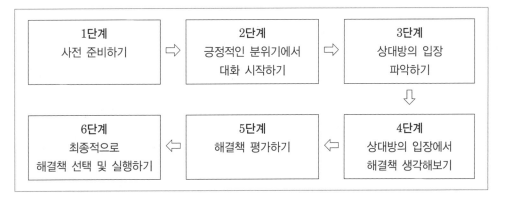

① 그럼 A씨의 생각대로 진행해 보시죠.
② 제 생각은 이런데, A씨의 생각은 어떠신지 말씀해 주시겠어요?
③ 저도 좋아요. 그것으로 결정해요.
④ 저는 모두가 만족하는 해결책을 찾고 싶어요.
⑤ A씨의 말은 아무리 들어도 이해가 안 되는데요.

07 D부서에서는 브레인스토밍 방법으로 티셔츠 디자인의 테마를 정하는 회의를 하고 있다. 다음 중 이에 대한 내용으로 적절하지 않은 것은?

① 회의에서 이사원이 치즈라면에 대해서 이야기하자 최과장은 노란색과 붉은색의 조화가 떠올랐다고 말했다.
② 최과장이 노란색과 붉은색의 타원을 이용한 디자인 아이디어를 제시하자, 이사원은 거기에 파란색을 넣어서 신호등처럼 만드는 것은 어떻겠냐며 웃음 섞인 제안을 했다.
③ 김부장은 회의의 효율성을 위하여 자꾸 엉뚱한 이야기만을 하는 이사원에게 조심스럽게 자제를 부탁했다.
④ 김부장은 최과장의 아이디어에 아주 작은 수정만을 가하여 삼각형을 이용한 디자인 아이디어를 제시했다.
⑤ 최과장은 이사원의 신호등처럼 만들자는 제안에 더하여 신호등 안의 사람을 이용한 디자인을 하면 어떻겠냐는 제안을 했다.

08 다음 중 협상 전략에 대한 설명으로 옳지 않은 것을 〈보기〉에서 모두 고르면?

> **보기**
>
> ㄱ. 상대방과의 협상 이외의 방법으로 쟁점해결을 위한 대안이 존재하는 경우 회피전략을 사용할 수 있다.
> ㄴ. Win – Lose 전략은 상대방과 상호 간에 신뢰가 두텁고, 상대에 비해 협상력이 열위에 있는 경우에 효과적이다.
> ㄷ. 유화전략은 협상의 결과로 인한 이득보다 상대방과의 우호적 관계를 통해 협력관계를 이어가는 것을 중시하는 전략이다.
> ㄹ. 협상 과정에서 개발된 대안들에 대해 협상 참여자들이 공동으로 평가하는 것은 유화전략의 한 형태이다.

① ㄱ, ㄴ
② ㄱ, ㄷ
③ ㄴ, ㄷ
④ ㄴ, ㄹ
⑤ ㄷ, ㄹ

09 다음 중 서번트 리더십에 대한 설명으로 옳은 것을 〈보기〉에서 모두 고르면?

> **보기**
>
> ㄱ. 서번트 리더십은 일 추진 시 필요한 지원과 코칭을 하며, 노력에 대한 평가를 한다.
> ㄴ. 서번트 리더십은 내부경쟁이 치열하고, 리더를 중심으로 일을 수행한다.
> ㄷ. 서번트 리더십은 개방적인 가치관과 긍정적 마인드를 가지고 있다.
> ㄹ. 서번트 리더십은 생산에서 양적인 척도를 가지고 결과 중심의 사고를 한다.

① ㄱ, ㄷ
② ㄱ, ㄹ
③ ㄴ, ㄷ
④ ㄴ, ㄹ
⑤ ㄷ, ㄹ

10 다음 문단을 논리적 순서대로 바르게 나열한 것은?

> (가) 이러한 특징은 구엘 공원에 잘 나타나 있는데, 산의 원래 모양을 최대한 유지하기 위해 지면을 받치는 돌기둥을 만드는가 하면, 건축물에 식물을 심어 그 뿌리로 하여금 무너지지 않게 했다.
>
> (나) 스페인을 대표하는 천재 건축가 가우디가 만든 건축물의 대표적인 특징을 꼽자면, 먼저 곡선을 들 수 있다. 그의 여러 건축물 중 곡선미가 가장 잘 나타나는 것은 바로 1984년 유네스코 세계 문화유산으로 지정된 까사 밀라이다.
>
> (다) 또 다른 특징으로는 자연과의 조화로, 그는 건축 역시 사람들이 살아가는 공간이자 자연의 일부라고 생각하여 가능한 자연을 훼손하지 않고 건축하는 것을 원칙으로 삼았다.
>
> (라) 이 건축물의 겉 표면에는 일렁이는 파도를 연상시키는 곡선이 보이는데, 이는 당시 기존 건축 양식과는 거리가 매우 멀어 처음엔 조롱거리가 되었다. 하지만 훗날 비평가들은 그의 창의성을 인정하게 됐고 현대 건축의 출발점으로 지금까지 평가되고 있다.

① (가) – (나) – (라) – (다)
② (가) – (다) – (나) – (라)
③ (나) – (라) – (가) – (다)
④ (나) – (라) – (다) – (가)
⑤ (다) – (나) – (가) – (라)

11 다음 글의 빈칸에 들어갈 내용으로 가장 적절한 것은?

> 질병(疾病)이란 유기체의 신체적·정신적 기능이 비정상으로 된 상태를 일컫는다. 인간에게 있어 질병이란 넓은 의미에서는 극도의 고통을 비롯하여 스트레스, 사회적인 문제, 신체기관의 기능 장애와 죽음까지를 포괄하며, 넓게는 개인에서 벗어나 사회적으로 큰 맥락에서 이해되기도 한다.
> 하지만 다분히 진화 생물학적 관점에서, 질병은 인간의 몸 안에서 일어나는 정교하고도 합리적인 자기조절 과정이다. 질병은 정상적인 기능을 할 수 없는 상태임과 동시에, 진화의 역사 속에서 획득한 자기 치료 과정이 ＿＿＿＿＿＿＿＿＿＿이기도 하다. 가령, 기침을 하고, 열이 나고, 통증을 느끼고, 염증이 생기는 것 따위는 자기 조절과 방어 시스템이 작동하는 과정인 것이다.

① 문제를 일으킨 상태
② 비일상적인 특이 상태
③ 정상적으로 가동하고 있는 상태
④ 인구의 개체 변이를 도모하는 상태
⑤ 보다 새로운 정보를 습득하려는 상태

12 다음 글에 대한 내용으로 적절하지 않은 것은?

'갑'이라는 사람이 있다고 하자. 이때 사회가 갑에게 강제적 힘을 행사하는 것이 정당화되는 근거는 무엇일까? 그것은 갑이 다른 사람에게 미치는 해악을 방지하려는 데에 있다. 특정 행위가 갑에게 도움이 될 것이라든가, 이 행위가 갑을 더욱 행복하게 할 것이라든가 또는 이 행위가 현명하다든가 혹은 옳은 것이라든가 하는 이유를 들면서 갑에게 이 행위를 강제하는 것은 정당하지 않다. 갑에게 권고하거나 이치를 이해시키거나 무엇인가를 간청하거나 하는 데는 충분한 이유가 된다. 그러나 갑에게 강제를 가하는 이유 혹은 어떤 처벌을 가할 이유는 되지 않는다. 이와 같은 사회적 간섭이 정당화되기 위해서는 갑이 행하려는 행위가 다른 어떤 이에게 해악을 끼칠 것이라는 점이 충분히 예측되어야 한다. 한 사람이 행하고자 하는 행위 중에서 그가 사회에 대해서 책임을 져야할 유일한 부분은 다른 사람에게 관계되는 부분이다.

① 개인에 대한 사회의 간섭은 어떤 조건이 필요하다.
② 행위 수행 혹은 행위 금지의 도덕적 이유와 법적 이유는 구분된다.
③ 사회는 개인의 해악에 관심은 있지만, 그 해악을 방지할 강제성의 근거는 가지고 있지 않다.
④ 한 사람의 행위는 타인에 대한 행위와 자신에 대한 행위로 구분된다.
⑤ 타인과 관계되는 행위는 사회적 책임이 따른다.

13 A~E 다섯 명은 팀을 이루어 총싸움을 하는 온라인 게임에 한 팀으로 참전하였다. 이때, 각자 늑대 인간과 드라큘라 중 하나의 캐릭터를 선택할 수 있다. 다음 〈조건〉을 참고할 때 항상 옳은 것은?

> **조건**
> • A, B, C는 상대팀을 향해 총을 쏘고 있다.
> • D, E는 상대팀에게 총을 맞은 상태로 관전만 가능하다.
> • 늑대 인간은 2명만이 살아남아 총을 쏘고 있다.
> • A는 늑대 인간을 선택하였다.
> • D와 E의 캐릭터는 서로 같지 않다.

① B는 드라큘라를 선택했다.
② C는 늑대 인간을 선택했다.
③ 드라큘라의 수가 늑대 인간의 수보다 많다.
④ 3명은 늑대 인간을, 2명은 드라큘라를 선택했다.
⑤ D는 드라큘라, E는 늑대 인간 캐릭터를 선택했다.

14 귀하의 쇼핑몰에서 제품을 구매한 고객의 전화문의가 접수되었다. 다음의 통화 내용 중 A직원의 응대로 적절하지 않은 것은?

A직원	① 네, 안녕하십니까? D쇼핑몰 고객지원센터 상담원 A입니다. 무엇을 도와드릴까요?
고객	아, 네. 제가 거기서 티셔츠를 샀는데 아직도 배송이 안 됐어요. 어떻게 된 거예요? 배송이 왜 이렇게 오래 걸리나요?
A직원	② 네, 고객님. 빠른 처리를 위해서 몇 가지 질문을 드리겠습니다. 실례지만 저희 제품을 온라인과 오프라인 매장 중 어디에서 구매하셨습니까?
고객	음…. 온라인에서 했을 거예요.
A직원	네. 확인 감사합니다.
고객	그런데 저 지금 근무 중에 전화하는 거라 시간이 별로 없으니까 빨리 처리 좀 해주세요.
A직원	③ 네, 최대한 빠르게 처리될 수 있도록 도와드리겠습니다. 구매하신 고객님의 성함과 구매하신 온라인 아이디를 확인할 수 있을까요?
고객	□□□이고요. 아이디는 ○○○이에요.
A직원	네. 확인 감사합니다. ④ □□□ 고객님의 주문내역을 확인한 결과, 빠르면 오늘 오후 중으로, 늦어도 내일 정오 전까지는 도착할 예정입니다.
고객	아, 그래요? 알겠습니다.
A직원	네. 더 궁금하신 점은 없으신가요?
고객	네.
A직원	⑤ 네. 귀중한 시간 내주셔서 감사합니다. 저는 상담원 A였습니다.

15 다음은 D사의 직원인 귀하가 신입사원을 교육하기 위해 고객 응대 태도를 정리한 것일 때, 적절하지 않은 것은?

① 고객을 응대할 때는 눈을 정면으로 마주친다.
② 수수료 발생 등 고객의 부담이 되는 사항은 미리 고지해야 한다.
③ 자신의 담당인 고객을 맞이할 때에는 자리에서 일어서서 인사해야 한다.
④ 고객의 직접적인 질문 외에도 관련된 질문을 먼저 드리는 것이 필요하다.
⑤ 고객 응대 중 업무 관련 전화가 왔을 때는 사적인 통화가 아니기 때문에 전화를 받으면서 일 처리를 해도 무방하다.

※ 다음 글을 읽고 이어지는 질문에 답하시오. [16~17]

인공지능을 면접에 활용하는 것은 바람직하지 않다. 인공지능 앞에서 면접을 보느라 진땀을 흘리는 인간의 모습을 생각하면 너무 안타깝다. 미래에 인공지능이 인간의 고유한 영역까지 대신할 것이라고 사람들은 말하는데, ㉠ 인공지능이 인간을 대신할 수 있을까? 인간과 인공지능의 관계는 어떠해야 할까?

인공지능은 인간의 삶을 편리하게 돕는 도구일 뿐이다. 인간이 만든 도구인 인공지능이 인간을 평가할 수 있는지에 대해 생각해 볼 필요가 있다. 도구일 뿐인 기계가 인간을 평가하는 것은 정당하지 않다. 인간이 개발한 인공지능이 인간을 판단한다면 ㉡ 주체와 객체가 뒤바뀌는 상황이 발생할 것이다.

인공지능이 발전하더라도 인간과 같은 사고는 불가능하다. 인공지능은 겉으로 드러난 인간의 말과 행동을 분석하지만, 인간은 말과 행동 이면의 의미까지 고려하여 사고한다. 인공지능은 빅데이터를 바탕으로 결과를 도출해 내는 기계에 불과하므로 통계적 분석을 할 뿐 타당한 판단을 할 수 없다. 기계가 타당한 판단을 할 것이라는 막연한 기대를 한다면 머지않아 인간이 기계에 예속되는 상황이 벌어질지도 모른다.

인공지능은 사회적 관계를 맺을 수 없다. 반면 인간은 사회에서 의사소통을 통해 관계를 형성한다. 이 과정에서 축적된 인간의 경험이 바탕이 되어야 타인의 잠재력을 발견할 수 있다.

16 다음 중 밑줄 친 ㉠에 대한 글쓴이의 주장으로 가장 적절한 것은?

① 인공지능은 인간을 대체할 수 없다. 인간의 삶을 결정하는 주체는 인간이고, 인공지능은 인간이 이용하는 객체일 뿐이다.

② 인공지능은 인간을 온전히 대신할 수 없다. 다만, 인공지능은 인간의 부족한 부분을 채워주며 인간과 상호 보완의 관계를 갖는다.

③ 현재의 인공지능은 인간을 대체할 수 없다. 그러나 기술이 계속 발전한다면 미래의 인공지능은 인간과 같은 사고를 하게 될 것이다.

④ 인공지능은 인간을 대신하여 인간의 말과 행동을 분석하고, 통계적 분석을 바탕으로 판단을 내린다. 즉, 인공지능이 인간의 대리인 역할을 수행한다.

⑤ 인공지능이 인간을 대신한다는 것은 어불성설이다. 인간과의 사회적 의사소통을 통해 경험을 충분히 쌓은 뒤에야 인간과 대등한 관계를 맺을 수 있다.

17 다음 중 밑줄 친 ㉡에 해당하는 한자성어로 가장 적절한 것은?

① 객반위주(客反爲主) ② 청출어람(靑出於藍)

③ 과유불급(過猶不及) ④ 당랑거철(螳螂拒轍)

⑤ 괄목상대(刮目相對)

18 D카페를 운영 중인 갑은 직원들의 출근 확인 코드를 아래 규칙에 따라 정하였다. 다음 중 출근 확인 코드가 바르게 연결되지 않은 직원은?

〈규칙〉

아래의 규칙 (1) ~ (4)는 이름과 생년월일을 기준으로 한다.
(1) 첫 번째 글자의 초성은 두 번째 글자의 초성 자리로, 두 번째 글자의 초성은 세 번째 글자의 초성 자리로, …, 마지막 글자의 초성은 첫 번째 글자의 초성 자리로 치환한다. → 강하늘=낭가흘
(2) 각 글자의 종성은 (1)의 규칙을 반대 방향으로 적용하여 옮긴다(종성이 없는 경우 종성의 빈자리가 이동한다). → 강하늘=가할능
(3) 생년월일에서 연도의 끝 두 자리를 곱하여 이름 앞에 쓴다. → 1993년생 강하늘=27강하늘
(4) 생년월일에서 월일에 해당하는 네 자리 숫자는 각각 1=a, 2=b, 3=c, 4=d, 5=e, 6=f, 7=g, 8=h, 9=i, 0=j로 치환하여 이름 뒤에 쓴다. → 08월 01일생 강하늘=강하늘hjja

① 2011년 03월 05일생, 최민건 → 1권친머jcje
② 1998년 05월 11일생, 김사랑 → 72리강삼jeaa
③ 1985년 07월 26일생, 심이담 → 40디심암jgbf
④ 1992년 11월 01일생, 송하윤 → 18오산흉aaaj
⑤ 1996년 12월 20일생 오하율 → 54오알휴abbj

19 컨설팅 회사에 근무 중인 A사원은 최근 컨설팅 의뢰를 받은 D사진관에 대해 SWOT 분석을 진행하기로 하였다. 다음 ㉠ ~ ㉤ 중 SWOT 분석에 들어갈 내용으로 적절하지 않은 것은?

강점(Strength)	• ㉠ 넓은 촬영 공간(야외 촬영장 보유) • 백화점 인근의 높은 접근성 • ㉡ 다양한 채널을 통한 홍보로 높은 인지도 확보
약점(Weakness)	• ㉢ 직원들의 높은 이직률 • 회원 관리 능력 부족 • 내부 회계 능력 부족
기회(Opportunity)	• 사진 시장의 규모 확대 • 오프라인 사진 인화 시장의 성장 • ㉣ 전문가용 카메라의 일반화
위협(Threat)	• 저가 전략 위주의 경쟁 업체 증가 • ㉤ 온라인 사진 저장 서비스에 대한 수요 증가

① ㉠
② ㉡
③ ㉢
④ ㉣
⑤ ㉤

20 D사는 1년에 2번씩 사원들에게 봉사 의식을 심어주기 위해 자원봉사 활동을 진행하고 있다. 자원봉사 활동 전에 사원들에게 봉사에 대한 마음가짐을 설명하고자 할 때, 적절하지 않은 것은?

① 봉사는 개인의 의지에 따라 이루어져야 한다.

② 봉사는 의도적이고 계획된 활동이 되어야 한다.

③ 봉사는 함께하는 공동체 의식에 바탕을 두어야 한다.

④ 봉사는 상대방의 입장에서 생각하고 행동해야 한다.

⑤ 봉사는 적절한 보상에 맞춰 참여해야 한다.

21 다음 중 근로윤리의 판단 기준으로 옳은 것을 〈보기〉에서 모두 고르면?

> **보기**
>
> ㉠ 예절   ㉡ 준법
> ㉢ 정직한 행동   ㉣ 봉사와 책임
> ㉤ 근면한 자세   ㉥ 성실한 태도

① ㉠, ㉡, ㉢

② ㉠, ㉡, ㉣

③ ㉡, ㉢, ㉤

④ ㉢, ㉤, ㉥

⑤ ㉣, ㉤, ㉥

22 다음 중 甲과 乙의 주장을 도출할 수 있는 질문으로 가장 적절한 것은?

> 甲 : 우리 사회는 '학력 중시 풍토'가 만연한 사회라고 볼 수 있다. 이러한 풍토가 생긴 주요 원인 중의 하나는 학력만으로 인재를 선발하는 잘못된 채용 시스템이다. 기업들이 채용 과정에서 학력만을 중시하는 것은 대학의 서열화를 공고히 하고 과도한 사교육을 유발하는 부작용을 낳고 있다. 취업에서 학력이 중요한 잣대가 되지 않는다면, 상위권 대학에 진학하기 위해 사교육에 몰두하는 현상도 차츰 완화될 수 있다. 또한 이와 더불어 학력이 아닌 능력이 중시되는 사회적 분위기가 함께 형성되어야 한다.
>
> 乙 : 좋은 인재를 영입하고자 하는 기업의 입장에서 학력은 지원자의 전공과 성실도를 판단할 수 있는 중요한 정보가 된다. 기업에서 학력 대신 면접 등 다른 평가의 비중을 높여 지원자를 판단하고자 한다면, 지원자의 자질과 능력을 제대로 판단하기가 쉽지 않을 수 있다. 또한 채용 과정에서 시간과 비용도 많이 들 것이다. 오히려 채용 절차를 투명하게 공개하도록 지침을 제시한다면 문제를 개선할 수 있을 것이다.

① 입사 지원서에 학력을 기재해야 하는가?
② 기업의 채용 절차 지침을 공개해야 하는가?
③ 학력 중시 풍토가 만연한 사회의 주요 원인은 무엇인가?
④ 상위권 대학에 진학하기 위해서는 사교육이 반드시 필요한가?
⑤ 기업에 입사하기 위해 지원자가 갖추어야 하는 우선 요건은 무엇인가?

23 다음 글에서 ㉠~㉤의 수정 방안으로 적절하지 않은 것은?

> 우리나라의 전통음악은 정악(正樂)과 민속악으로 나눌 수 있다. 정악은 주로 양반들이 ㉠ <u>향유하던</u> 음악으로, 궁중에서 제사를 지낼 때 사용하는 제례악과 양반들이 생활 속에서 즐기던 풍류음악 등이 이에 속한다. 이와 달리 민속악은 서민들이 즐기던 음악으로, 서민들이 생활 속에서 느낀 기쁨, 슬픔, 한(恨) 등의 감정이 ㉡ <u>솔직하게</u> 표현되어 있다.
> 정악의 제례악에는 종묘제례악과 문묘제례악이 있다. 본래 제례악의 경우 중국 음악을 ㉢ <u>사용하였는데</u>, 이 때문에 우리나라의 정악을 중국에서 들어온 것으로 여기고 순수한 우리의 음악으로 ㉣ <u>받아들이지</u> 않을 수 있다. 그러나 종묘제례악은 세조 이후부터 세종대왕이 만든 우리 음악을 사용하였고, 중국 음악으로는 문묘제례악과 이에 사용되는 악기 몇 개일 뿐이다.
> 정악의 풍류음악은 주로 양반 사대부들이 사랑방에서 즐기던 음악으로, 궁중에서 경사가 있을 때 연주되기도 하였다. 대표적인 곡으로는 '영산회상', '여민락' 등이 있으며, 양반 사대부들은 이러한 정악곡을 ㉤ <u>반복적으로</u> 연주하면서 음악에 동화되는 것을 즐겼다. 이처럼 대부분의 정악은 이미 오래전부터 우리 민족 고유의 정서와 감각을 바탕으로 만들어져 전해 내려온 것으로 부정할 수 없는 우리의 전통 음악이다.

① ㉠ : 누리던
② ㉡ : 진솔하게
③ ㉢ : 구사하였는데
④ ㉣ : 수급하지
⑤ ㉤ : 거듭

에어컨 시리얼 번호는 12자리로 이루어져 있다.

AA	B	CC	D	EEE	FFF
제조사	제조국	출시연도	냉방면적	품목	부가기능

제조사	제조국	출시연도
AR : S사 BL : L사 CN : W사 DW : D사 EQ : C사	A : 한국 B : 중국 C : 일본 D : 인도 E : 필리핀	00 : 2010년 01 : 2011년 02 : 2012년 03 : 2013년 … 12 : 2022년 13 : 2023년

냉방면적	품목	부가기능
0 : 6평 1 : 10평 2 : 13평 3 : 18평 4 : 24평 5 : 32평	100 : 스탠드 101 : 벽걸이 111 : 스탠드·벽걸이 110 : 이동식	001 : 해당없음 010 : 제습 011 : 청정 101 : 제습＋청정 110 : 제습＋무풍 111 : 제습＋청정＋무풍

※ 제조사는 모두 한국 제조사이다.

24 에어컨 시리얼 번호가 다음과 같을 때, 이에 대한 설명으로 옳지 않은 것은?

CNB134111011

① 제조사는 W사이다.　　　　　　② 중국에서 만들어졌다.
③ 2023년 출시제품이다.　　　　　④ 부가기능은 총 2가지이다.
⑤ 총 2가지 품목으로 구성되어 있는 상품이다.

25 다음 고객에게 추천해줄 에어컨으로 적절하지 않은 것은?

고객 : 요즘에는 에어컨도 이동이 된다고 하던데, 한국에서 제조한 D사의 이동식 에어컨을 구매하고 싶어요. 해당 제품은 가능한 2020년 출시제품이면 좋겠네요. 창고에 놓으려는 거라서 냉방면적은 6평이나 10평이면 충분할 것 같아요. 부가기능은 청정 정도만 있으면 될 거 같아요. 그 외 기능이 있으면 더 좋고요.

① DWA100110011　　　　　　② DWA100101101
③ DWA101110111　　　　　　④ DWA101110101
⑤ DWA101110011

26 다음 〈보기〉 중 에어컨 시리얼 번호로 옳은 것을 모두 고르면?

> **보기**
> ㉠ EQE211100001
> ㉡ BLL080110110
> ㉢ CNC044111111
> ㉣ AAA065110110
> ㉤ DWD100101010

① ㉠, ㉡
② ㉠, ㉤
③ ㉡, ㉣
④ ㉡, ㉤
⑤ ㉢, ㉤

27 D사의 배터리개발부, 생산기술부, 전략기획부, 품질보증부에서 〈조건〉에 따라 신입사원을 채용할 때, 항상 참인 것은?

> **조건**
> • D사의 배터리개발부, 생산기술부, 전략기획부, 품질보증부에서 순서대로 각각 2명, 1명, 1명, 3명의 신입사원을 채용한다.
> • 배터리개발부는 재료공학을, 생산기술부는 화학공학, 전략기획부는 경영학, 품질보증부는 정보통신학과 졸업생을 채용한다.
> • A ~ G 7명이 D사 신입사원으로 합격하였으며, A, B, E지원자만 복수전공을 하였고 지원 가능한 부서에 모두 지원하였다.
> • A지원자는 복수전공을 하여 배터리개발부와 생산기술부에 지원하였다.
> • B지원자는 경영학과 정보통신학을 전공하였다.
> • E지원자는 화학공학과 경영학을 전공하였다.
> • C지원자는 품질보증부에 지원하였다.
> • D지원자는 배터리개발부의 신입사원으로 채용된다.
> • F와 G지원자는 같은 학과를 졸업하였다.

① B지원자는 품질보증부의 신입사원으로 채용한다.
② E지원자는 생산기술부의 신입사원으로 채용한다.
③ G지원자는 배터리개발부의 신입사원으로 채용한다.
④ F지원자는 품질보증부의 신입사원으로 채용되지 않았다.
⑤ A지원자는 배터리개발부의 신입사원으로 채용되지 않았다.

28 다음 글의 주장을 비판하기 위한 탐구 활동으로 가장 적절한 것은?

기술은 그 내부적인 발전 경로를 이미 가지고 있으며, 어떤 특정한 기술(혹은 인공물)이 출현하는 것은 필연적인 결과라고 생각하는 사람들이 많다. 이러한 통념을 약간 다르게 표현하자면, 기술의 발전 경로는 이전의 인공물보다 기술적으로 보다 우수한 인공물들이 차례차례 등장하는, 인공물들의 연쇄로 파악할 수 있다는 것이다. 그리고 기술의 발전 경로가 단일한 것으로 보고, 어떤 특정한 기능을 갖는 인공물을 만들어 내는 데 있어서 유일하게 가장 좋은 설계 방식이나 생산 방식이 있을 수 있다고 가정한다. 이와 같은 생각을 종합하면 기술의 발전은 결코 사회적인 힘이 가로막을 수 없는 것일 뿐 아니라 단일한 경로를 따르는 것이므로, 사람들이 할 수 있는 일은 이미 정해져 있는 기술의 발전 경로를 열심히 추적해 가는 것밖에 남지 않게 된다는 결론이 나온다.

그러나 다양한 사례 연구에 의하면 어떤 특정 기술이나 인공물을 만들어 낼 때, 그것이 특정한 형태가 되도록 하는 데 중요한 역할을 하는 것은 그 과정에 참여하고 있는 엔지니어, 자본가, 소비자, 은행, 정부 등의 이해관계나 가치체계임이 밝혀졌다. 이렇게 보면 기술은 사회적으로 형성된 것이며, 이미 그 속에 사회적 가치를 반영하고 있는 셈이 된다. 뿐만 아니라 복수의 기술이 서로 경쟁하여 그중 하나가 사회에서 주도권을 잡는 과정을 분석해 본 결과, 이 과정에서 중요한 역할을 하는 것은 기술적 우수성이나 사회적 유용성이 아닌, 관련된 사회집단들의 정치적·경제적 영향력인 것으로 드러났다고 한다. 결국 현재에 이르는 기술 발전의 궤적은 결코 필연적이고 단일한 것이 아니었으며, 다르게 될 수도 있었음을 암시하고 있는 것이다.

① 글쓴이가 통념을 종합하여 이끌어낸 결론의 타당성을 검토한다.
② 글쓴이가 문제 삼고 있는 통념에 변화가 생기게 된 계기를 분석한다.
③ 논거가 되는 연구 결과를 반박할 수 있는 다른 연구 자료를 조사한다.
④ 사회 변화에 따라 가치 체계의 변동이 일어나게 되는 원인을 분석한다.
⑤ 기술 개발에 관계자들의 이해관계나 가치가 작용한 실제 사례를 조사한다.

29 리더십의 핵심 개념 중의 하나인 임파워먼트(Empowerment)는 조직 현장의 구성원에게 업무 재량을 위임하고 자주적이고 주체적인 체제 속에서 구성원들의 의욕과 성과를 이끌어 내기 위한 권한 부여, 권한 이양을 의미한다. 다음 중 임파워먼트를 통해 나타나는 특징으로 적절하지 않은 것은?

① 구성원들 스스로 일에 대한 흥미를 느끼도록 해준다.

② 구성원들이 자신의 업무가 존중받고 있음을 느끼게 해준다.

③ 구성원들 간의 긍정적인 인간관계 형성에 도움을 줄 수 있다.

④ 구성원들이 현상을 유지하고 조직에 순응하는 모습을 기대할 수 있다.

⑤ 구성원들로 하여금 업무에 대해 계속해서 도전하고 성장할 수 있도록 유도할 수 있다.

30 다음 중 터크만의 팀 발달 4단계에 필요한 리더십으로 바르게 제시된 것은 무엇인가?

	형성기	혼란기	규범기	성취기
①	참여	코치	위임	지시
②	지시	위임	코치	참여
③	지시	코치	참여	위임
④	코치	지시	참여	위임
⑤	코치	위임	참여	지시

31 다음 중 성희롱 예방을 위한 상사의 태도로 적절하지 않은 것은?

① 직급과 성별을 불문하고 상호 간 존칭을 사용하며, 서로 존중하는 문화를 만든다.

② 성희롱을 당하면서도 거부하지 못하는 피해자가 있다는 것을 알면 중지시켜야 한다.

③ 중재, 경고, 징계 등의 조치 이후 가해자가 보복이나 앙갚음을 하지 않도록 주시한다.

④ 부하직원을 칭찬할 때 쓰다듬거나 가볍게 치는 행위는 부하직원에 대한 애정으로 받아들일 수 있다.

⑤ 자신이 관리하는 영역에서 성희롱이 일어나지 않도록 예방에 힘쓰며, 일단 성희롱이 발생하면 그 행동을 중지시켜야 한다.

32 다음은 직장생활에서 나타나는 근면한 태도의 사례이다. 근면한 태도의 성격이 다른 사례는?

① A씨는 아침 일찍 출근하여 업무 계획을 세우는 것을 좋아한다.

② B씨는 상사의 지시로 신제품 출시를 위한 설문조사를 계획하고 있다.

③ C씨는 업무 숙련도 향상을 위해 퇴근 후 집에서도 꾸준히 공부를 한다.

④ D씨는 다가오는 휴가를 준비하여 프로젝트 마무리에 최선을 다하고 있다.

⑤ E씨는 같은 부서 사원들의 업무 경감을 위해 적극적으로 프로그램을 개발하고 있다.

33 다음 중 직업윤리의 기본원칙과 설명이 바르게 연결되지 않은 것은?

① 공정경쟁의 원칙 – 헌법적 가치를 준수하는 선 안에서 최대한의 능력을 발휘하여 경쟁하는 것이다.

② 고객중심의 원칙 – 고객에 대한 봉사를 최우선으로 생각하고 현장중심, 실천중심으로 일하는 원칙이다.

③ 전문성의 원칙 – 자기업무에 전문가로서의 능력과 의식을 가지고 책임을 다하며, 능력을 연마하는 것이다.

④ 객관성의 원칙 – 업무의 공공성을 바탕으로 공사구분을 명확히 하고, 모든 것을 숨김없이 투명하게 처리하는 원칙이다.

⑤ 정직과 신용의 원칙 – 업무와 관련된 모든 것을 숨김없이 정직하게 수행하고, 본분과 약속을 지켜 신뢰를 유지하는 것이다.

34 A사원은 입사한 이후로 가장 중요한 업무를 맡게 되었다. 업무 수행에 앞서 A사원은 상사인 E대리에게 업무에 대한 자세한 설명을 들었다. A사원은 E대리의 설명을 분명히 집중해서 들었지만, 처음 맡게 된 업무라 긴장을 한 나머지 설명의 일부분을 잊어버렸다. A사원은 업무를 수행하기 위해 자리에 앉았지만 당장 무엇부터 해야 하는지 기억이 나지 않는 상황이다. 귀하가 A사원이라면 어떻게 하겠는가?

① 기억나지 않는 부분은 직접 판단해 처리한다.

② G부장에게 찾아가 업무를 바꿔 달라고 부탁한다.

③ 회사 내 가이드라인을 참고하여 업무를 수행한다.

④ 기억하는 범위 내에서 업무를 수행 후 E대리에게 남은 업무를 부탁한다.

⑤ E대리에게 찾아가 자신의 상황을 밝힌 후, 설명을 다시 한 번 듣도록 한다.

PART 2

35 직장인 D씨는 일을 벌이기는 잘 하는데, 마무리를 잘하지 못하여 주변의 동료들에게 피해를 주고 있다. 자신이 벌인 일에도 불구하고 어려운 상황에 부딪힐 경우 회피하기에 급급하기 때문이다. 이러한 상황에서 D씨에게 해 줄 수 있는 조언으로 가장 적절한 것은?

① 업무에는 책임감이 필요해.

② 준법정신은 조직생활의 기본이야.

③ 봉사하는 마음을 가지도록 노력해 봐.

④ 정직은 신뢰 형성에 필수적인 규범이야.

⑤ 직장예절은 원만한 조직생활에 있어 꼭 필요하지.

36   다음은 정보화 사회의 6T에 대한 설명이다. 〈보기〉에서 6T가 아닌 것을 모두 고르면?

> 6T는 정보화 사회에서 새로운 지식과 기술을 개발·활용·공유·저장해 미래를 이끌어갈 주요 산업을 일컫는다.

보기

ㄱ. 문화산업　　　　　　　　ㄴ. 토지
ㄷ. 노동　　　　　　　　　　ㄹ. 환경기술
ㅁ. 우주항공기술　　　　　　ㅂ. 정보기술
ㅅ. 자본　　　　　　　　　　ㅇ. 나노기술
ㅈ. 생명공학

① ㄱ, ㄴ, ㅇ
② ㄱ, ㅅ, ㅁ
③ ㄴ, ㄷ, ㅂ
④ ㄴ, ㄷ, ㅅ
⑤ ㄴ, ㄹ, ㅈ

37   다음 중 데이터 유효성 검사에 대한 설명으로 옳지 않은 것은?

① 한 셀에 허용되는 텍스트의 길이를 제한할 수 있다.
② 입력할 수 있는 정수의 범위를 제한할 수 있다.
③ 목록의 값들을 미리 지정하여 데이터 입력을 제한할 수 있다.
④ 유효성 조건 변경 시 변경 내용을 범위로 지정된 모든 셀에 적용할 수 있다.
⑤ 목록으로 값을 제한하는 경우 드롭다운 목록의 너비를 임의로 지정할 수 있다.

38 다음 시트에서 가입 인원 순위를 [F2:F6] 영역처럼 표시하려고 할 때, [F5] 셀에 입력할 수식으로 옳은 것은?

	A	B	C	D	E	F
1	카페이름	주제	가입 인원	즐겨찾기 멤버	전체글	순위
2	영카	영화	172,789	22,344	827,581	4
3	농산물	건강	679,497	78,293	1,074,510	3
4	북카페	문화	71,195	8,475	891,443	5
5	강사모	반려동물	1,847,182	283,602	10,025,638	1
6	부동산	경제	1,126,853	183,373	784,700	2

① =RANK(C2,C2:C6)

② =RANK.EQ(C2,C2:C6)

③ =RANK(F5,F2:F6)

④ =RANK(C5,C2:C6)

⑤ =IF(RANK(C5,C2:C6)<=1,RANK(F5,F2:H6),"　")

39 D사에 근무하는 L사원은 다음 시트와 같이 [D2:D7] 영역에 사원들의 업무지역별 코드번호를 입력하였다. L사원이 [D2] 셀에 입력한 수식으로 옳은 것은?

	A	B	C	D	E	F	G
1	성명	부서	업무지역	코드번호		업무지역별 코드번호	
2	김수로	총무부	서울	1		서울	1
3	이경제	인사부	부산	4		경기	2
4	박선하	영업부	대구	5		인천	3
5	이지현	인사부	광주	8		부산	4
6	김일수	총무부	울산	6		대구	5
7	서주완	기획부	인천	3		울산	6
8						대전	7
9						광주	8

① =VLOOKUP(C2,$F$2:$G$9,1,0)

② =HLOOKUP(C2,$F$2:$G$9,1,0)

③ =VLOOKUP(C2,$F$2:$G$9,2,0)

④ =HLOOKUP(C2,$F$2:$G$9,2,0)

⑤ =INDEX($F$2:$G$9,2,1)

40 다음 시트에서 [A2:A4] 영역의 데이터를 이용하여 [C2:C4] 영역처럼 표시하려고 할 때, [C2] 셀에 입력할 수식은?

	A	B	C
1	주소	사원 수	출신지
2	서귀포시	10	서귀포
3	여의도동	90	여의도
4	김포시	50	김포

① $=$ LEFT(A2, TRIM(A2)) -1

② $=$ LEFT(A2, LEN(A2) -1)

③ $=$ MID(A2, 1, VALUE(A2))

④ $=$ RIGHT(A2, TRIM(A2)) -1

⑤ $=$ RIGHT(A2, LEN(A2) -1)

36 다음 글을 읽고 노와이(Know-why)의 사례로 가장 적절한 것은?

> 기술은 노하우(Know-how)와 노와이(Know-why)로 구분할 수 있다. 노하우는 특허권을 수반하지 않는 과학자·엔지니어 등이 가지고 있는 체화된 기술을 의미하며, 노와이는 어떻게 기술이 성립하고 작용하는가에 관한 원리적 측면에 중심을 둔 개념이다.
>
> 이 두 가지는 획득과 전수 방법에 차이가 있다. 노하우는 경험적이고 반복적인 행위에 의해 얻게 되는 것이며, 이러한 성격의 지식을 흔히 Technique, 혹은 Art라고 부른다. 반면, 노와이는 이론적인 지식으로서 과학적인 탐구에 의해 얻게 된다.
>
> 오늘날 모든 기술과 경험이 공유되는 시대에서 노하우는 점점 경쟁력을 잃어가고 있으며, 노와이가 점차 각광받고 있다. 즉, 노하우가 구성하고 있는 환경, 행동, 능력을 벗어나 신념과 정체성, 영성 부분도 관심받기 시작한 것이다. 과거에는 기술에 대한 공급이 부족하고 공유가 잘 되지 않았기 때문에 노하우가 각광받았지만, 현재는 기술에 대한 원인과 결과에 대한 관계를 파악하고, 그것을 통해 목적과 동기를 새로 설정하는 노와이의 가치가 높아졌다. 노와이가 말하고자 하는 핵심은 왜 이 기술이 필요한지를 알아야 기술의 가치가 무너지지 않는다는 것이다.

① 요식업에 종사 중인 S씨는 영업시간 후 자신의 초밥 만드는 비법을 아들인 B군에게 전수하고 있다.

② Z병원에서 근무 중인 의사인 G씨는 방글라데시의 의료진에게 자신이 가지고 있는 선진 의술을 전수하기 위해 다음 주에 출국할 예정이다.

③ S사에 근무 중인 C씨는 은퇴 후 중장비학원에서 중장비 운영 기술을 열심히 공부하고 있다.

④ 자판기 사업을 운영하고 있는 K씨는 이용자들이 화상을 당할 것을 염려하여 화상 방지 시스템을 개발하였다.

⑤ D사는 최근에 제조 관련 분야에서 최소 20년 이상 근무해 제조 기술에 있어 장인 수준의 숙련도를 가진 직원 4명을 D사 명장으로 선정하여 수상하였다.

PART 2

※ 사내 의무실 체온계의 고장으로 새로운 체온계를 구입하였다. 다음 설명서를 보고 이어지는 질문에 답하시오. [37~38]

■ **사용방법**

1) 체온을 측정하기 전 새 렌즈 필터를 부착하여 주세요.
2) 〈ON〉 버튼을 눌러 액정화면이 켜지면 귓속에 체온계를 삽입합니다.
3) 〈START〉 버튼을 눌러 체온을 측정합니다.
4) 측정이 잘 이루어졌으면 '삐' 소리와 함께 측정 결과가 액정화면에 표시됩니다.
5) 60초 이상 사용하지 않으면 자동으로 전원이 꺼집니다.

■ **체온 측정을 위한 주의사항**

• 오른쪽 귀에서 측정한 체온은 왼쪽 귀에서 측정한 체온과 다를 수 있습니다. 그러므로 항상 같은 귀에서 체온을 측정하십시오.
• 체온을 측정할 때는 정확한 측정을 위해 과다한 귀지가 없도록 하십시오.
• 한쪽 귀를 바닥에 대고 누워 있었을 때, 매우 춥거나 더운 곳에 노출되어 있는 경우, 목욕을 한 직후 등은 외부적 요인에 의해 귀 체온측정에 영향을 미칠 수 있으므로 이런 경우에는 30분 정도 기다리신 후 측정하십시오.

■ **문제해결**

상태	해결방법	에러 메시지
렌즈 필터가 부착되어 있지 않음	렌즈 필터를 끼우세요.	▯ ▯
체온계가 렌즈의 정확한 위치를 감지할 수 없어 정확한 측정이 어려움	〈ON〉 버튼을 3초간 길게 눌러 화면을 지운 다음 정확한 위치에 체온계를 넣어 측정하십시오.	POE
측정체온이 정상범위(34 ~ 42.2℃)를 벗어난 경우 • HI : 매우 높음 • LO : 매우 낮음	온도가 10℃와 40℃ 사이인 장소에서 체온계를 30분간 보관한 다음 다시 측정하십시오.	HI ℃ LO ℃
건전지 수명이 다하여 체온 측정이 불가능한 상태	새로운 건전지(1.5V AA타입 2개)로 교체하십시오.	▯ ▯ ▯

37 근무 중 몸이 좋지 않아 의무실을 내원한 A사원의 체온을 측정하려고 한다. 다음 중 체온 측정 과정으로 옳은 것은?

① 정확한 측정을 위해 영점조정을 맞춘 뒤 체온을 측정하였다.

② 렌즈필터가 깨끗하여 새것으로 교체하지 않고 체온을 측정하였다.

③ 오른쪽 귀의 체온이 38℃로 측정되어 다시 왼쪽 귀의 체온을 측정하였다.

④ 구비되어 있는 렌즈필터가 없어 렌즈를 알코올 솜으로 깨끗하게 닦은 후 측정했다.

⑤ 정확한 측정을 위해 귓속의 귀지 등 이물질을 제거한 다음 체온을 측정하였다.

38 체온계 사용 중 'POE'의 에러 메시지가 떴다. 이에 대한 해결방법으로 옳은 것은?

① 건전지 삽입구를 열어 1.5V AA타입 2개의 새 건전지로 교체한다.

② 렌즈필터가 부착되어 있지 않으므로 깨끗한 새 렌즈필터를 끼운다.

③ 1분간 그대로 뒤서 전원을 끈 다음 〈ON〉 버튼을 눌러 다시 액정화면을 켠다.

④ 〈ON〉 버튼을 3초간 길게 눌러 화면을 지운 뒤, 정확한 위치에서 다시 측정한다.

⑤ 온도가 10 ~ 40℃ 사이인 장소에서 체온계를 30분간 보관한 다음 다시 측정한다.

39 E사원은 회사의 기기를 관리하는 업무를 맡고 있다. 어느 날, 동료 사원들로부터 휴게실의 전자레인지를 사용할 때 가끔씩 불꽃이 튀고 음식이 잘 데워지지 않는다는 이야기를 들었다. 아래의 제품 설명서를 토대로 서비스를 접수하기 전에 점검할 사항이 아닌 것은?

증상	원인	조치 방법
전자레인지가 작동하지 않는다.	• 전원 플러그가 콘센트에 바르게 꽂혀 있습니까? • 문이 확실히 닫혀 있습니까? • 배전판 퓨즈나 차단기가 끊어지지 않았습니까? • 조리방법을 제대로 선택하셨습니까? • 혹시 정전은 아닙니까?	• 전원 플러그를 바로 꽂아 주십시오. • 문을 다시 닫아 주십시오. • 끊어졌으면 교체하고 연결시켜 주십시오. • 취소를 누르고 다시 시작하십시오.
동작 시 불꽃이 튄다.	• 조리실 내벽에 금속 제품 등이 닿지 않았습니까? • 금선이나 은선으로 장식된 그릇을 사용하고 계십니까? • 조리실 내에 찌꺼기가 있습니까?	• 벽에 닿지 않도록 하십시오. • 금선이나 은선으로 장식된 그릇은 사용하지 마십시오. • 깨끗이 청소해 주십시오.
조리 상태가 나쁘다.	• 조리 순서, 시간 등 사용 방법을 잘 선택하셨습니까?	• 요리책을 다시 확인하고 사용해 주십시오.
회전 접시가 불균일하게 돌거나 돌지 않는다.	• 회전 접시와 회전 링이 바르게 놓여 있습니까?	• 각각을 정확한 위치에 놓아 주십시오.
불의 밝기나 동작 소리가 불균일하다.	• 출력의 변화에 따라 일어난 현상이니 안심하고 사용하셔도 됩니다.	

① 조리실 내 위생 상태 점검

② 사용 가능 용기 확인

③ 사무실, 전자레인지 전압 확인

④ 조리실 내벽 확인

⑤ 조리 순서, 시간 확인

40 다음은 LPG 차량의 동절기 관리 요령에 대해 설명한 자료이다. 이를 이해한 내용으로 적절하지 않은 것은?

〈LPG 차량의 동절기 관리 요령〉

LPG 차량은 가솔린이나 경유에 비해 비등점이 낮은 특징을 갖고 있기 때문에 대기온도가 낮은 겨울철에 시동성이 용이하지 못한 결점이 있습니다. 동절기 시동성 향상을 위해 다음 사항을 준수하시기 바랍니다.

■ **LPG 충전**

동절기에 상시 운행지역을 벗어나 추운 지방으로 이동할 경우에는 도착지 LPG 충전소에서 연료를 완전 충전하시면 다음날 시동이 보다 용이합니다. 지역별로 외기온도에 따라 시동성 향상을 위해 LPG 내에 포함된 프로판 비율이 다르며, 추운 지역의 LPG는 따뜻한 지역보다 프로판 비율이 높습니다(동절기에는 반드시 프로판 비율이 15 ~ 35%를 유지하도록 관련 법규에 명문화되어 있습니다).

■ **주차시 요령**

가급적 건물 내 또는 주차장에 주차하는 것이 좋으나, 부득이 옥외에 주차할 경우에는 엔진 위치가 건물벽 쪽을 향하도록 주차하거나, 차량 앞쪽을 해가 뜨는 방향으로 주차함으로써 태양열의 도움을 받을 수 있도록 하는 것이 좋습니다.

■ **시동 요령**

• 엔진 시동 전에 반드시 안전벨트를 착용하여 주십시오.
• 주차 브레이크 레버를 당겨 주십시오.
• 모든 전기장치는 OFF하여 주십시오.
• 점화스위치를 'ON' 위치로 하여 주십시오.
• 저온(혹한기) 조건에서는 계기판에 PTC 작동 지시등이 점등됩니다.
 – PTC 작동 지시등의 점등은 차량 시동성 향상을 위한 것으로 부품의 성능에는 영향이 없습니다.
 – 주행 후 단시간 시동시에는 점등되지 않을 수 있습니다.
• PTC 작동 지시등이 소등되었는지 확인 후, 엔진 시동을 걸어 주십시오.

■ **시동시 주의 사항**

시동이 잘 안 걸리면 엔진 시동을 1회에 10초 이내로만 실시하십시오. 계속해서 엔진 시동을 걸면 배터리가 방전될 수 있습니다.

■ **시동직후 주의 사항**

• 저온시 엔진 시동 후 계기판에 가속방지 지시등이 점등됩니다.
• 가속방지 지시등의 점등은 주행성 향상을 위한 것으로 부품의 성능에는 영향이 없습니다.
• 가속방지 지시등 점등 시 고속 주행을 삼가십시오.
• 가속방지 지시등 점등 시 급가속, 고속주행은 연비 및 엔진꺼짐 등의 문제가 발생할 수 있습니다.
• 가급적 가속방지 지시등 소등 후에 주행하여 주시길 바랍니다.

---

① 옥외에 주차할 경우 차량 앞쪽을 해가 뜨는 방향에 주차하는 것이 좋다.
② 추운 지역의 LPG는 따뜻한 지역보다 프로판 비율이 낮다.
③ 동절기에 LPG 충전소에서 연료를 완전 충전하면 다음날 시동이 용이하다.
④ 가속방지 지시등 점등 시 고속 주행을 삼가도록 한다.
⑤ 시동이 잘 안 걸릴 경우에는 엔진 시동을 1회에 10초 이내로 하는 것이 좋다.

많이 보고 많이 겪고 많이 공부하는 것은 배움의 세 기둥이다.

- 벤자민 디즈라엘리 -

PART **3**

채용 가이드

01 | 블라인드 채용 소개

1. 블라인드 채용이란?

채용 과정에서 편견이 개입되어 불합리한 차별을 야기할 수 있는 출신지, 가족관계, 학력, 외모 등의 편견요인은 제외하고, 직무능력만을 평가하여 인재를 채용하는 방식입니다.

2. 블라인드 채용의 필요성

- 채용의 공정성에 대한 사회적 요구
  - 누구에게나 직무능력만으로 경쟁할 수 있는 균등한 고용기회를 제공해야 하나, 아직도 채용의 공정성에 대한 불신이 존재
  - 채용상 차별금지에 대한 법적 요건이 권고적 성격에서 처벌을 동반한 의무적 성격으로 강화되는 추세
  - 시민의식과 지원자의 권리의식 성숙으로 차별에 대한 법적 대응 가능성 증가
- 우수인재 채용을 통한 기업의 경쟁력 강화 필요
  - 직무능력과 무관한 학벌, 외모 위주의 선발로 우수인재 선발기회 상실 및 기업경쟁력 약화
  - 채용 과정에서 차별 없이 직무능력중심으로 선발한 우수인재 확보 필요
- 공정한 채용을 통한 사회적 비용 감소 필요
  - 편견에 의한 차별적 채용은 우수인재 선발을 저해하고 외모·학벌 지상주의 등의 심화로 불필요한 사회적 비용 증가
  - 채용에서의 공정성을 높여 사회의 신뢰수준 제고

3. 블라인드 채용의 특징

편견요인을 요구하지 않는 대신 직무능력을 평가합니다.

※ 직무능력중심 채용이란?
기업의 역량기반 채용, NCS기반 능력중심 채용과 같이 직무수행에 필요한 능력과 역량을 평가하여 선발하는 채용방식을 통칭합니다.

4. 블라인드 채용의 평가요소

직무수행에 필요한 지식, 기술, 태도 등을 과학적인 선발기법을 통해 평가합니다.

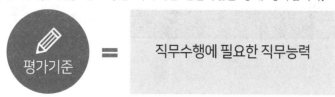

※ 과학적 선발기법이란?
직무분석을 통해 도출된 평가요소를 서류, 필기, 면접 등을 통해 체계적으로 평가하는 방법으로 입사지원서, 자기소개서, 직무수행능력평가, 구조화 면접 등이 해당됩니다.

5. 블라인드 채용 주요 도입 내용

- 입사지원서에 인적사항 요구 금지
  - 인적사항에는 출신지역, 가족관계, 결혼여부, 재산, 취미 및 특기, 종교, 생년월일(연령), 성별, 신장 및 체중, 사진, 전공, 학교명, 학점, 외국어 점수, 추천인 등이 해당
  - 채용 직무를 수행하는 데 있어 반드시 필요하다고 인정될 경우는 제외
    예 특수경비직 채용 시 : 시력, 건강한 신체 요구
       연구직 채용 시 : 논문, 학위 요구 등
- 블라인드 면접 실시
  - 면접관에게 응시자의 출신지역, 가족관계, 학교명 등 인적사항 정보 제공 금지
  - 면접관은 응시자의 인적사항에 대한 질문 금지

6. 블라인드 채용 도입의 효과성

- 구성원의 다양성과 창의성이 높아져 기업 경쟁력 강화
  - 편견을 없애고 직무능력 중심으로 선발하므로 다양한 직원 구성 가능
  - 다양한 생각과 의견을 통하여 기업의 창의성이 높아져 기업경쟁력 강화
- 직무에 적합한 인재선발을 통한 이직률 감소 및 만족도 제고
  - 사전에 지원자들에게 구체적이고 상세한 직무요건을 제시함으로써 허수 지원이 낮아지고, 직무에 적합한 지원자 모집 가능
  - 직무에 적합한 인재가 선발되어 직무이해도가 높아져 업무효율 증대 및 만족도 제고
- 채용의 공정성과 기업이미지 제고
  - 블라인드 채용은 사회적 편견을 줄인 선발 방법으로 기업에 대한 사회적 인식 제고
  - 채용과정에서 불합리한 차별을 받지 않고 실력에 의해 공정하게 평가를 받을 것이라는 믿음을 제공하고, 지원자들은 평등한 기회와 공정한 선발과정 경험

02 | 서류전형 가이드

01 채용공고문

1. 채용공고문의 변화

기존 채용공고문	변화된 채용공고문
• 취업준비생에게 불충분하고 불친절한 측면 존재 • 모집분야에 대한 명확한 직무관련 정보 및 평가기준 부재 • 해당분야에 지원하기 위한 취업준비생의 무분별한 스펙 쌓기 현상 발생	• NCS 직무분석에 기반한 채용공고를 토대로 채용전형 진행 • 지원자가 입사 후 수행하게 될 업무에 대한 자세한 정보 공지 • 직무수행내용, 직무수행 시 필요한 능력, 관련된 자격, 직업기초능력 제시 • 지원자가 해당 직무에 필요한 스펙만을 준비할 수 있도록 안내
• 모집부문 및 응시자격 • 지원서 접수 • 전형절차 • 채용조건 및 처우 • 기타사항	• 채용절차 • 채용유형별 선발분야 및 예정인원 • 전형방법 • 선발분야별 직무기술서 • 우대사항

2. 지원 유의사항 및 지원요건 확인

채용 직무에 따른 세부사항을 공고문에 명시하여 지원자에게 적격한 지원 기회를 부여함과 동시에 채용과정에서의 공정성과 신뢰성을 확보합니다.

구성	내용	확인사항
모집분야 및 규모	고용형태(인턴 계약직 등), 모집분야, 인원, 근무지역 등	채용직무가 여러 개일 경우 본인이 해당되는 직무의 채용규모 확인
응시자격	기본 자격사항, 지원조건	지원을 위한 최소자격요건을 확인하여 불필요한 지원을 예방
우대조건	법정·특별·자격증 가점	본인의 가점 여부를 검토하여 가점 획득을 위한 사항을 사실대로 기재
근무조건 및 보수	고용형태 및 고용기간, 보수, 근무지	본인이 생각하는 기대수준에 부합하는지 확인하여 불필요한 지원을 예방
시험방법	서류·필기·면접전형 등의 활용방안	전형방법 및 세부 평가기법 등을 확인하여 지원전략 준비
전형일정	접수기간, 각 전형 단계별 심사 및 합격자 발표일 등	본인의 지원 스케줄을 검토하여 차질이 없도록 준비
제출서류	입사지원서(경력·경험기술서 등), 각종 증명서 및 자격증 사본 등	지원요건 부합 여부 및 자격 증빙서류 사전에 준비
유의사항	임용취소 등의 규정	임용취소 관련 법적 또는 기관 내부 규정을 검토하여 해당여부 확인

직무기술서란 직무수행의 내용과 필요한 능력, 관련 자격, 직업기초능력 등을 상세히 기재한 것으로 입사 후 수행하게 될 업무에 대한 정보가 수록되어 있는 자료입니다.

1. 채용분야

[설명]

NCS 직무분류 체계에 따라 직무에 대한 「대분류 – 중분류 – 소분류 – 세분류」 체계를 확인할 수 있습니다. 채용 직무에 대한 모든 직무기술서를 첨부하게 되며 실제 수행 업무를 기준으로 세부적인 분류정보를 제공합니다.

채용분야	분류체계			
사무행정	대분류	중분류	소분류	세분류
분류코드	02. 경영·회계·사무	03. 재무·회계	01. 재무	01. 예산
				02. 자금
			02. 회계	01. 회계감사
				02. 세무

2. 능력단위

[설명]

직무분류 체계의 세분류 하위능력단위 중 실질적으로 수행할 업무의 능력만 구체적으로 파악할 수 있습니다.

능력단위	(예산)	03. 연간종합예산수립 05. 확정예산 운영	04. 추정재무제표 작성 06. 예산실적 관리
	(자금)	04. 자금운용	
	(회계감사)	02. 자금관리 05. 회계정보시스템 운용 07. 회계감사	04. 결산관리 06. 재무분석
	(세무)	02. 결산관리 07. 법인세 신고	05. 부가가치세 신고

3. 직무수행내용

[설명]

세분류 영역의 기본정의를 통해 직무수행내용을 확인할 수 있습니다. 입사 후 수행할 직무내용을 구체적으로 확인할 수 있으며, 이를 통해 입사서류 작성부터 면접까지 직무에 대한 명확한 이해를 바탕으로 자신의 희망직무 인지 아닌지, 해당 직무가 자신이 알고 있던 직무가 맞는지 확인할 수 있습니다.

직무수행내용	(예산) 일정기간 예상되는 수익과 비용을 편성, 집행하며 통제하는 일
	(자금) 자금의 계획 수립, 조달, 운용을 하고 발생 가능한 위험 관리 및 성과평가
	(회계감사) 기업 및 조직 내·외부에 있는 의사결정자들이 효율적인 의사결정을 할 수 있도록 유용한 정보를 제공, 제공된 회계정보의 적정성을 파악하는 일
	(세무) 세무는 기업의 활동을 위하여 주어진 세법범위 내에서 조세부담을 최소화시키는 조세전략을 포함하고 정확한 과세소득과 과세표준 및 세액을 산출하여 과세당국에 신고·납부하는 일

4. 직무기술서 예시

태도	(예산) 정확성, 분석적 태도, 논리적 태도, 타 부서와의 협조적 태도, 설득력
	(자금) 분석적 사고력
	(회계 감사) 합리적 태도, 전략적 사고, 정확성, 적극적 협업 태도, 법률준수 태도, 분석적 태도, 신속성, 책임감, 정확한 판단력
	(세무) 규정 준수 의지, 수리적 정확성, 주의 깊은 태도
우대 자격증	공인회계사, 세무사, 컴퓨터활용능력, 변호사, 워드프로세서, 전산회계운용사, 사회조사분석사, 재경관리사, 회계관리 등
직업기초능력	의사소통능력, 문제해결능력, 자원관리능력, 대인관계능력, 정보능력, 조직이해능력

5. 직무기술서 내용별 확인사항

항목	확인사항
모집부문	해당 채용에서 선발하는 부문(분야)명 확인 예 사무행정, 전산, 전기
분류체계	지원하려는 분야의 세부직무군 확인
주요기능 및 역할	지원하려는 기업의 전사적인 기능과 역할, 산업군 확인
능력단위	지원분야의 직무수행에 관련되는 세부업무사항 확인
직무수행내용	지원분야의 직무군에 대한 상세사항 확인
전형방법	지원하려는 기업의 신입사원 선발전형 절차 확인
일반요건	교육사항을 제외한 지원 요건 확인(자격요건, 특수한 경우 연령)
교육요건	교육사항에 대한 지원요건 확인(대졸 / 초대졸 / 고졸 / 전공 요건)
필요지식	지원분야의 업무수행을 위해 요구되는 지식 관련 세부항목 확인
필요기술	지원분야의 업무수행을 위해 요구되는 기술 관련 세부항목 확인
직무수행태도	지원분야의 업무수행을 위해 요구되는 태도 관련 세부항목 확인
직업기초능력	지원분야 또는 지원기업의 조직원으로서 근무하기 위해 필요한 일반적인 능력사항 확인

1. 입사지원서의 변화

기존지원서		능력중심 채용 입사지원서	
직무와 관련 없는 학점, 개인신상, 어학점수, 자격, 수상경력 등을 나열하도록 구성	VS	해당 직무수행에 꼭 필요한 정보들을 제시할 수 있도록 구성	

직무기술서	→	인적사항	성명, 연락처, 지원분야 등 작성 (평가 미반영)
직무수행내용		교육사항	직무지식과 관련된 학교교육 및 직업교육 작성
요구지식 / 기술		자격사항	직무관련 국가공인 또는 민간자격 작성
관련 자격증		경력 및 경험사항	조직에 소속되어 일정한 임금을 받거나(경력) 임금 없이(경험) 직무와 관련된 활동 내용 작성
사전직무경험			

2. 교육사항

- 지원분야 직무와 관련된 학교 교육이나 직업교육 혹은 기타교육 등 직무에 대한 지원자의 학습 여부를 평가하기 위한 항목입니다.
- 지원하고자 하는 직무의 학교 전공교육 이외에 직업교육, 기타교육 등을 기입할 수 있기 때문에 전공 제한 없이 직업교육과 기타교육을 이수하여 지원이 가능하도록 기회를 제공합니다.

(기타교육 : 학교 이외의 기관에서 개인이 이수한 교육과정 중 지원직무와 관련이 있다고 생각되는 교육내용)

구분	교육과정(과목)명	교육내용	과업(능력단위)

3. 자격사항

- 채용공고 및 직무기술서에 제시되어 있는 자격 현황을 토대로 지원자가 해당 직무를 수행하는 데 필요한 능력을 가지고 있는지를 평가하기 위한 항목입니다.
- 채용공고 및 직무기술서에 기재된 직무관련 필수 또는 우대자격 항목을 확인하여 본인이 보유하고 있는 자격사항을 기재합니다.

자격유형	자격증명	발급기관	취득일자	자격증번호

4. 경력 및 경험사항

- 직무와 관련된 경력이나 경험 여부를 표현하도록 하여 직무와 관련한 능력을 갖추었는지를 평가하기 위한 항목입니다.
- 해당 기업에서 직무를 수행함에 있어 필요한 사항만을 기록하게 되어 있기 때문에 직무와 무관한 스펙을 갖추지 않아도 됩니다.
- 경력 : 금전적 보수를 받고 일정기간 동안 일했던 경우
- 경험 : 금전적 보수를 받지 않고 수행한 활동

※ 기업에 따라 경력 / 경험 관련 증빙자료 요구 가능

구분	조직명	직위 / 역할	활동기간(년 / 월)	주요과업 / 활동내용

Tip

입사지원서 작성 방법

○ 경력 및 경험사항 작성
- 직무기술서에 제시된 지식, 기술, 태도와 지원자의 교육사항, 경력(경험)사항, 자격사항과 연계하여 개인의 직무역량에 대해 스스로 판단 가능

○ 인적사항 최소화
- 개인의 인적사항, 학교명, 가족관계 등을 노출하지 않도록 유의

> 부적절한 입사지원서 작성 사례
> - 학교 이메일을 기입하여 학교명 노출
> - 거주지 주소에 학교 기숙사 주소를 기입하여 학교명 노출
> - 자기소개서에 부모님이 재직 중인 기업명, 직위, 직업을 기입하여 가족관계 노출
> - 자기소개서에 석·박사 과정에 대한 이야기를 언급하여 학력 노출
> - 동아리 활동에 대한 내용을 학교명과 더불어 언급하여 학교명 노출

1. 자기소개서의 변화

- 기존의 자기소개서는 지원자의 일대기나 관심 분야, 성격의 장·단점 등 개괄적인 사항을 묻는 질문으로 구성되어 지원자가 자신의 직무능력을 제대로 표출하지 못합니다.
- 능력중심 채용의 자기소개서는 직무기술서에 제시된 직업기초능력(또는 직무수행능력)에 대한 지원자의 과거 경험을 기술하게 함으로써 평가 타당도의 확보가 가능합니다.

1. 우리 회사와 해당 지원 직무분야에 지원한 동기에 대해 기술해 주세요.
2. 자신이 경험한 다양한 사회활동에 대해 기술해 주세요.
3. 지원 직무에 대한 전문성을 키우기 위해 받은 교육과 경험 및 경력사항에 대해 기술해 주세요.
4. 인사업무 또는 팀 과제 수행 중 발생한 갈등을 원만하게 해결해 본 경험이 있습니까? 당시 상황에 대한 설명과 갈등의 대상이 되었던 상대방을 설득한 과정 및 방법을 기술해 주세요.
5. 과거에 있었던 일 중 가장 어려웠던(힘들었었던) 상황을 고르고, 어떤 방법으로 그 상황을 해결했는지를 기술해 주세요.

PART 3

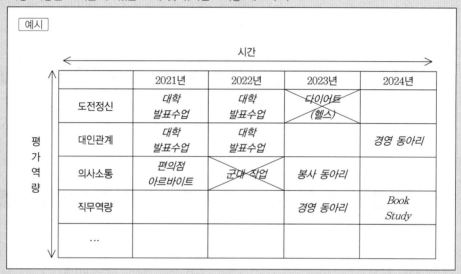

Tip

자기소개서 작성 방법

① 자기소개서 문항이 묻고 있는 평가 역량 추측하기

예시

- 팀 활동을 하면서 갈등 상황 시 상대방의 니즈나 의도를 명확히 파악하고 해결하여 목표 달성에 기여했던 경험에 대해서 작성해 주시기 바랍니다.
- 다른 사람이 생각해내지 못했던 문제점을 찾고 이를 해결한 경험에 대해 작성해 주시기 바랍니다.

② 해당 역량을 보여줄 수 있는 소재 찾기(시간×역량 매트릭스)

예시

		2021년	2022년	2023년	2024년
평가역량	도전정신	*대학 발표수업*	*대학 발표수업*	~~*다이어트 (헬스)*~~	
	대인관계	*대학 발표수업*	*대학 발표수업*		*경영 동아리*
	의사소통	*편의점 아르바이트*	~~*군대 작업*~~	*봉사 동아리*	
	직무역량			*경영 동아리*	*Book Study*
	…				

시간

③ 자기소개서 작성 Skill 익히기
- 두괄식으로 작성하기
- 구체적 사례를 사용하기
- '나'를 중심으로 작성하기
- 직무역량 강조하기
- 경험 사례의 차별성 강조하기

03 | 인성검사 소개 및 모의테스트

01 　인성검사 유형

인성검사는 지원자의 성격특성을 객관적으로 파악하고 그것이 각 기업에서 필요로 하는 인재상과 가치에 부합하는가를 평가하기 위한 검사입니다. 인성검사는 KPDI(한국인재개발진흥원), K-SAD(한국사회적성개발원), KIRBS(한국행동과학연구소), SHR(에스에이치알) 등의 전문기관을 통해 각 기업의 특성에 맞는 검사를 선택하여 실시합니다. 대표적인 인성검사의 유형에는 크게 다음과 같은 세 가지가 있으며, 채용 대행업체에 따라 달라집니다.

1. KPDI 검사

조직적응성과 직무적합성을 알아보기 위한 검사로 인성검사, 인성역량검사, 인적성검사, 직종별 인적성 검사 등의 다양한 검사 도구를 구현합니다. KPDI는 성격을 파악하고 정신건강 상태 등을 측정하고, 직무 검사는 해당 직무를 수행하기 위해 기본적으로 갖추어야 할 인지적 능력을 측정합니다. 역량검사는 특정 직무 역할을 효과적으로 수행하는 데 직접적으로 관련 있는 개인의 행동, 지식, 스킬, 가치관 등을 측정합니다.

2. KAD(Korea Aptitude Development) 검사

K-SAD(한국사회적성개발원)에서 실시하는 적성검사 프로그램입니다. 개인의 성향, 지적 능력, 기호, 관심, 흥미도를 종합적으로 분석하여 적성에 맞는 업무가 무엇인가 파악하고, 직무수행에 있어서 요구되는 기초능력과 실무능력을 분석합니다.

3. SHR 직무적성검사

직무수행에 필요한 종합적인 사고 능력을 다양한 적성검사(Paper and Pencil Test)로 평가합니다. SHR의 모든 직무능력검사는 표준화 검사입니다. 표준화 검사는 표본집단의 점수를 기초로 규준이 만들어진 검사이므로 개인의 점수를 규준에 맞추어 해석·비교하는 것이 가능합니다. S(Standardized Tests), H(Hundreds of Version), R(Reliable Norm Data)을 특징으로 하며, 직군·직급별 특성과 선발 수준에 맞추어 검사를 적용할 수 있습니다.

인성검사는 특히 면접질문과 관련성이 높습니다. 면접관은 지원자의 인성검사 결과를 토대로 질문을 하기 때문입니다. 일관적이고 이상적인 답변을 하는 것이 가장 좋지만, 실제 시험은 매우 복잡하여 전문가라 해도 일정 성격을 유지하면서 답변을 하는 것이 힘듭니다. 또한, 인성검사에는 라이 스케일(Lie Scale) 설문이 전체 설문 속에 교묘하게 섞여 들어가 있으므로 겉치레적인 답을 하게 되면 회답태도의 허위성이 그대로 드러나게 됩니다. 예를 들어 '거짓말을 한 적이 한 번도 없다.'에 '예'로 답하고, '때로는 거짓말을 하기도 한다.'에 '예'라고 답하여 라이 스케일의 득점이 올라가게 되면 모든 회답의 신빙성이 사라지고 '자신을 돋보이게 하려는 사람'이라는 평가를 받을 수 있으므로 주의해야 합니다. 따라서 모의테스트를 통해 인성검사의 유형과 실제 시험 시 어떻게 문제를 풀어야 하는지 연습해 보고 체크한 부분 중 자신의 단점과 연결되는 부분은 면접에서 질문이 들어왔을 때 어떻게 대처해야 하는지 생각해 보는 것이 좋습니다.

1. 기업의 인재상을 파악하라!

인성검사를 통해 개인의 성격 특성을 파악하고 그것이 기업의 인재상과 가치에 부합하는지를 평가하는 시험이기 때문에 해당 기업의 인재상을 먼저 파악하고 시험에 임하는 것이 좋습니다. 모의테스트에서 인재상에 맞는 가상의 인물을 설정하고 문제에 답해 보는 것도 많은 도움이 됩니다.

2. 일관성 있는 대답을 하라!

짧은 시간 안에 다양한 질문에 답을 해야 하는데, 그 안에는 중복되는 질문이 여러 번 나옵니다. 이때 앞서 자신이 체크했던 대답을 잘 기억해뒀다가 일관성 있는 답을 하는 것이 중요합니다.

3. 모든 문항에 대답하라!

많은 문제를 짧은 시간 안에 풀려다 보니 다 못 푸는 경우도 종종 생깁니다. 하지만 대답을 누락하거나 끝까지 다 못했을 경우 좋지 않은 결과를 가져올 수도 있으니 최대한 주어진 시간 안에 모든 문항에 답할 수 있도록 해야 합니다.

※ 모의테스트는 질문 및 답변 유형 연습을 위한 것으로 실제 시험과 다를 수 있습니다.
※ 인성검사는 정답이 따로 없는 유형의 검사이므로 결과지를 제공하지 않습니다.

번호	내용	예	아니요
001	나는 솔직한 편이다.	☐	☐
002	나는 리드하는 것을 좋아한다.	☐	☐
003	법을 어겨서 말썽이 된 적이 한 번도 없다.	☐	☐
004	거짓말을 한 번도 한 적이 없다.	☐	☐
005	나는 눈치가 빠르다.	☐	☐
006	나는 일을 주도하기보다는 뒤에서 지원하는 것을 선호한다.	☐	☐
007	앞일은 알 수 없기 때문에 계획은 필요하지 않다.	☐	☐
008	거짓말도 때로는 방편이라고 생각한다.	☐	☐
009	사람이 많은 술자리를 좋아한다.	☐	☐
010	걱정이 지나치게 많다.	☐	☐
011	일을 시작하기 전 재고하는 경향이 있다.	☐	☐
012	불의를 참지 못한다.	☐	☐
013	처음 만나는 사람과도 이야기를 잘 한다.	☐	☐
014	때로는 변화가 두렵다.	☐	☐
015	나는 모든 사람에게 친절하다.	☐	☐
016	힘든 일이 있을 때 술은 위로가 되지 않는다.	☐	☐
017	결정을 빨리 내리지 못해 손해를 본 경험이 있다.	☐	☐
018	기회를 잡을 준비가 되어 있다.	☐	☐
019	때로는 내가 정말 쓸모없는 사람이라고 느낀다.	☐	☐
020	누군가 나를 챙겨주는 것이 좋다.	☐	☐
021	자주 가슴이 답답하다.	☐	☐
022	나는 내가 자랑스럽다.	☐	☐
023	경험이 중요하다고 생각한다.	☐	☐
024	전자기기를 분해하고 다시 조립하는 것을 좋아한다.	☐	☐

PART 3

025	감시받고 있다는 느낌이 든다.	☐	☐
026	난처한 상황에 놓이면 그 순간을 피하고 싶다.	☐	☐
027	세상엔 믿을 사람이 없다.	☐	☐
028	잘못을 빨리 인정하는 편이다.	☐	☐
029	지도를 보고 길을 잘 찾아간다.	☐	☐
030	귓속말을 하는 사람을 보면 날 비난하고 있는 것 같다.	☐	☐
031	막무가내라는 말을 들을 때가 있다.	☐	☐
032	장래의 일을 생각하면 불안하다.	☐	☐
033	결과보다 과정이 중요하다고 생각한다.	☐	☐
034	운동은 그다지 할 필요가 없다고 생각한다.	☐	☐
035	새로운 일을 시작할 때 좀처럼 한 발을 떼지 못한다.	☐	☐
036	기분 상하는 일이 있더라도 참는 편이다.	☐	☐
037	업무능력은 성과로 평가받아야 한다고 생각한다.	☐	☐
038	머리가 맑지 못하고 무거운 느낌이 든다.	☐	☐
039	가끔 이상한 소리가 들린다.	☐	☐
040	타인이 내게 자주 고민상담을 하는 편이다.	☐	☐

※ 모의테스트는 질문 및 답변 유형 연습을 위한 것으로 실제 시험과 다를 수 있습니다.
※ 인성검사는 정답이 따로 없는 유형의 검사이므로 결과지를 제공하지 않습니다.

※ 이 성격검사의 각 문항에는 서로 다른 행동을 나타내는 네 개의 문장이 제시되어 있습니다. 이 문장들을 비교하여, 자신의 평소 행동과 가장 가까운 문장을 'ㄱ' 열에 표기하고, 가장 먼 문장을 'ㅁ' 열에 표기하십시오.

01 나는 _____

	ㄱ	ㅁ
A. 실용적인 해결책을 찾는다.	☐	☐
B. 다른 사람을 돕는 것을 좋아한다.	☐	☐
C. 세부 사항을 잘 챙긴다.	☐	☐
D. 상대의 주장에서 허점을 잘 찾는다.	☐	☐

02 나는 _____

	ㄱ	ㅁ
A. 매사에 적극적으로 임한다.	☐	☐
B. 즉흥적인 편이다.	☐	☐
C. 관찰력이 있다.	☐	☐
D. 임기응변에 강하다.	☐	☐

03 나는 _____

	ㄱ	ㅁ
A. 무서운 영화를 잘 본다.	☐	☐
B. 조용한 곳이 좋다.	☐	☐
C. 가끔 울고 싶다.	☐	☐
D. 집중력이 좋다.	☐	☐

04 나는 _____

	ㄱ	ㅁ
A. 기계를 조립하는 것을 좋아한다.	☐	☐
B. 집단에서 리드하는 역할을 맡는다.	☐	☐
C. 호기심이 많다.	☐	☐
D. 음악을 듣는 것을 좋아한다.	☐	☐

05 나는 _____

	ㄱ	ㅁ
A. 타인을 늘 배려한다.	☐	☐
B. 감수성이 예민하다.	☐	☐
C. 즐겨하는 운동이 있다.	☐	☐
D. 일을 시작하기 전에 계획을 세운다.	☐	☐

06 나는 _____

	ㄱ	ㅁ
A. 타인에게 설명하는 것을 좋아한다.	☐	☐
B. 여행을 좋아한다.	☐	☐
C. 정적인 것이 좋다.	☐	☐
D. 남을 돕는 것에 보람을 느낀다.	☐	☐

07 나는 _____

	ㄱ	ㅁ
A. 기계를 능숙하게 다룬다.	☐	☐
B. 밤에 잠이 잘 오지 않는다.	☐	☐
C. 한 번 간 길을 잘 기억한다.	☐	☐
D. 불의를 보면 참을 수 없다.	☐	☐

08 나는 _____

	ㄱ	ㅁ
A. 종일 말을 하지 않을 때가 있다.	☐	☐
B. 사람이 많은 곳을 좋아한다.	☐	☐
C. 술을 좋아한다.	☐	☐
D. 휴양지에서 편하게 쉬고 싶다.	☐	☐

09 나는 _____

	ㄱ	ㅁ
A. 뉴스보다는 드라마를 좋아한다.	☐	☐
B. 길을 잘 찾는다.	☐	☐
C. 주말엔 집에서 쉬는 것이 좋다.	☐	☐
D. 아침에 일어나는 것이 힘들다.	☐	☐

10 나는 _____

	ㄱ	ㅁ
A. 이성적이다.	☐	☐
B. 할 일을 종종 미룬다.	☐	☐
C. 어른을 대하는 게 힘들다.	☐	☐
D. 불을 보면 매혹을 느낀다.	☐	☐

11 나는 _____

	ㄱ	ㅁ
A. 상상력이 풍부하다.	☐	☐
B. 예의 바르다는 소리를 자주 듣는다.	☐	☐
C. 사람들 앞에 서면 긴장한다.	☐	☐
D. 친구를 자주 만난다.	☐	☐

12 나는 _____

	ㄱ	ㅁ
A. 나만의 스트레스 해소 방법이 있다.	☐	☐
B. 친구가 많다.	☐	☐
C. 책을 자주 읽는다.	☐	☐
D. 활동적이다.	☐	☐

PART 3

04 | 면접전형 가이드

01 | 면접유형 파악

1. 면접전형의 변화

기존 면접전형에서는 일상적이고 단편적인 대화나 지원자의 첫인상 및 면접관의 주관적인 판단 등에 의해서 입사 결정 여부를 판단하는 경우가 많았습니다. 이러한 면접전형은 면접 내용의 일관성이 결여되거나 직무 관련 타당성이 부족하였고, 면접에 대한 신뢰도에 영향을 주었습니다.

기존 면접(전통적 면접)		능력중심 채용 면접(구조화 면접)

• 일상적이고 단편적인 대화
• 인상, 외모 등 외부 요소의 영향
• 주관적인 판단에 의존한 총점 부여
 	
⇩
 	
• 면접 내용의 일관성 결여
• 직무관련 타당성 부족
• 주관적인 채점으로 신뢰도 저하
	VS	• 일관성
		   – 직무관련 역량에 초점을 둔 구체적 질문 목록
		   – 지원자별 동일 질문 적용
		• 구조화
		   – 면접 진행 및 평가 절차를 일정한 체계에 의해 구성
		• 표준화
		   – 평가 타당도 제고를 위한 평가 Matrix 구성
		   – 척도에 따라 항목별 채점, 개인 간 비교
		• 신뢰성
		   – 면접진행 매뉴얼에 따라 면접위원 교육 및 실습

2. 능력중심 채용의 면접 유형

① 경험 면접
- 목적 : 선발하고자 하는 직무 능력이 필요한 과거 경험을 질문합니다.
- 평가요소 : 직업기초능력과 인성 및 태도적 요소를 평가합니다.

② 상황 면접
- 목적 : 특정 상황을 제시하고 지원자의 행동을 관찰함으로써 실제 상황의 행동을 예상합니다.
- 평가요소 : 직업기초능력과 인성 및 태도적 요소를 평가합니다.

③ 발표 면접
- 목적 : 특정 주제와 관련된 지원자의 발표와 질의응답을 통해 지원자 역량을 평가합니다.
- 평가요소 : 직무수행능력과 인지적 역량(문제해결능력)을 평가합니다.

④ 토론 면접
- 목적 : 토의과제에 대한 의견수렴 과정에서 지원자의 역량과 상호작용능력을 평가합니다.
- 평가요소 : 직무수행능력과 팀워크를 평가합니다.

1. 경험 면접

① 경험 면접의 특징

- 주로 직업기초능력에 관련된 지원자의 과거 경험을 심층 질문하여 검증하는 면접입니다.
- 직무능력과 관련된 과거 경험을 평가하기 위해 심층 질문을 하며, 이 질문은 지원자의 답변에 대하여 '꼬리에 꼬리를 무는 형식'으로 진행됩니다.

> - 능력요소, 정의, 심사 기준
>   - 평가하고자 하는 능력요소, 정의, 심사기준을 확인하여 면접위원이 해당 능력요소 관련 질문을 제시합니다.
> - Opening Question
>   - 능력요소에 관련된 과거 경험을 유도하기 위한 시작 질문을 합니다.
> - Follow-up Question
>   - 지원자의 경험 수준을 구체적으로 검증하기 위한 질문입니다.
>   - 경험 수준 검증을 위한 상황(Situation), 임무(Task), 역할 및 노력(Action), 결과(Result) 등으로 질문을 구분합니다.

경험 면접의 형태

[면접관 1] [면접관 2] [면접관 3]   [면접관 1] [면접관 2] [면접관 3]

[지원자]   [지원자 1] [지원자 2] [지원자 3]

〈일대다 면접〉   〈다대다 면접〉

② 경험 면접의 구조

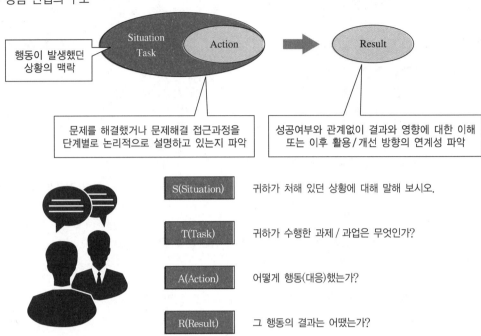

행동이 발생했던 상황의 맥락

문제를 해결했거나 문제해결 접근과정을 단계별로 논리적으로 설명하고 있는지 파악

성공여부와 관계없이 결과와 영향에 대한 이해 또는 이후 활용 / 개선 방향의 연계성 파악

S(Situation) 귀하가 처해 있던 상황에 대해 말해 보시오.

T(Task) 귀하가 수행한 과제 / 과업은 무엇인가?

A(Action) 어떻게 행동(대응)했는가?

R(Result) 그 행동의 결과는 어땠는가?

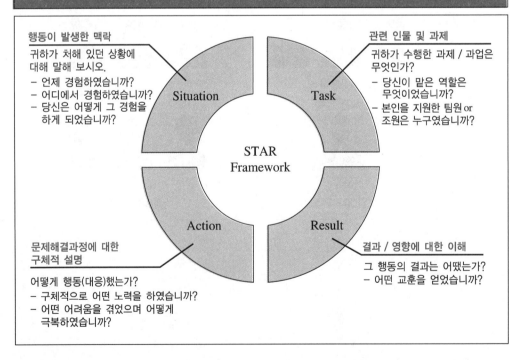

(   )에 관한 과거 경험에 대하여 말해 보시오.

행동이 발생한 맥락
귀하가 처해 있던 상황에 대해 말해 보시오.
- 언제 경험하였습니까?
- 어디에서 경험하였습니까?
- 당신은 어떻게 그 경험을 하게 되었습니까?

Situation

관련 인물 및 과제
귀하가 수행한 과제 / 과업은 무엇인가?
- 당신이 맡은 역할은 무엇이었습니까?
- 본인을 지원한 팀원 or 조원은 누구였습니까?

Task

STAR Framework

Action

문제해결과정에 대한 구체적 설명
어떻게 행동(대응)했는가?
- 구체적으로 어떤 노력을 하였습니까?
- 어떤 어려움을 겪었으며 어떻게 극복하였습니까?

Result

결과 / 영향에 대한 이해
그 행동의 결과는 어땠는가?
- 어떤 교훈을 얻었습니까?

③ 경험 면접 질문 예시(직업윤리)

시작 질문	
1	남들이 신경 쓰지 않는 부분까지 고려하여 절차대로 업무(연구)를 수행하여 성과를 낸 경험을 구체적으로 말해 보시오.
2	조직의 원칙과 절차를 철저히 준수하며 업무(연구)를 수행한 것 중 성과를 향상시킨 경험에 대해 구체적으로 말해 보시오.
3	세부적인 절차와 규칙에 주의를 기울여 실수 없이 업무(연구)를 마무리한 경험을 구체적으로 말해 보시오.
4	조직의 규칙이나 원칙을 고려하여 성실하게 일했던 경험을 구체적으로 말해 보시오.
5	타인의 실수를 바로잡고 원칙과 절차대로 수행하여 성공적으로 업무를 마무리하였던 경험에 대해 말해 보시오.

후속 질문		
상황 (Situation)	상황	구체적으로 언제, 어디에서 경험한 일인가?
		어떤 상황이었는가?
	조직	어떤 조직에 속해 있었는가?
		그 조직의 특성은 무엇이었는가?
		몇 명으로 구성된 조직이었는가?
	기간	해당 조직에서 얼마나 일했는가?
		해당 업무는 몇 개월 동안 지속되었는가?
	조직규칙	조직의 원칙이나 규칙은 무엇이었는가?
임무 (Task)	과제	과제의 목표는 무엇이었는가?
		과제에 적용되는 조직의 원칙은 무엇이었는가?
		그 규칙을 지켜야 하는 이유는 무엇이었는가?
	역할	당신이 조직에서 맡은 역할은 무엇이었는가?
		과제에서 맡은 역할은 무엇이었는가?
	문제의식	규칙을 지키지 않을 경우 생기는 문제점 / 불편함은 무엇인가?
		해당 규칙이 왜 중요하다고 생각하였는가?
역할 및 노력 (Action)	행동	업무 과정의 어떤 장면에서 규칙을 철저히 준수하였는가?
		어떻게 규정을 적용시켜 업무를 수행하였는가?
		규정은 준수하는 데 어려움은 없었는가?
	노력	그 규칙을 지키기 위해 스스로 어떤 노력을 기울였는가?
		본인의 생각이나 태도에 어떤 변화가 있었는가?
		다른 사람들은 어떤 노력을 기울였는가?
	동료관계	동료들은 규칙을 철저히 준수하고 있었는가?
		팀원들은 해당 규칙에 대해 어떻게 반응하였는가?
		규칙에 대한 태도를 개선하기 위해 어떤 노력을 하였는가?
		팀원들의 태도는 당신에게 어떤 자극을 주었는가?
	업무추진	주어진 업무를 추진하는 데 규칙이 방해되진 않았는가?
		업무수행 과정에서 규정을 어떻게 적용하였는가?
		업무 시 규정을 준수해야 한다고 생각한 이유는 무엇인가?

결과 (Result)	평가	규칙을 어느 정도나 준수하였는가?
		그렇게 준수할 수 있었던 이유는 무엇이었는가?
		업무의 성과는 어느 정도였는가?
		성과에 만족하였는가?
		비슷한 상황이 온다면 어떻게 할 것인가?
	피드백	주변 사람들로부터 어떤 평가를 받았는가?
		그러한 평가에 만족하는가?
		다른 사람에게 본인의 행동이 영향을 주었다고 생각하는가?
	교훈	업무수행 과정에서 중요한 점은 무엇이라고 생각하는가?
		이 경험을 통해 느낀 바는 무엇인가?

2. 상황 면접

① 상황 면접의 특징

직무 관련 상황을 가정하여 제시하고 이에 대한 대응능력을 직무관련성 측면에서 평가하는 면접입니다.

- 상황 면접 과제의 구성은 크게 2가지로 구분
  - 상황 제시(Description) / 문제 제시(Question or Problem)
- 현장의 실제 업무 상황을 반영하여 과제를 제시하므로 직무분석이나 직무전문가 워크숍 등을 거쳐 현장성을 높임
- 문제는 상황에 대한 기본적인 이해능력(이론적 지식)과 함께 실질적 대응이나 변수 고려능력(실천적 능력) 등을 고르게 질문해야 함

상황 면접의 형태

[면접관 1] [면접관 2]

[연기자 1] [연기자 2] [면접관 1] [면접관 2]

[지원자] [지원자 1] [지원자 2] [지원자 3]

〈시뮬레이션〉 〈문답형〉

② 상황 면접 예시

상황 제시	인천공항 여객터미널 내에는 다양한 용도의 시설(사무실, 통신실, 식당, 전산실, 창고 면세점 등)이 설치되어 있습니다.	실제 업무 상황에 기반함
	금년에 소방배관의 누수가 잦아 메인 배관을 교체하는 공사를 추진하고 있으며, 당신은 이번 공사의 담당자입니다.	배경 정보
	주간에는 공항 운영이 이루어져 주로 야간에만 배관 교체 공사를 수행하던 중, 시공하는 기능공의 실수로 배관 연결 부위를 잘못 건드려 고압배관의 소화수가 누출되는 사고가 발생하였으며, 이로 인해 인근 시설물에 누수에 의한 피해가 발생하였습니다.	구체적인 문제 상황
문제 제시	일반적인 소방배관의 배관연결(이음)방식과 배관의 이탈(누수)이 발생하는 원인에 대해 설명해 보시오.	문제 상황 해결을 위한 기본 지식 문항
	담당자로서 본 사고를 현장에서 긴급히 처리하는 프로세스를 제시하고, 보수완료 후 사후적 조치가 필요한 부분 및 재발방지 방안에 대해 설명해 보시오.	문제 상황 해결을 위한 추가 대응 문항

3. 발표 면접

① 발표 면접의 특징

- 직무관련 주제에 대한 지원자의 생각을 정리하여 의견을 제시하고, 발표 및 질의응답을 통해 지원자의 직무능력을 평가하는 면접입니다.
- 발표 주제는 직무와 관련된 자료로 제공되며, 일정 시간 후 지원자가 보유한 지식 및 방안에 대한 발표 및 후속 질문을 통해 직무적합성을 평가합니다.

> - 주요 평가요소
>   - 설득적 말하기 / 발표능력 / 문제해결능력 / 직무관련 전문성
> - 이미 언론을 통해 공론화된 시사 이슈보다는 해당 직무분야에 관련된 주제가 발표면접의 과제로 선정되는 경우가 최근 들어 늘어나고 있음
> - 짧은 시간 동안 주어진 과제를 빠른 속도로 분석하여 발표문을 작성하고 제한된 시간 안에 면접관에게 효과적인 발표를 진행하는 것이 핵심

발표 면접의 형태

[면접관 1]　[면접관 2]　　　　　　[면접관 1]　[면접관 2]

[지원자]　　　　　　　[지원자 1]　[지원자 2]　[지원자 3]

〈개별 과제 발표〉　　　　　　　〈팀 과제 발표〉

※ 면접관에게 시각적 효과를 사용하여 메시지를 전달하는 쌍방향 커뮤니케이션 방식
※ 심층면접을 보완하기 위한 방안으로 최근 많은 기업에서 적극 도입하는 추세

② 발표 면접 예시

1. 지시문

당신은 현재 A사에서 직원들의 성과평가를 담당하고 있는 팀원이다. 인사팀은 지난주부터 사내 조직문화관련 인터뷰를 하던 도중 성과평가제도에 관련된 개선 니즈가 제일 많다는 것을 알게 되었다. 이에 팀장님은 인터뷰 결과를 종합하려 성과평가제도 개선 아이디어를 A4용지에 정리하여 신속 보고할 것을 지시하셨다. 당신에게 남은 시간은 1시간이다. 자료를 준비하는 대로 당신은 팀원들이 모인 회의실에서 5분 간 발표할 것이며, 이후 질의응답을 진행할 것이다.

2. 배경자료

〈성과평가제도 개선에 대한 인터뷰〉

최근 A사는 회사 사세의 급성장으로 인해 작년보다 매출이 두 배 성장하였고, 직원 수 또한 두 배로 증가하였다. 회사의 성장은 임금, 복지에 대한 상승 등 긍정적인 영향을 주었으나 업무의 불균형 및 성과보상의 불평등 문제가 발생하였다. 또한 수시로 입사하는 신입직원과 경력직원, 퇴사하는 직원들까지 인원들의 잦은 변동으로 인해 평가해야 할 대상이 변경되어 현재의 성과평가제도로는 공정한 평가가 어려운 상황이다.

[생산부서 김상호]
우리 팀은 지난 1년 동안 생산량이 급증했기 때문에 수십 명의 신규인력이 급하게 채용되었습니다. 이 때문에 저희 팀장님은 신규 입사자들의 이름조차 기억 못할 때가 많이 있습니다. 성과평가를 제대로 하고 있는지 의문이 듭니다.

[마케팅 부서 김흥민]
개인의 성과평가의 취지는 충분히 이해합니다. 그러나 현재 평가는 실적기반이나 정성적인 평가가 많이 포함되어 있어 객관성과 공정성에는 의문이 드는 것이 사실입니다. 이러한 상황에서 평가제도를 재수립하지 않고, 인센티브에 계속 반영한다면, 평가제도에 대한 반감이 커질 것이 분명합니다.

[교육부서 홍경민]
현재 교육부서는 인사팀과 밀접하게 일하고 있습니다. 그럼에도 인사팀에서 실시하는 성과평가제도에 대한 이해가 부족한 것 같습니다.

[기획부서 김경호 차장]
저는 저의 평가자 중 하나가 연구부서의 팀장님인데, 일 년에 몇 번 같이 일하지 않는데 어떻게 저를 평가할 수 있을까요? 특히 연구팀은 저희가 예산을 배정하는데, 저에게는 좋지만….

4. 토론 면접

① 토론 면접의 특징
- 다수의 지원자가 조를 편성해 과제에 대한 토론(토의)을 통해 결론을 도출해가는 면접입니다.
- 의사소통능력, 팀워크, 종합인성 등의 평가에 용이합니다.

> - 주요 평가요소
>   - 설득적 말하기, 경청능력, 팀워크, 종합인성
> - 의견 대립이 명확한 주제 또는 채용분야의 직무 관련 주요 현안을 주제로 과제 구성
> - 제한된 시간 내 토론을 진행해야 하므로 적극적으로 자신 있게 토론에 임하고 본인의 의견을 개진할 수 있어야 함

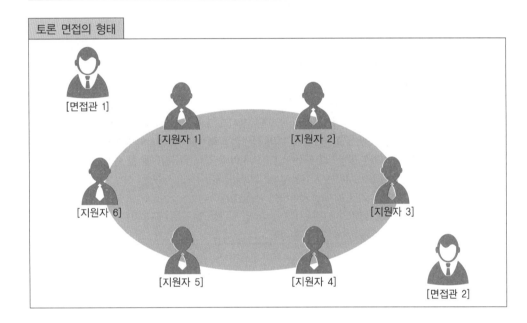

토론 면접의 형태

[면접관 1] [지원자 1] [지원자 2] [지원자 6] [지원자 3] [지원자 5] [지원자 4] [면접관 2]

② 토론 면접 예시

고객 불만 고충처리

1. 들어가며

최근 우리 상품에 대한 고객 불만의 증가로 고객고충처리 TF가 만들어졌고 당신은 여기에 지원해 배치받았다. 당신의 업무는 불만을 가진 고객을 만나서 애로사항을 듣고 처리해 주는 일이다. 주된 업무로는 고객의 니즈를 파악해 방향성을 제시해 주고 그 해결책을 마련하는 일이다. 하지만 경우에 따라서 고객의 주관적인 의견으로 인해 제대로 된 방향으로 의사결정을 하지 못할 때가 있다. 이럴 경우 설득이나 논쟁을 해서라도 의견을 관철시키는 것이 좋을지 아니면 고객의 의견대로 진행하는 것이 좋을지 결정해야 할 때가 있다. 만약 당신이라면 이러한 상황에서 어떤 결정을 내릴 것인지 여부를 자유롭게 토론해 보시오.

2. 1분 자유 발언 시 준비사항

• 당신은 의견을 자유롭게 개진할 수 있으며 이에 따른 불이익은 없습니다.

• 토론의 방향성을 이해하고, 내용의 장점과 단점이 무엇인지 문제를 명확히 말해야 합니다.

• 합리적인 근거에 기초하여 개선방안을 명확히 제시해야 합니다.

• 제시한 방안을 실행 시 예상되는 긍정적 · 부정적 영향요인도 동시에 고려할 필요가 있습니다.

3. 토론 시 유의사항

• 토론 주제문과 제공해드린 메모지, 볼펜만 가지고 토론장에 입장할 수 있습니다.

• 사회자의 지정 또는 발표자가 손을 들어 발언권을 획득할 수 있으며, 사회자의 통제에 따릅니다.

• 토론회가 시작되면, 팀의 의견과 논거를 정리하여 1분간의 자유발언을 할 수 있습니다. 순서는 사회자가 지정합니다. 이후에는 자유롭게 상대방에게 질문하거나 답변을 하실 수 있습니다.

• 핸드폰, 서적 등 외부 매체는 사용하실 수 없습니다.

• 논제에 벗어나는 발언이나 지나치게 공격적인 발언을 할 경우, 위에서 제시한 유의사항을 지키지 않을 경우 불이익을 받을 수 있습니다.

1. 면접 Role Play 편성

- 교육생끼리 조를 편성하여 면접관과 지원자 역할을 교대로 진행합니다.
- 지원자 입장과 면접관 입장을 모두 경험해 보면서 면접에 대한 적응력을 높일 수 있습니다.

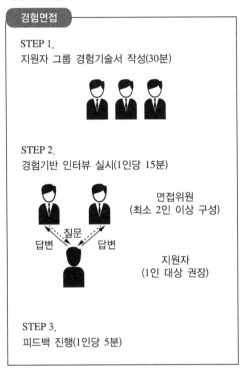

경험면접

STEP 1.
지원자 그룹 경험기술서 작성(30분)

STEP 2.
경험기반 인터뷰 실시(1인당 15분)

면접위원
(최소 2인 이상 구성)

질문
답변   답변

지원자
(1인 대상 권장)

STEP 3.
피드백 진행(1인당 5분)

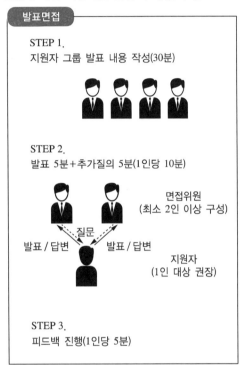

발표면접

STEP 1.
지원자 그룹 발표 내용 작성(30분)

STEP 2.
발표 5분+추가질의 5분(1인당 10분)

면접위원
(최소 2인 이상 구성)

질문
발표 / 답변   발표 / 답변

지원자
(1인 대상 권장)

STEP 3.
피드백 진행(1인당 5분)

Tip

면접 준비하기
1. 면접 유형 확인 필수
   - 기업마다 면접 유형이 상이하기 때문에 해당 기업의 면접 유형을 확인하는 것이 좋음
   - 일반적으로 실무진 면접, 임원면접 2차례에 거쳐 면접을 실시하는 기업이 많고 실무진 면접과 임원 면접에서 평가요소가 다르기 때문에 유형에 맞는 준비방법이 필요
2. 후속 질문에 대한 사전 점검
   - 블라인드 채용 면접에서는 주요 질문과 함께 후속 질문을 통해 지원자의 직무능력을 판단
     → STAR 기법을 통한 후속 질문에 미리 대비하는 것이 필요

PART 3

05 | 대구교통공사 면접 기출질문

대구교통공사의 면접전형은 서류심사의 합격자 중 인성검사 응시자를 대상으로 '직원으로서의 정신자세', '전문지식과 응용능력', '의사발표의 정확성과 논리성', '예의·품행 및 성실성', '창의력과 의지력을 포함한 기타 발전 가능성'을 평가한다. 각 요소를 상, 중, 하로 채점하여 면접위원별 점수의 평균이 '중' 이상인 경우에 합격 처리가 되며, 어느 한 요소에 대해서 면접위원의 과반수가 '하'로 채점한 경우에는 불합격 처리가 된다. 1차 면접은 면접위원들과 1대多 PT 면접으로, 2차 면접은 多대多 일반 면접으로 진행된다.

1. PT 면접

- 대구교통공사가 무임승차 가능 연령의 상한을 높이려고 하는데, 이에 대해 어떻게 생각하는가? 만일 찬성한다면 반발을 어떻게 해결할 수 있겠는가? [2024년]
- 대구교통공사가 종합청렴도 12년 연속 우수등급을 달성했는데, 이를 유지하기 위해 본인이 할 수 있는 것이 있다면 무엇인가? [2024년]
- 타인과 협업할 때, 더 높은 성과를 내려면 어떤 노력을 해야 하는지 본인의 생각을 말해 보시오.
- 타 지원자에 비해 공백 기간이 긴 편인데, 그 기간에 무엇을 하였는가?
- 조직의 원칙과 규칙을 준수하면서 성과를 향상시킨 경험이 있다면 발표해 보시오.
- 대구도시철도의 승객 증대 방안에 대해 발표해 보시오.
- 지원자가 최근 새로운 과제나 일을 열정적으로 추진해 보았거나 도전해 본 경험이 있다면 발표해 보시오.
- 공기업의 사회적 역할과 공기업 직원으로서의 갖추어야 할 자세는 무엇인가?
- 단체나 조직에서 문제를 해결한 경험에 대하여 발표해 보시오.
- 지원자가 책임감을 가지고 끝까지 임무를 완수한 것에 대하여 발표해 보시오.
- 신입사원이 가져야 할 직무역량 중 가장 중요한 것은 무엇인지 경험과 자신의 가치관에 따라 발표해 보시오.
- 단체나 조직에서 발생한 갈등을 해결한 경험에 대하여 발표해 보시오.
- 팀워크 경험에 대하여 발표해 보시오.
- 지하철을 이용하면서 불편하였던 경험에 대하여 설명해 보시오.
- 본인의 역량을 바탕으로 공사를 발전시킬 방안에 대하여 발표해 보시오.
- 대구도시철도의 적자 개선안에 대하여 발표해 보시오.
- 철도 이용 시 교통카드에서 금액이 차감되는 원리에 대하여 발표해 보시오.
- 대구도시철도의 승객 활성화 방안에 대하여 발표해 보시오.
- 조직생활에서 발생할 수 있는 문제와 이를 해결할 수 있는 지원자의 아이디어 또는 노력에 대하여 발표해 보시오.
- 대구도시철도 이용 증대 방안에 대하여 발표해 보시오.

- 자신이 속해있던 집단 내에서 발생했던 괴리감과 그에 관련한 경험에 대하여 발표해 보시오.
- 대구도시철도 3호선에 대하여 알고 있는 것과 3호선의 불편한 점을 발표해 보시오.
- 대구도시철도 3호선의 개선 방안에 대하여 지원자의 의견을 제시하고 앞으로 개혁 방안에 대하여 발표해 보시오.
- 살아오면서 자발적으로 남을 도와주어 보람을 느꼈었던 경험에 대하여 발표해 보시오.
- 리더의 자질에 대하여 발표해 보시오.
- 자신의 강점과 그 강점을 더 높이기 위한 노력에 대하여 발표해 보시오.
- 대학시절 가장 기억에 남는 활동을 하나 소개하고, 그 경험이 우리 공사에서 어떻게 도움이 될지 발표해 보시오.

2. 일반 면접

- 본인이 입사하게 된다면 어떤 부서에 어떤 도움이 될 것 같은가? [2024년]
- 평소 학교나 아르바이트 하는 곳에서 어떤 평가를 받아왔는가? 만일 부정적인 평가를 받았을 경우 개선할 사항이 있는가? [2024년]
- 공익추구가 우선인지 이윤추구가 우선인지 말해 보시오.
- 공사의 업무를 수행하기 위해 지원자가 한 노력은 무엇인가?
- 본인이 지원한 직렬을 수행하기 위해 어떤 역량을 갖추어야 하는가?
- 상사와 갈등이 있을 때, 어떻게 극복할 것인가?
- 자기소개서에 언급된 프로젝트를 진행하면서 했던 노력에는 어떤 것들이 있는가?
- 선행을 베풀기 위해 노력한 경험이 있는가?
- 일하면서 가장 중요한 것은 무엇이라고 생각하는가?
- 본인의 강점은 무엇이라고 생각하는가?
- 도시철도공사의 적자 해소 방안에는 어떤 것이 있는가?
- 기관사를 왜 하려고 하는가?
- 열차운행 중에 역에서 화재가 발생했을 시 대처는 어떻게 할 것이고, 화재 안내방송은 어떻게 할 것인가?
- 봉사경험을 말해 보시오.
- 문 하나가 닫히지 않았을 때 어떻게 대처할 것인지 말해 보시오.
- 공기업 직원으로서 어떤 직업윤리가 필요하다고 생각하는가?
- 본인의 장단점을 말해 보시오.
- 지원자의 입사 후 포부를 말해 보시오.
- 지원자의 경력사항이 어떻게 되는가?
- 단점을 극복한 경험에 대하여 말해 보시오.
- 비상상황에 대하여 어떻게 대처하겠는가?
- 다른 공기업도 많은데 우리 공사에 지원한 이유가 무엇인가?
- 인생에서 성공해 본 사례와 그것을 위해 노력했던 것에 대하여 말해 보시오.
- 직업 특성상 취객을 상대할 일이 많은데 어떻게 대처할 것인가?

- 공사의 수익 창출 방안에 대하여 말해 보시오.
- 무임승차의 대응방안에 대하여 설명할 수 있겠는가?
- 승객을 친절하게 응대하기 위한 방법을 말해 보시오.
- 지하철을 이용하며 불편했던 점을 말해 보시오.
- 지원자가 역장이라면 담당하고 있는 역사를 어떻게 꾸미겠는가?
- 65세 무임승차의 긍정적인 측면은 무엇이라고 생각하는가?
- 우리 공사에 지원하게 된 동기가 무엇인가?
- 우리 공사에서 담당하고 싶은 직무는 무엇인가?
- 대구도시철도가 앞으로 나아가야 할 방향에 대해서 말해 보시오.
- 대구도시철도의 역사 개수를 알고 있는가?
- 대학교 졸업까지 아직 1년이 남았는데, 회사 생활에 지장이 없겠는가?
- 대구도시철도 1, 2호선의 불편한 점을 말해 보시오.
- 우리 공사에 대하여 어떤 것을 알고 있는가?
- 대학시절 경험에 대하여 말해 보시오.
- 공사 업무와 관련하여 지원자가 할 수 있는 것은 무엇인가?
- 대구도시철도가 3호선을 개통한 이후 대구광역시 교통에 끼친 영향이 어떠한 것 같은가?
- 노조에 대한 지원자의 생각은 무엇인가?
- 에너지 절감방안에 대하여 말해 보시오.
- 지원자가 공사의 사장이 된다면 공사를 어떻게 경영할 것인가?
- 우리 공사의 내부 고객은 누구라고 생각하는가?
- 본인과 어울리는 색깔은 어떤 색이라고 생각하는가?
- 대구도시철도의 문제점과 해결 방안에 대하여 말해 보시오.
- 지원자 본인을 소개해 보시오.
- 대구도시철도 3호선을 홍보해 보시오.
- 우리 공사의 장점과 단점을 말해 보시오.
- 우리 공사가 개선되었으면 하는 것이 있는가?
- 복권에 당첨되어 1억 원이란 거금이 생겼다면 무엇을 하겠는가?
- 대학시절 용돈은 어떻게 해결했는가?
- 대학 생활 중 가장 즐거웠던 일 하나를 말해 보시오.
- 본인이 지원한 직렬에 대해 설명해 보시오.
- 수막현상에 대하여 아는가?
- UPS란 무엇인지 설명할 수 있겠는가?
- 담뱃값을 인상한다면 금연자가 얼마나 생길 것 같은가?

배우기만 하고 생각하지 않으면 얻는 것이 없고,
생각만 하고 배우지 않으면 위태롭다.

- 공자 -

인생이란 결코 공평하지 않다. 이 사실에 익숙해져라.

- 빌 게이츠 -

현재 나의 실력을 객관적으로 파악해 보자!

모바일 OMR
답안채점 / 성적분석 서비스

도서에 수록된 모의고사에 대한 객관적인 결과(정답률, 순위)를 종합적으로 분석하여 제공합니다.

OMR 입력	성적분석	채점결과

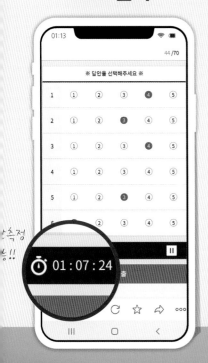

※OMR 답안채점 / 성적분석 서비스는 등록 후 30일간 사용 가능합니다.

 → → → → → → →

도서 내 모의고사 우측 상단에 위치한 QR코드 찍기	로그인 하기	'시작하기' 클릭	'응시하기' 클릭	나의 답안을 모바일 OMR 카드에 입력	'성적분석 & 채점결과' 클릭	현재 내 실력 확인하기

시대에듀

공기업 취업을 위한 NCS 직업기초능력평가 시리즈

NCS부터 전공까지 완벽 학습 "통합서" 시리즈

공기업 취업의 기초부터 차근차근! 취업의 문을 여는 Master Key!

NCS 영역 및 유형별 체계적 학습 "집중학습" 시리즈

영역별 이론부터 유형별 모의고사까지! 단계별 학습을 통한 Only Way!

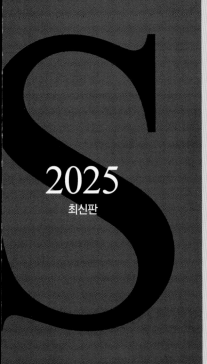

2025
최신판

대구 교통공사

정답 및 해설

NCS + 모의고사 5회

편저 | SDC(Sidae Data Center)

기출복원문제부터
대표유형 및
모의고사까지

한 권으로
마무리!

SDC

SDC는 시대에듀 데이터 센터의 약자로
약 30만 개의 NCS · 적성 문제 데이터를
바탕으로 최신 출제경향을 반영하여
문제를 출제합니다.

시대에듀

Add+

합격의 공식 시대에듀 www.sdedu.co.kr

2024년 주요 공기업
NCS 기출복원문제

01	02	03	04	05	06	07	08	09	10	11	12	13	14	15	16	17	18	19	20
②	②	④	④	④	③	⑤	①	⑤	④	⑤	③	④	⑤	③	②	①	④	①	⑤
21	22	23	24	25	26	27	28	29	30	31	32	33	34	35	36	37	38	39	40
②	③	①	②	①	⑤	③	①	④	②	②	④	②	④	②	④	③	②	④	③
41	42	43	44	45	46	47	48	49	50										
②	③	③	⑤	②	③	②	①	②	⑤										

01

정답 ②

동병상련(同病相憐)은 같은 병을 앓는 사람끼리 서로 가엾게 여긴다는 뜻으로, 어려운 처지에 있는 사람끼리 서로 가엾게 여김을 이르는 말이다.

오답분석

① 와신상담(臥薪嘗膽) : 불편한 섶에 몸을 눕히고 쓸개를 맛본다는 뜻으로, 원수를 갚거나 마음먹은 일을 이루기 위하여 온갖 어려움과 괴로움을 참고 견딤을 비유적으로 이르는 말이다.
③ 삼고초려(三顧草廬) : 중국 삼국 시대에 촉한의 유비가 난양(南陽)에 은거하고 있던 제갈량의 초옥으로 세 번이나 찾아갔다는 데서 유래한 말로, 인재를 맞아들이기 위해 참을성 있게 노력한다는 뜻이다.
④ 읍참마속(泣斬馬謖) : 중국 촉나라 제갈량이 군령을 어기어 가정(街亭) 싸움에서 패한 마속을 눈물을 머금고 참형에 처하였다는 데서 유래한 말로, 큰 목적을 위하여 자기가 아끼는 사람을 버림을 뜻한다.
⑤ 할반지통(割半之痛) : 몸의 반쪽을 베어 내는 고통이라는 뜻으로, 형제자매가 죽었을 때의 슬픔을 비유적으로 이르는 말이다.

02

정답 ②

A ~ D기업의 인턴 및 정규직 채용 인원 비율은 다음과 같다.

구분	A기업	B기업	C기업	D기업	합계
정규직			0.4	0.2	0.6
인턴	0.2	0.1	0.1		0.4
합계	0.2	0.1	0.5	0.2	1.0

C기업의 정규직 채용 인원수는 전체 채용 인원수의 40%이다.

따라서 전체 인원수는 $\frac{200}{0.4}=500$명이다.

03

5명의 직원으로 구성된 조의 수를 x개, 8명의 직원으로 구성된 조의 수를 y개라 하면 다음과 같은 관계가 성립한다.

$x + 2y = 65 - 5 \cdots \textcircled{\scriptsize ㄱ}$

$2x = 5 \times 8 \cdots \textcircled{\scriptsize ㄴ}$

$x = 20$이므로 $y = 20$이다.

따라서 워크숍에 참여하는 인원은 $(5 \times 20) + (8 \times 20) = 260$명이다.

04

ㄴ・ㄹ. 제시된 안내 사항에서 회의실 예약 방법 및 이용 가능 시간에 대한 정보를 확인할 수 없다.

(오답분석)

ㄱ. '기타 주의 사항'에 따르면 회의실 내부에서 음료수 외 취식을 금지하고 있으므로 커피, 식수 등의 음료수는 반입이 허용됨을 알 수 있다.

ㄷ. '기타 주의 사항'에 따르면 회의실 내 콘센트가 마련되어 있지 않으므로 노트북 지참 시 충전 용량이 충분한지 확인해야 함을 알 수 있다.

05

제시문은 사회적 입증 전략에 대한 설명이다. 사회적 입증은 사람은 과학적 이론보다 자신의 동료나 이웃의 말이나 행동에 의해서 쉽게 설득된다는 것과 관련된 기술로, 예를 들면 광고에서 말하는 소위 '입소문'을 통한 설득이 광고를 내보내서 설득하는 것보다 더 효과가 있다는 것을 이용하는 전략이다.

(오답분석)

① 연결 전략 : 협상 과정에서 갈등이 발생했을 때 그 갈등 문제와 갈등 관리자를 연결하는 것이 아니라 그 갈등을 야기한 사람과 관리자를 연결하면 갈등 해결이 용이해진다는 것을 이용한 전략이다.

② 희소성 해결 전략 : 인적・물적 자원 등의 희소성을 해결하는 것이 협상 과정상의 갈등 해결에 용이하다는 것이다.

③ 호혜 관계 형성 전략 : 협상 당사자 간에 어떤 혜택들을 주고받은 관계가 형성되어 있으면 그 협상 과정상의 갈등 해결에 용이하다는 것을 이용한 전략이다.

⑤ See – Feel – Change 전략 : 설득 전략으로 'See(보고) – Feel(느끼고) – Change(변화한다)'를 이용하는 전략이다. See는 시각화하고 직접 보게 해서 이해시키기, Feel은 스스로가 느끼게 하여 감동시키기, Change는 변화시켜 설득에 성공한다는 의미를 가진 전략이다.

06

변혁적 리더십은 단순구조나 임시조직, 경제적응적 구조에 적합하고, 거래적 리더십은 기계적 관료제에 적합하다.

• 변혁적 리더십 : 리더와 조직원들이 장기적 목표 달성을 추구하고, 리더는 조직원의 변화를 통해 동기를 부여하고자 한다.

• 거래적 리더십 : 리더와 조직원들이 이해타산적 관계에 의해 규정에 따르며, 합리적인 사고를 중시하고 보상으로 동기를 유발한다.

07

(오답분석)

① 수동형 : 의존적이고 비판적이지 않지만 임무에 열심히 참여하지도 않는다. 책임감 부족으로 지시가 없으면 임무를 수행하지 않는다.

② 소외형 : 개성이 강한 사람으로 조직에 대해 독립적이고 비판적인 의견을 내며, 임무 수행에서는 소극적이다. 리더의 노력을 비판하면서 스스로는 노력하지 않거나 불만스런 침묵으로 일관한다.

③ 모범형 : 스스로 생각하고 행동하며, 집단과 리더를 도와준다. 독립심이 강하고 헌신적이며 건설적인 비판을 한다.

④ 실무형 : 비판적이지 않으며 리더의 지시에 의문이 생겨도 적극적으로 대립하지 않는다. 지시한 일은 잘 수행하지만 그 이상을 하지 않는 등 개인의 이익을 따진다.

08

정답 ①

근로기준법 개정안에 따라 시행된 직장 내 괴롭힘 금지법에 따르면 집단으로 따돌림을 한다거나 회식을 강요하는 것, 특정 근로자의 근태를 지나치게 감시하는 것 등의 행위 모두 직장 내 괴롭힘 행위에 해당된다. ①은 직장에서의 지위 또는 관계 우위를 이용한 것으로 보기 어려우므로 직장 내 괴롭힘 사례에 해당하지 않는다.

09

정답 ⑤

⑤의 기호(☐)는 입출력 기호로, 자료의 입력과 결과의 출력을 나타낸다. 기억장소, 초깃값 등 작업의 준비 과정을 나타내는 것은 준비 기호(⬡)이다.

오답분석
① 단말 : 순서도의 시작과 끝을 표시한다.
② 처리 : 자료의 연산, 이동 등의 처리 내용을 나타낸다.
③ 비교·판단 : 조건을 비교·판단하여 흐름을 분기한다.
④ 흐름선 : 프로세스의 실행 순서를 나타낸다.

10

정답 ④

제시문에서 문화 및 제도적인 차이를 언급하고 있으므로 글로벌 벤치마킹에 대해 설명함을 알 수 있다. 동일한 업종이지만 윤리적 문제가 발생할 여지가 없는 이유는 고객을 공유하지 않는 비경쟁적 관계에 해당하기 때문이다. 또한 문화와 제도적 차이가 있다는 내용으로 보아 국가가 다른 글로벌 벤치마킹에 해당된다는 것을 짐작할 수 있다.

오답분석
① 내부 벤치마킹 : 같은 기업 내의 다른 지역, 다른 부서, 국가 간의 유사한 활용을 비교 대상으로 한다. 이 방법은 자료 수집이 용이하며, 다각화된 우량기업의 경우 효과가 큰 반면, 관점이 제한적일 수 있고, 편중된 내부 시각에 대한 우려가 있다.
② 경쟁적 벤치마킹 : 동일 업종에서 고객을 직접적으로 공유하는 경쟁기업을 대상으로 한다. 이 방법은 경영 성과와 관련된 정보 입수가 가능하며, 업무·기술에 대한 비교가 가능한 반면, 윤리적인 문제가 발생할 소지가 있고, 대상의 적대적 태도로 인해 자료 수집이 어렵다는 한계가 있다.
③ 비경쟁적 벤치마킹 : 제품, 서비스 및 프로세스의 단위 분야에 있어 가장 우수한 실무를 보이는 비경쟁적 기업 내의 유사 분야를 대상으로 하는 방법이다. 이 방법은 혁신적인 아이디어의 창출 가능성은 높은 반면, 다른 환경의 사례를 가공하지 않고 적용할 경우 효과를 보지 못할 가능성이 높은 단점이 있다.
⑤ 간접적 벤치마킹 : 벤치마킹을 수행 방식에 따라 분류한 것으로, 인터넷 및 문서 형태의 자료를 통해서 간접적으로 수행하는 방법이다.

11

정답 ⑤

하인리히의 법칙은 큰 사고로 인해 산업재해가 일어나기 전에 작은 사고나 징후인 '불안전한 행동 및 상태'가 보인다는 주장이다.

12

정답 ③

제시된 시는 신라시대 6두품 출신의 문인인 최치원이 지은 『촉규화』이다. 최치원은 자신을 향기 날리는 탐스런 꽃송이에 비유하여 뛰어난 학식과 재능을 뽐내고 있지만, 수레와 말 탄 사람에 비유한 높은 지위의 사람들이 자신을 외면하는 현실을 한탄하고 있다.

최치원
신라시대 6두품 출신의 문인으로, 12세에 당나라로 유학을 간 후 6년 만에 당의 빈공과에 장원으로 급제할 정도로 학문적 성취가 높았다. 그러나 당나라에서 제대로 인정을 받지 못했으며, 신라에 돌아와서도 6두품이라는 출신의 한계로 원하는 만큼의 관직에 오르지는 못하였다. 『촉규화』는 최치원이 당나라 유학시절에 지은 시로 알려져 있으며, 자신을 알아주지 않는 시대에 대한 개탄을 담고 있다. 최치원은 인간 중심의 보편성과 그에 따른 다양성을 강조하였으며, 신라의 쇠퇴로 인해 이러한 그의 정치 이념과 사상은 신라 사회에서는 실현되지 못하였으나 이후 고려 국가의 체제 정비에 영향을 미쳤다.

13

정답 ④

네 번째 문단에서 백성들이 적지 않고, 토산품이 구비되어 있지만 이로운 물건이 세상에 나오지 않고, 그렇게 하는 방법을 모르기 때문에 경제를 윤택하게 하는 것 자체를 모른다고 하였다. 따라서 조선의 경제가 윤택하지 못한 이유를 생산량의 부족이 아니라 유통의 부재로 보고 있다.

오답분석

① 세 번째 문단에서 쓸모없는 물건을 사용하여 유용한 물건을 유통하고 거래하지 않는다면 유용한 물건들이 대부분 한 곳에 묶여서 고갈될 것이라고 하며 유통이 원활하지 않은 현실을 비판하고 있다.

② 세 번째 문단에서 옛날의 성인과 제왕은 유통의 중요성을 알고 있었기 때문에 주옥과 화폐 등의 물건을 조성하여 재물이 원활하게 유통될 수 있도록 노력했다고 하며 재물 유통을 위한 성현들의 노력을 제시하고 있다.

③ 여섯 번째 문단에서 재물을 우물에 비유하여 설명하고 있다. 재물의 소비를 하지 않으면 물을 길어내지 않는 우물처럼 말라버릴 것이며, 소비를 한다면 물을 퍼내는 우물처럼 물이 가득할 것이라며 재물에 대한 소비가 경제의 규모를 늘릴 것이라고 강조하고 있다.

⑤ 여섯 번째 문단에서 비단옷을 입지 않으면 비단을 짜는 사람과 베를 짜는 여인 등 관련 산업 자체가 황폐해질 것이라고 하고 있다. 따라서 산업의 발전을 위한 적당한 사치(소비)가 있어야 함을 제시하고 있다.

14

정답 ⑤

'말로는 친한 듯 하나 속으로는 해칠 생각이 있음'을 뜻하는 한자성어는 '口蜜腹劍(구밀복검)'이다.
- 刻舟求劍(각주구검) : 융통성 없이 현실에 맞지 않는 낡은 생각을 고집하는 어리석음

오답분석

① 水魚之交(수어지교) : 아주 친밀하여 떨어질 수 없는 사이
② 結草報恩(결초보은) : 죽은 뒤에라도 은혜를 잊지 않고 갚음
③ 靑出於藍(청출어람) : 제자나 후배가 스승이나 선배보다 나음
④ 指鹿爲馬(지록위마) : 윗사람을 농락하여 권세를 마음대로 함

15

정답 ③

③에서 '뿐이다'는 체언(명사, 대명사, 수사)인 '셋'을 수식하므로 조사로 사용되었다. 따라서 앞말과 붙여 써야 한다.

오답분석

① 종결어미 '-는지'는 앞말과 붙여 써야 한다.
② '만큼'은 용언(동사, 형용사)인 '애쓴'을 수식하므로 의존 명사로 사용되었다. 따라서 앞말과 띄어 써야 한다.
④ '큰지'와 '작은지'는 모두 연결어미 '-ㄴ지'로 쓰였으므로 앞말과 붙여 써야 한다.
⑤ '판'은 앞의 '씨름'과 합성어를 이루므로 붙여 써야 한다.

16

정답 ②

'채이다'는 '차이다'의 잘못된 표기이다. 따라서 '차였다'로 표기해야 한다.
- 차이다 : 주로 남녀 관계에서 일방적으로 관계가 끊기다.

오답분석

① 금세 : 지금 바로. '금시에'의 준말
③ 핼쑥하다 : 얼굴에 핏기가 없고 파리하다.
④ 낯설다 : 전에 본 기억이 없어 익숙하지 아니하다.
⑤ 곰곰이 : 여러모로 깊이 생각하는 모양

17

방사형 그래프는 여러 평가 항목에 대하여 중심이 같고 크기가 다양한 원 또는 다각형을 도입하여 구역을 나누고, 각 항목에 대한 도수 등을 부여하여 점을 찍은 후 그 점끼리 이어 생성된 다각형으로 자료를 분석할 수 있다. 따라서 방사형 그래프인 ①을 사용하면 항목별 균형을 쉽게 파악할 수 있다.

18

3월의 경우 K톨게이트를 통과한 영업용 승합차 수는 229천 대이고, 영업용 대형차 수는 139천 대이다. 139×2=278>229이므로 3월의 영업용 승합차 수는 영업용 대형차 수의 2배 미만이다.
따라서 모든 달에서 영업용 승합차 수는 영업용 대형차 수의 2배 이상이 아니므로 옳지 않은 설명이다.

오답분석

① 월별 전체 승용차 수와 전체 승합차 수의 합은 다음과 같다.
- 1월 : 3,807+3,125=6,932천 대
- 2월 : 3,555+2,708=6,263천 대
- 3월 : 4,063+2,973=7,036천 대
- 4월 : 4,017+3,308=7,325천 대
- 5월 : 4,228+2,670=6,898천 대
- 6월 : 4,053+2,893=6,946천 대
- 7월 : 3,908+2,958=6,866천 대
- 8월 : 4,193+3,123=7,316천 대
- 9월 : 4,245+3,170=7,415천 대
- 10월 : 3,977+3,073=7,050천 대
- 11월 : 3,953+2,993=6,946천 대
- 12월 : 3,877+3,040=6,917천 대

따라서 전체 승용차 수와 전체 승합차 수의 합이 가장 많은 달은 9월이고, 가장 적은 달은 2월이다.
② 4월을 제외하고 K톨게이트를 통과한 비영업용 승합차 수는 월별 3,000천 대(=300만 대)를 넘지 않는다.
③ 모든 달에서 (영업용 대형차 수)×10≥(전체 대형차 수)이므로 영업용 대형차 수의 비율은 모든 달에서 전체 대형차 수의 10% 이상이다.
⑤ 승용차가 가장 많이 통과한 달은 9월이고, 이때 영업용 승용차 수의 비율은 9월 전체 승용차 수의 $\frac{140}{4,245}×100≒3.3\%$로 3% 이상이다.

19

$865×865+865×270+135×138-405$
$=865×865+865×270+135×138-135×3$
$=865×(865+270)+135×(138-3)$
$=865×1,135+135×135$
$=865×(1,000+135)+135×135$
$=865×1,000+(865+135)×135$
$=865,000+135,000$
$=1,000,000$
따라서 식을 계산하여 나온 수의 백의 자리는 0, 십의 자리는 0, 일의 자리는 0이다.

20

제시된 수열은 +3, +5, +7, +9, … 씩 증가하는 수열이다.
따라서 빈칸에 들어갈 수는 97+21=118이다.

21

정답 ②

A반과 B반 모두 2번의 경기를 거쳐 결승에 만나는 경우는 다음과 같다.

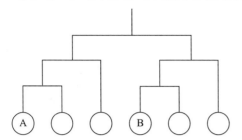

이때 남은 네 반을 배치할 때마다 모두 다른 경기가 진행되므로 구하고자 하는 경우의 수는 4!=24가지이다.

22

정답 ③

첫 번째 조건에 따라 ①·②는 70대 이상에서 도시의 여가생활 만족도(1.7점)가 같은 연령대의 농촌(ㄹ) 만족도(3.5점)보다 낮으므로 제외되고, 두 번째 조건에 따라 도시에서 10대의 여가생활 만족도는 농촌에서 10대(1.8점)의 2배보다 높으므로 1.8×2=3.6점을 초과해야 하나 ④는 도시에서 10대(ㄱ)의 여가생활 만족도가 3.5점이므로 제외된다. 또한 세 번째 조건에 따라 ⑤는 도시에서 여가생활 만족도가 가장 높은 연령대인 40대(3.9점)보다 30대(ㄴ)가 4.0점으로 높으므로 제외된다.
따라서 마지막 조건까지 만족하는 것은 ③이다.

23

정답 ①

마지막 조건에 따라 C는 두 번째에 도착하게 되고, 첫 번째 조건에 따라 A - B가 순서대로 도착했으므로 A, B는 첫 번째로 도착할 수 없다. 또한 두 번째 조건에 따라 D는 E보다 늦어야 하므로 가능한 경우를 정리하면 다음과 같다.

구분	첫 번째	두 번째	세 번째	네 번째	다섯 번째
경우 1	E	C	A	B	D
경우 2	E	C	D	A	B

따라서 E는 항상 가장 먼저 도착한다.

24

정답 ②

제시된 열차의 부산역 도착시간을 계산하면 다음과 같다.
• KTX
  8:00(서울역 출발) → 10:30(부산역 도착)
• ITX-청춘
  7:20(서울역 출발) → 8:00(대전역 도착) → 8:15(대전역 출발) → 11:05(부산역 도착)
• ITX-마음
  6:40(서울역 출발) → 7:20(대전역 도착) → 7:35(대전역 출발) → 8:15(울산역 도착) → 8:30(울산역 출발) → 11:00(부산역 도착)
• 새마을호
  6:30(서울역 출발) → 7:30(대전역 도착) → 7:40(ITX-마음 출발 대기) → 7:55(대전역 출발) → 8:55(울산역 도착) → 9:10(울산역 출발) → 10:10(동대구역 도착) → 10:25(동대구역 출발) → 11:55(부산역 도착)
• 무궁화호
  5:30(서울역 출발) → 6:50(대전역 도착) → 7:05(대전역 출발) → 8:25(울산역 도착) → 8:35(ITX-마음 출발 대기) → 8:50(울산역 출발) → 10:10(동대구역 도착) → 10:30(새마을호 출발 대기) → 10:45(동대구역 출발) → 12:25(부산역 도착)
따라서 가장 늦게 도착하는 열차는 무궁화호로, 12시 25분에 부산역에 도착한다.

① ITX-청춘은 11시 5분에 부산역에 도착하고, ITX-마음은 11시에 부산역에 도착한다.
③ ITX-마음은 정차역인 대전역과 울산역에서 다른 열차와 시간이 겹치지 않는다.
④ 부산역에 가장 빨리 도착하는 열차는 KTX로, 10시 30분에 도착한다.
⑤ 무궁화호는 울산역에서 8시 15분에 도착한 ITX-마음으로 인해 8시 35분까지 대기하며, 동대구역에서 10시 10분에 도착한 새마을호로 인해 10시 30분까지 대기한다.

25

A과장과 팀원 1명은 7시 30분까지 K공사에서 사전 회의를 가져야 하므로 8시에 출발하는 KTX만 이용할 수 있다. 남은 팀원 3명은 11시 30분까지 부산역에 도착해야 하므로 10시 30분에 도착하는 KTX, 11시 5분에 도착하는 ITX-청춘, 11시에 도착하는 ITX-마음을 이용해야 한다. 이 중 가장 저렴한 열차를 이용해야 하므로 ITX-마음을 이용한다. 따라서 KTX 2인, ITX-마음 3인의 요금을 계산하면 $(59,800 \times 2) + (42,600 \times 3) = 119,600 + 127,800 = 247,400$원이다.

26

A는 B의 부정적인 의견들을 구조화하여 B가 그러한 논리를 가지게 된 궁극적 원인인 경쟁력 부족을 찾아내었고, 이러한 원인을 해소할 수 있는 방법을 찾아 자신의 계획을 재구축하여 B에게 설명하였다. 따라서 제시문에서 나타난 논리적 사고의 구성요소는 '상대 논리의 구조화'이다.

① 설득 : 논증을 통해 나의 생각을 다른 사람에게 이해·공감시키고, 타인이 내가 원하는 행동을 하도록 하는 것이다.
② 구체적인 생각 : 상대가 말하는 것을 잘 알 수 없을 때, 이미지를 떠올리거나 숫자를 활용하는 등 구체적인 방법을 활용하여 생각하는 것이다.
③ 생각하는 습관 : 논리적 사고를 개발하기 위해 일상적인 모든 것에서 의문점을 가지고 그 원인을 생각해 보는 습관이다.
④ 타인에 대한 이해 : 나와 상대의 주장이 서로 반대될 때, 상대의 주장 전부를 부정하지 않고 상대의 인격을 존중하는 것이다.

27

2021년의 건강보험료 부과 금액은 전년 대비 $69,480 - 63,120 = 6,360$십억 원 증가하였다. 이는 2020년 건강보험료 부과 금액의 10%인 $63,120 \times 0.1 = 6,312$십억 원보다 크므로 2021년의 건강보험료 부과 금액은 전년 대비 10% 이상 증가하였음을 알 수 있다. 2022년 또한 $76,775 - 69,480 = 7,295$십억 $> 69,480 \times 0.1 = 6,948$십억 원이므로 건강보험료 부과 금액은 전년 대비 10% 이상 증가하였다.

① 제시된 자료를 통해 확인할 수 있다.
② 연도별 전년 대비 1인당 건강보험 급여비 증가액을 구하면 다음과 같다.
 • 2020년 : $1,400,000 - 1,300,000 = 100,000$원
 • 2021년 : $1,550,000 - 1,400,000 = 150,000$원
 • 2022년 : $1,700,000 - 1,550,000 = 150,000$원
 • 2023년 : $1,900,000 - 1,700,000 = 200,000$원
 따라서 1인당 건강보험 급여비가 전년 대비 가장 크게 증가한 해는 2023년이다.
④ 2019년 대비 2023년의 1인당 건강보험 급여비 증가율은 $\dfrac{1,900,000 - 1,300,000}{1,300,000} \times 100 \fallingdotseq 46\%$이므로 40% 이상 증가하였다.

28

K공단에서 위촉한 자문 약사는 다제약물 관리사업 대상자가 먹고 있는 약물의 복용상태, 부작용, 중복 등을 종합적으로 검토하고 그 결과를 바탕으로 상담, 교육 및 처방조정 안내를 실시한다. 또한 우리나라는 2000년에 시행된 의약 분업의 결과, 일부 예외사항을 제외하면 약사는 환자에게 약물의 처방을 할 수 없다. 따라서 약사는 환자의 약물점검 결과를 의사에게 전달하여 처방에 반영될 수 있도록 할 뿐 직접적인 처방을 할 수는 없다.

오답분석

② 다제약물 관리사업으로 인해 중복되는 약물을 파악하고 조치할 수 있다. 실제로 세 번째 문단의 다제약물 관리사업 평가에서 효능이 유사한 약물을 중복해서 복용하는 환자가 40.2% 감소되는 등의 효과가 확인되었다.

③ 다제약물 관리사업은 10종 이상의 약을 복용하는 만성질환자를 대상으로 약물관리 서비스를 제공하는 사업이다.

④ 병원의 경우 입원 및 외래환자를 대상으로 의사, 약사 등으로 구성된 다학제팀이 약물관리 서비스를 제공하는 반면, 지역사회에서는 다학제 협업 시스템이 미흡하다는 의견이 나오고 있다. 이에 K공단은 도봉구 의사회와 약사회, 전문가로 구성된 지역협의체를 구성하여 의·약사 협업 모형을 개발하였다.

29

제시문의 첫 번째 문단은 아토피 피부염의 정의를 나타내므로 이어서 연결될 수 있는 문단은 아토피 피부염의 원인을 설명하는 (라) 문단이다. 또한 (가) 문단의 앞부분 내용이 (라) 문단의 뒷부분과 연계되므로 (가) 문단이 다음에 오는 것이 적절하다. 그리고 (나) 문단의 첫 번째 문장에서 앞의 약물치료와 더불어 일상생활에서의 예방법을 말하고 있으므로 (나) 문단의 앞에는 아토피 피부염의 약물치료 방법인 (다) 문단이 오는 것이 가장 자연스럽다. 따라서 (라) – (가) – (다) – (나)의 순서로 나열해야 한다.

30

- A : 초청 목적이 6개월가량의 외국인 환자의 간병이므로 G-1-10 비자를 발급받아야 한다.
- B : 초청 목적이 국내 취업조건을 모두 갖춘 자의 제조업체 취업이므로 E-9-1 비자를 발급받아야 한다.
- C : 초청 목적이 K대학교 교환학생이므로 D-2-6 비자를 발급받아야 한다.
- D : 초청 목적이 국제기구 정상회의 참석이므로 A-2 비자를 발급받아야 한다.

31

'잎이 넓다.'를 P, '키가 크다.'를 Q, '더운 지방에서 자란다.'를 R, '열매가 많이 맺힌다.'를 S라 하면, 첫 번째 명제는 P → Q, 두 번째 명제는 ~P → ~R, 네 번째 명제는 R → S이다. 두 번째 명제의 대우인 R → P와 첫 번째 명제인 P → Q에 따라 R → P → Q이므로 네 번째 명제가 참이 되려면 Q → S인 명제 또는 이와 대우 관계인 ~S → ~Q인 명제가 필요하다.

오답분석

① ~P → S이므로 참인 명제가 아니다.

③ 제시된 모든 명제와 관련이 없는 명제이다.

④ R → Q와 대우 관계인 명제이지만, 네 번째 명제가 참임을 판단할 수 없다.

32

'풀을 먹는 동물'을 P, '몸집이 크다.'를 Q, '사막에서 산다.'를 R, '물속에서 산다.'를 S라 하면, 첫 번째 명제는 P → Q, 두 번째 명제는 R → ~S, 네 번째 명제는 S → Q이다. 네 번째 명제가 참이 되려면 두 번째 명제와 대우 관계인 S → ~R에 의해 ~R → P인 명제 또는 이와 대우 관계인 ~P → R인 명제가 필요하다.

오답분석

① Q → S로 네 번째 명제의 역이지만, 어떤 명제가 참이라고 해서 그 역이 반드시 참이 될 수는 없다.

② 제시된 모든 명제와 관련이 없는 명제이다.

③ R → Q이므로 참인 명제가 아니다.

33

정답 ②

2023년 국내 합계출산율은 0.72명으로, 이는 한 부부 사이에서 태어나는 아이의 수가 평균 1명이 되지 않는다는 것을 뜻한다. 또한 앞 순위인 스페인은 1.19명으로, 한 부부 사이에서 태어난 아이의 수가 2명이 되지 않아 스페인 역시 인구감소 현상이 나타남을 예측할 수 있다.

오답분석

① 두 번째 문단에서 2020년부터 사망자 수가 출생아 수보다 많다고 했으므로 전체 인구수는 감소하고 있음을 알 수 있다.
③ 세 번째 문단에서 정부가 현 상황, 즉 저출산 문제를 해결하고자 일가정 양립, 양육, 주거를 중심으로 지원하겠다고 한 내용을 통해 알 수 있다.
④ 마지막 문단에서 제도는 변경되었지만, 이에 대한 법적 강제화는 없고 일부 직종에 대해서는 이전과 같이 배제된다고 하였으므로 수혜 대상은 이전과 유사할 것임을 알 수 있다.

34

정답 ④

육아기 단축근로제도는 일과 가정의 양립을 지원하기 위한 제도로, 해당 제도의 적용을 받을 수 있는 기간이 늘어나면 일과 가정 모두를 유지하기 수월해질 것이다. 따라서 자녀의 대상연령은 확대하고, 제도의 이용기간을 늘렸다는 내용이 빈칸에 들어가기에 가장 적절하다.

35

정답 ②

나열된 수의 규칙은 [(첫 번째 수)+(두 번째 수)]×(세 번째 수)−(네 번째 수)=(다섯 번째 수)이다.
따라서 빈칸에 들어갈 수는 $(9+7) \times 5 - 1 = 79$이다.

36

정답 ④

A씨와 B씨가 만날 때 A씨의 이동거리와 B씨의 이동거리의 합은 산책로의 둘레 길이와 같다.
그러므로 두 번째 만났을 때 (A씨의 이동거리)+(B씨의 이동거리)=2×(산책로의 둘레 길이)이다. 이때 A씨가 출발 후 x시간이 지났다면 다음 식이 성립한다.

$$3x + 7\left(x - \frac{1}{2}\right) = 4$$

$$\rightarrow 3x + 7x - \frac{7}{2} = 4$$

$$\therefore x = \frac{15}{20}$$

그러므로 $\frac{15}{20}$시간, 즉 45분이 지났음을 알 수 있다.

따라서 A씨와 B씨가 두 번째로 만날 때의 시각은 오후 5시 45분이다.

37

정답 ③

모니터 화면을 분할하는 단축키는 '〈Window 로고 키〉+〈화살표 키〉'이다. 임의의 폴더나 인터넷 창 등이 열린 상태에서 '〈Window 로고 키〉+〈왼쪽 화살표 키〉'를 입력하면 모니터 중앙을 기준으로 절반씩 좌우로 나눈 후 열린 폴더 및 인터넷 창 등을 왼쪽 절반 화면으로 밀어서 띄울 수 있다. 이 상태에서 다른 폴더나 인터넷 창 등을 열고 '〈Window 로고 키〉+〈오른쪽 화살표 키〉'를 입력하면 같은 형식으로 오른쪽이 활성화된다. 또한 왼쪽 또는 오른쪽으로 분할된 상태에서 '〈Window 로고 키〉+〈위쪽 / 아래쪽 화살표 키〉'를 입력하여 최대 4분할까지 가능하다. 단 '〈Window 로고 키〉+〈위쪽 / 아래쪽 화살표 키〉'를 먼저 입력하여 화면을 상하로 분할할 수는 없다. 좌우 분할이 안 된 상태에서 '〈Window 로고 키〉+〈위쪽 / 아래쪽 화살표 키〉'를 입력하면 창을 최소화 / 원래 크기 / 최대 크기로 변경할 수 있다.

38

정답 ②

제시된 조건이 포함되는 셀의 수를 구하는 조건부 함수를 사용한다. 따라서 「=COUNTIF(B2:B16, “>50000”)」를 입력해야 한다.

39

정답 ④

지정된 자릿수 이하의 수를 버림하는 함수는 「=ROUNDDOWN(버림할 수, 버림할 자릿수)」이다. 따라서 입력해야 할 함수는 「=ROUNDDOWN((AVERAGE(B2:B16)), −2)」이다.

[오답분석]
① LEFT 함수는 왼쪽에서 지정된 차례까지의 텍스트 또는 인수를 출력하는 함수이다. 따라서 「=LEFT((AVERAGE(B2:B16)), 2)」를 입력하면 ‘65’가 출력된다.
② RIGHT 함수는 오른쪽에서 지정된 차례까지의 텍스트 또는 인수를 출력하는 함수이다. 따라서 「=RIGHT((AVERAGE(B2:B16)), 2)」를 입력하면 ‘33’이 출력된다.
③ ROUNDUP 함수는 지정된 자릿수 이하의 수를 올림하는 함수이다. 따라서 「=ROUNDUP((AVERAGE(B2:B16)), −2)」를 입력하면 ‘65,400’이 출력된다.

40

정답 ③

오전 10시부터 오후 12시까지 근무를 할 수 있는 사람은 B뿐이고, 오후 6시부터 오후 8시까지 근무를 할 수 있는 사람은 D뿐이다. A와 C가 남은 오후 12시부터 오후 6시까지 나누어 근무해야 하지만, A는 오후 5시까지 근무할 수 있고 모든 직원의 최소 근무시간은 2시간이므로 A가 오후 12시부터 4시까지 근무하고, C가 오후 4시부터 오후 6시까지 근무할 때 인건비가 최소이다.
각 직원의 근무시간과 인건비를 정리한 다음 표에서 가장 적은 인건비는 $31,500+60,000+31,500+33,000=156,000$원이다.

직원	근무시간	인건비
B	오전 10:00 ~ 오후 12:00	$10,500×1.5×2=31,500$원
A	오후 12:00 ~ 오후 4:00	$10,000×1.5×4=60,000$원
C	오후 4:00 ~ 오후 6:00	$10,500×1.5×2=31,500$원
D	오후 6:00 ~ 오후 8:00	$11,000×1.5×2=33,000$원

41

정답 ②

「COUNTIF(셀의 범위, “조건”)」 함수는 어떤 범위에서 제시되는 조건이 포함되는 셀의 수를 구하는 함수이다. 판매량이 30개 이상인 과일의 수를 구해야 하므로 [C9] 셀에 들어갈 함수식은 「=COUNTIF(C2:C8, “>=30”)」이다.

[오답분석]
① MID 함수 : 지정한 셀의 텍스트의 일부를 추출하는 함수이다.
③ MEDIAN 함수 : 지정한 셀의 범위의 중간값을 구하는 함수이다.
④ AVERAGEIF 함수 : 어떤 범위에 포함되는 셀의 평균을 구하는 함수이다.
⑤ MIN 함수 : 지정한 셀의 범위의 최솟값을 구하는 함수이다.

42

정답 ③

갈등의 과정 단계
1. 의견 불일치 : 서로 생각이나 신념, 가치관, 성격이 다르므로 다른 사람들과의 의견 불일치가 발생한다. 의견 불일치는 상대방의 생각과 동기를 설명하는 기회를 주고 대화를 나누다 보면 오해가 사라지고 더 좋은 관계로 발전할 수 있지만, 그냥 내버려 두면 심각한 갈등으로 발전하게 된다.
2. 대결 국면 : 의견 불일치가 해소되지 않아 발생하며, 단순한 해결방안은 없고 다른 새로운 해결점을 찾아야 한다. 대결 국면에 이르게 되면 감정이 개입되어 상대방의 주장에 대한 문제점을 찾기 시작하고, 자신의 입장에 대해서는 그럴듯한 변명으로 옹호하면서 양보를 완강히 거부하는 상태에 이르는 등 상대방의 입장은 부정하면서 자기주장만 하려고 한다. 서로의 입장을 고수하려는 강도가 높아지면 긴장은 높아지고 감정적인 대응이 더욱 격화된다.

3. 격화 국면 : 상대방에 대하여 더욱 적대적으로 변하며, 설득을 통해 문제를 해결하기보다 강압적·위협적인 방법을 쓰려고 하며, 극단적인 경우 언어폭력이나 신체적 폭행으로 번지기도 한다. 상대방에 대한 불신과 좌절, 부정적인 인식이 확산되면서 갈등 요인이 다른 요인으로 번지기도 한다. 격화 국면에서는 상대방의 생각이나 의견, 제안을 부정하고, 상대방은 그에 대한 반격을 함으로써 자신들의 반격을 정당하게 생각한다.

4. 진정 국면 : 계속되는 논쟁과 긴장이 시간과 에너지를 낭비하고 있음을 깨달으며, 갈등상태가 무한정 유지될 수 없다는 것을 느끼고 흥분과 불안이 가라앉으면서 이성과 이해의 원상태로 돌아가려 한다. 이후 협상이 시작된다. 협상과정을 통해 쟁점이 되는 주제를 논의하고 새로운 제안을 하고 대안을 모색하게 된다. 진정 국면에서는 중개자, 조정자 등의 제3자가 개입함으로써 갈등 당사자 간에 신뢰를 쌓고 문제를 해결하는 데 도움이 되기도 한다.

5. 갈등의 해소 : 진정 국면에 들어서면 갈등 당사자들은 문제를 해결하지 않고는 자신들의 목표를 달성하기 어렵다는 것을 알게 된다. 모두가 만족할 수 없는 경우도 있지만, 불일치한 서로 간의 의견을 일치하려고 한다. 갈등의 해소는 회피형, 지배 또는 강압형, 타협형, 순응형, 통합 또는 협력형 등의 방법으로 이루어진다.

43 정답 ③

직장 내 괴롭힘이 성립하려면 다음의 행위 요건이 성립해야 한다.
• 직장에서의 지위 또는 관계 등의 우위를 이용할 것
• 업무상 적정 범위를 넘는 행위일 것
• 신체적·정신적 고통을 주거나 근무환경을 악화시키는 행위일 것
A팀장이 지위를 이용하여 B사원에게 수차례 업무를 지시했지만 이는 업무상 필요성이 있는 정당한 지시이며, 완수해야 하는 적정 업무에 해당하므로 직장 내 괴롭힘으로 보기 어렵다.

[오답분석]
① 업무 이외에 개인적인 용무를 자주 지시하는 것은 업무상 적정 범위를 넘은 행위이다.
② 업무배제는 업무상 적정 범위를 넘은 행위로, 직장 내 괴롭힘의 주요 사례이다.
④ A대리는 동기인 B대리보다 지위상의 우위는 없으나, 다른 직원과 함께 수적 우위를 이용하여 괴롭혔으므로 직장 내 괴롭힘에 해당한다.
⑤ 지시나 주의, 명령행위의 모습이 폭행이나 과도한 폭언을 수반하는 등 사회 통념상 상당성을 결여하였다면 업무상 적정 범위를 넘었다고 볼 수 있으므로 직장 내 괴롭힘에 해당한다.

44 정답 ⑤

S는 자신의 일이 능력과 적성에 맞다 여기고 발전을 위해 열성을 가지고 성실히 노력하고 있다. 따라서 S의 사례에서 나타난 직업윤리 의식은 천직의식이다.

> **직업윤리 의식**
> • 소명의식 : 자신이 맡은 일은 하늘에 의해 맡겨진 일이라고 생각하는 태도이다.
> • 천직의식 : 자신의 일이 자신의 능력과 적성에 꼭 맞는다 여기고 그 일에 열성을 가지고 성실히 임하는 태도이다.
> • 직분의식 : 자신이 하고 있는 일이 사회나 기업을 위해 중요한 역할을 하고 있다고 믿고 자신의 활동을 수행하는 태도이다.
> • 책임의식 : 직업에 대한 사회적 역할과 책무를 충실히 수행하고 책임을 다하는 태도이다.
> • 전문가의식 : 자신의 일이 누구나 할 수 있는 것이 아니라 해당 분야의 지식과 교육을 밑바탕으로 성실히 수행해야만 가능한 것이라 믿고 수행하는 태도이다.
> • 봉사의식 : 직업 활동을 통해 다른 사람과 공동체에 대하여 봉사하는 정신을 갖추고 실천하는 태도이다.

45

정답 ②

경력개발의 단계별 내용

구분	내용
직업 선택	• 최대한 여러 직업의 정보를 수집하여 탐색한 후 나에게 적합한 최초의 직업을 선택함 • 관련 학과 외부 교육 등 필요한 교육을 이수함
조직 입사	• 원하는 조직에서 일자리를 얻음 • 정확한 정보를 토대로 적성에 맞는 적합한 직무를 선택함
경력 초기	• 조직의 규칙과 규범에 대해 배움 • 직업과 조직에 적응해 감 • 역량(지식, 기술, 태도)을 증대시키고 꿈을 추구해 나감
경력 중기	• 경력 초기를 재평가하고 더 업그레이드된 꿈으로 수정함 • 성인 중기에 적합한 선택을 하고 지속적으로 열심히 일함
경력 말기	• 지속적으로 열심히 일함 • 자존심을 유지함 • 퇴직 준비의 자세한 계획을 세움(경력 중기부터 준비하는 것이 바람직)

46

정답 ③

나열된 수는 짝수 개이므로 수를 작은 수부터 순서대로 나열했을 때, 가운데에 있는 두 수의 평균이 중앙값이다.

• 빈칸의 수가 7 이하인 경우 : 가운데에 있는 두 수는 7, 8이므로 중앙값은 $\frac{7+8}{2}=7.5$이다.

• 빈칸의 수가 8인 경우 : 가운데에 있는 두 수는 8, 8이므로 중앙값은 8이다.

• 빈칸의 수가 9 이상인 경우 : 가운데에 있는 두 수는 8, 9이므로 중앙값은 $\frac{8+9}{2}=8.5$이다.

따라서 중앙값이 8일 때 빈칸에 들어갈 수는 8이다.

47

정답 ②

$1 \sim 200$의 자연수 중에서 2, 3, 5 중 어느 것으로도 나누어떨어지지 않는 수의 개수는 각각 2의 배수, 3의 배수, 5의 배수가 아닌 수의 개수이다.

• $1 \sim 200$의 자연수 중 2의 배수의 개수 : $\frac{200}{2}=100$이므로 100개이다.

• $1 \sim 200$의 자연수 중 3의 배수의 개수 : $\frac{200}{3}=66 \cdots 2$이므로 66개이다.

• $1 \sim 200$의 자연수 중 5의 배수의 개수 : $\frac{200}{5}=40$이므로 40개이다.

• $1 \sim 200$의 자연수 중 6의 배수의 개수 : $\frac{200}{6}=33 \cdots 2$이므로 33개이다.

• $1 \sim 200$의 자연수 중 10의 배수의 개수 : $\frac{200}{10}=20$이므로 20개이다.

• $1 \sim 200$의 자연수 중 15의 배수의 개수 : $\frac{200}{15}=13 \cdots 5$이므로 13개이다.

• $1 \sim 200$의 자연수 중 30의 배수의 개수 : $\frac{200}{30}=6 \cdots 20$이므로 6개이다.

따라서 $1 \sim 200$의 자연수 중에서 2, 3, 5 중 어느 것으로도 나누어떨어지지 않는 수의 개수는 $200-[(100+66+40)-(33+20+13)+6]=200-(206-66+6)=54$개이다.

48

정답 ①

분침은 60분에 1바퀴 회전하므로 1분 지날 때 분침은 $\frac{360}{60}=6°$ 움직이고, 시침은 12시간에 1바퀴 회전하므로 1분 지날 때 시침은 $\frac{360}{12\times60}=0.5°$ 움직인다.

따라서 4시 30분일 때 시침과 분침이 만드는 작은 부채꼴의 각도는 $6\times30-0.5\times(60\times4+30)=180-135=45°$이므로, 부채꼴의 넓이와 전체 원의 넓이의 비는 $\frac{45}{360}=\frac{1}{8}$ 이다.

49

정답 ②

A지점에서 출발하여 최단거리로 이동하여 B지점에 도착하기까지 가능한 경로의 수를 구하면 다음과 같다.

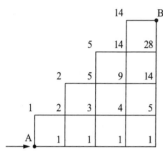

따라서 구하고자 하는 경우의 수는 $14+28=42$가지이다.

50

정답 ⑤

2020~2023년 동안 전년 대비 전체 설비 발전량의 증감량과 신재생 설비 발전량의 증가량은 다음과 같다.
- 2020년
  전체 설비 발전량 : $563,040-570,647=-7,607$GWh, 신재생 설비 발전량 : $33,500-28,070=5,430$GWh
- 2021년
  전체 설비 발전량 : $552,162-563,040=-10,878$GWh, 신재생 설비 발전량 : $38,224-33,500=4,724$GWh
- 2022년
  전체 설비 발전량 : $576,810-552,162=24,648$GWh, 신재생 설비 발전량 : $41,886-38,224=3,662$GWh
- 2023년
  전체 설비 발전량 : $594,400-576,810=17,590$GWh, 신재생 설비 발전량 : $49,285-41,886=7,399$GWh

따라서 전체 설비 발전량의 증가량이 가장 많은 해는 2022년이고, 신재생 설비 발전량의 증가량이 가장 적은 해 또한 2022년이다.

오답분석
① 2020~2023년 기력 설비 발전량의 전년 대비 증감 추이는 '감소 – 감소 – 증가 – 감소'이지만, 전체 설비 발전량의 전년 대비 증감 추이는 '감소 – 감소 – 증가 – 증가'이다.
② 2019~2023년 전체 설비 발전량의 1%와 수력 설비 발전량을 비교하면 다음과 같다.
- 2019년 : $7,270 > 570,647\times0.01 ≒ 5,706$GWh
- 2020년 : $6,247 > 563,040\times0.01 ≒ 5,630$GWh
- 2021년 : $7,148 > 552,162\times0.01 ≒ 5,522$GWh
- 2022년 : $6,737 > 576,810\times0.01 ≒ 5,768$GWh
- 2023년 : $7,256 > 594,400\times0.01 = 5,944$GWh

따라서 2019~2023년 동안 수력 설비 발전량은 항상 전체 설비 발전량의 1% 이상이다.

③ 2019 ~ 2023년 전체 설비 발전량의 5%와 신재생 설비 발전량을 비교하면 다음과 같다.
- 2019년 : $28,070 < 570,647 \times 0.05 = 28,532$GWh
- 2020년 : $33,500 > 563,040 \times 0.05 = 28,152$GWh
- 2021년 : $38,224 > 552,162 \times 0.05 = 27,608$GWh
- 2022년 : $41,886 > 576,810 \times 0.05 = 28,841$GWh
- 2023년 : $49,285 > 594,400 \times 0.05 = 29,720$GWh

따라서 2019년 신재생 설비 발전량은 전체 설비 발전량의 5% 미만이고, 그 외에는 5% 이상이다.

④ 신재생 설비 발전량은 꾸준히 증가하였지만 원자력 설비 발전량은 2022년에 전년 대비 감소하였다.

작은 기회로부터 종종 위대한 업적이 시작된다.

– 데모스테네스 –

PART 1

직업기초능력평가

01 | 의사소통능력

대표기출유형 01 기출응용문제

01
정답 ⑤

제시문에서 치명적인 이빨이나 발톱을 가진 동물들은 살상 능력이 크기 때문에 자신의 종에 대한 공격을 제어할 억제 메커니즘이 필요했고, 그것이 진화의 과정에 반영되었다고 했으므로 ⑤는 적절한 내용이다.

오답분석

①·② 인간은 신체적으로 미약한 힘을 지녔기 때문에 자신의 힘만으로 자기 종을 죽인다는 것이 어려웠을 뿐 공격성은 학습이나 지능과 관계가 없다.
③ 인간은 진화가 아니라 기술의 발달로 살상 능력을 지니게 되었다.
④ 인간의 공격적인 본능은 긍정적인 측면과 부정적인 측면을 모두 포함해서 오늘날 인류를 있게 한 중요한 요소이다.

02
정답 ③

ㄴ. 응모 아이디어 수가 3배수 미만이면 1차 심사를 생략하고 2차 심사 한 단계로만 진행된다.
ㄹ. 부문별 중복 수상은 불가하므로 1인이 받을 수 있는 최대 상금은 부문별 최우수상에 해당하는 상금의 합으로 총 300만 원이다.

오답분석

ㄱ. 공모 분야 중 실천수기에는 사진이, 홍보영상에는 영상이 필수이므로 촬영기기가 필요하나, 캘리그라피에는 필수가 아니므로 촬영기기가 없더라도 본 공모전에 참여할 수 있다.
ㄷ. 1차 심사와 2차 심사의 평가항목과 각 항목의 배점은 동일하다.
ㅁ. 상금은 공고에서 언급된 상금에서 원천징수세액을 공제 후 지급되므로 실제 지급받는 상금은 공고에서 제시된 금액보다 적다.

03
정답 ③

오답분석

① 제시문에서 확인할 수 없다.
② 그녀는 8년째 도서관에서 일을 하고 있다.
④ 그녀는 생활비를 줄이기 위해 휴대폰을 정지시켰다.
⑤ 그녀는 동생에게 돈을 송금했다.

04
정답 ①

제시문에 따르면 스마트시티 전략은 정보통신기술을 적극적으로 활용하여 도시의 혁신을 이끌고 도시 문제를 해결하는 것으로 볼 수 있다. ①은 물리적 기반시설 확대의 경우로, 정보통신기술의 활용과는 거리가 멀다.

05
정답 ②

ㄱ. 첫 번째 문단에 따르면 들뜬 상태의 전자들이 원래의 자리, 즉 바닥 상태로 되돌아갈 때 빛 등의 에너지가 방출되므로 옳은 내용이다.

ㄷ. 두 번째 문단에 따르면 메이먼은 들뜬 전자가 빛을 방출하는 동안 거울을 통해 다른 들뜬 전자들이 빛을 방출하도록 유도하는 방식으로 빛을 증폭시켰다. 따라서 전자가 들뜬 상태에 머무는 시간이 긴 루비를 이용하여 빛의 증폭에 유리한 조건을 만들었음을 알 수 있다.

오답분석

ㄴ. 첫 번째 문단에 따르면 보유하는 에너지가 낮은 전자부터 원자핵에 가까운 에너지 준위를 채워나가므로 원자핵에 가까울수록 에너지 준위가 낮은 것을 알 수 있다. 들뜬 상태의 전자들은 바닥 상태, 즉 에너지 준위가 낮은 상태로 되돌아가려는 경향이 있으므로 결국 원자핵에 가까운 에너지 준위로 이동할 것이다.

ㄹ. 두 번째 문단에 따르면 메이먼은 루비의 특정 전자들을 들뜨게 함으로써 바닥 상태의 전자 수보다 들뜬 상태의 전자 수를 많게 만들었으므로 옳지 않다.

06

정답 ⑤

모든 문서의 내용을 이해했더라도, 그 내용 전체를 기억하는 것은 현실적으로 어렵고 비효율적이다. 따라서 각 문서에서 핵심적 내용만 골라 필요한 정보를 획득하고 종합하는 것이 바람직하다. 한편, 문서 이해 절차를 도식화하면 '문서의 목적 이해 → 문서 작성의 배경과 주제 파악 → 문서 정보 파악, 현안 문제 파악 → 상대방의 욕구, 의도 및 요구사항 분석 → 목적 달성을 위한 행동 결정 → 상대의 의도를 도표·그림 등으로 요약·정리'와 같다.

07

정답 ②

문서는 많고, 그 안에서 나타내는 내용도 각기 다르다. 따라서 문서를 이해할 때는 그 내용이 옳은 것인지 그른 것인지 판단하는 능력 또한 중요하다. 따라서 정보의 이해는 물론 옳고 그름의 판단 역시 하는 것이 중요하다.

오답분석

① 문서이해능력에서는 문서에서 전달하는 정보를 이해하고 더불어 그 정보의 출처를 파악하는 것도 중요하다.

③ 문서이해능력에서는 문서의 내용 파악에 그치는 것이 아니라 문서에서 전달하는 정보를 바탕으로 업무와 관련하여 요구되는 정보가 무엇인지 적절하게 추론할 수 있어야 한다.

④ 문서이해능력에서는 문서를 읽고 필요하다면 도표나 기호를 통해 그 내용을 요약·정리할 수 있는 능력을 포함한다.

⑤ 문서이해능력에서는 다양한 종류의 문서에서 전달하고자 하는 핵심 내용을 요약·정리하여 이해하는 능력을 포함한다.

08

정답 ④

우리는 직업생활에 있어 자신에게 주어진 각종 문서나 자료에 수록된 정보를 ㉠ 확인하여, 알맞은 정보를 ㉡ 구별하고 ㉢ 비교하여 ㉣ 통합할 수 있어야 한다. 또한 문서에서 주어진 문장이나 정보를 읽고 이해하여 자신에게 필요한 행동이 무엇인지 ㉤ 추론할 수 있어야 한다.

대표기출유형 02 **기출응용문제**

01

정답 ①

제시문에서 사회보장제도가 무엇인지 정의하고 있으므로 제목으로는 '사회보장제도의 의의'가 가장 적절하다.

오답분석

② 대상자를 언급하고 있지만 이는 제시문의 일부이므로 글의 전체적인 제목으로는 적절하지 않다.

③ 우리나라만의 사회보장에 대한 설명은 아니다.

④ 소득보장에 대해서는 언급하고 있지 않다.

⑤ 두 번째 문단에서만 사회보험과 민간보험의 차이점을 언급하고 있다.

02

정답 ⑤

제시문의 내용을 정리해 보면 '사회 방언은 지역 방언만큼의 주목을 받지는 못했음', '사회 계층 간의 방언차는 사회에 따라서는 상당히 현격한 차이를 보여 일찍부터 논의의 대상이 되었음', '사회 계층 간의 방언 분화는 최근 사회 언어학의 대두에 따라 점차 큰 관심의 대상이 되어 가고 있음' 등으로 요약할 수 있다. 이러한 내용을 토대로 주제를 찾는다면 ⑤가 전체 내용의 핵심이라는 것을 알 수 있다.

03

정답 ①

제시문은 위성영상지도 서비스인 구글어스로 건조지대에도 숲이 존재한다는 사실을 발견했다는 내용의 글이다. 첫 문장에서 '구글어스가 세계 환경의 보안관 역할을 톡톡히 하고' 있다고 하였으므로, 제목으로는 ①이 가장 적절하다.

04

정답 ④

제시문은 중세 유럽에서 유래된 로열티 제도가 산업 혁명부터 현재까지 지적 재산권에 대한 보호와 가치 확보를 위해 발전되었음을 설명하고 있다. 따라서 가장 적절한 제목은 ④이다.

대표기출유형 03 | 기출응용문제

01

정답 ②

제시문은 신앙 미술에 나타난 동물의 상징적 의미와 사례, 변화와 그 원인, 그리고 동물의 상징적 의미가 지닌 문화적 가치에 대하여 설명하는 글이다. 따라서 (나) 신앙 미술에 나타난 동물의 상징적 의미와 그 사례 → (다) 동물의 상징적 의미의 변화 → (라) 동물의 상징적 의미가 변화하는 원인 → (가) 동물의 상징적 의미가 지닌 문화적 가치의 순서대로 나열하는 것이 적절하다.

02

정답 ③

제시문은 교과서에서 많은 오류가 발견된 사실을 제시하고 오류의 유형과 예시를 차례로 언급하며 문제 해결에 대한 요구를 제시하는 글이다. 따라서 (다) 교과서에서 많은 오류가 발견 → (가) 교과서에서 나타나는 오류의 유형과 예시 → (라) 편향된 내용을 담은 교과서의 또 다른 예시 → (나) 교과서의 문제 지적과 해결 촉구의 순서로 나열되어야 한다.

03

정답 ③

제시된 문단에서 담배가 약초가 아님을 밝히고 있으므로 바로 다음에 이어질 내용으로는 담배의 유해성에 관해 설명한 (라)가 오는 것이 적절하며, 담배의 유해성을 뒷받침할 수 있는 K공단의 연구 결과인 (가)가 두 번째로 이어져야 한다. 또한 (다)의 '이와 같은 담배의 유해성'은 앞서 언급한 (라)와 (가)의 내용을 가리키는 것이므로 (다)가 세 번째 순서에 나열되어야 하며, (다)에서 설명한 담배회사와의 소송에 관한 내용이 (나)에서 이어지고 있으므로 (나)가 마지막에 나열되는 것이 자연스럽다.

04

정답 ④

제시된 문단은 과거 의사소통능력 수업에 대한 문제를 제기하고 있다. 따라서 이에 대한 문제점인 ⓒ이 그 다음으로 이어지는 것이 적절하다. ⓛ은 과거 문제점에 대한 해결법으로 '문제중심학습(PBL)'을 제시하므로 ⓒ 다음에 오는 것이 적절하며, ㉠ 역시 '문제중심학습(PBL)'에 대한 장점으로 ⓛ 다음에 오는 것이 적절하다. ㉣의 경우 '문제중심학습(PBL)'에 대한 주의할 점이므로 마지막으로 오는 것이 가장 적절하다.

01

제시문 하단에 우리나라의 사회보장기본법의 내용에서 '사회보장이란 출산, 양육, 실업, 노령, 장애, 질병, 빈곤 및 사망 등의 사회적 위험으로부터 모든 국민을 보호'한다고 명시되어 있으므로 사회보장의 대상은 모든 국민임을 알 수 있다. 따라서 사회보장은 '보호가 필요하다고 판단되는 빈곤 계층'이라는 일부의 대상에만 적용되는 선별적 개념이 아니라 모든 국민을 대상으로 적용하는 포괄적 개념이다.

02

제시문에서 '이러한 작업'이 구체화된 바로 앞 문장을 보면 빈칸은 부분적 관점의 과학적 지식과 기술을, 포괄적인 관점의 예술적 세계관을 바탕으로 이해하는 작업이므로 빈칸에 들어갈 내용으로는 '과학의 예술화'가 가장 적절하다.

03

- 첫 번째 빈칸 : 공간 정보가 정보 통신 기술의 발전으로 시간에 따른 변화를 반영할 수 있게 되었다는 빈칸 뒤의 내용을 통해 빈칸에는 시간에 따른 공간의 변화를 포함한 공간 정보를 이용할 수 있게 되면서 '최적의 경로 탐색'이 가능해졌다는 내용의 ㉠이 적절함을 알 수 있다.
- 두 번째 빈칸 : ㉡은 빈칸 앞 문장의 '탑승할 버스 정류장의 위치, 다양한 버스 노선, 최단 시간 등을 분석하여 제공하는' 지리정보 시스템이 '더 나아가' 제공하는 정보에 관해 이야기한다. 따라서 빈칸에는 ㉡이 적절하다.
- 세 번째 빈칸 : 빈칸 뒤의 내용에서는 공간 정보가 활용되고 있는 다양한 분야와 앞으로 활용될 수 있는 분야를 이야기하고 있으므로 빈칸에는 공간 정보의 활용 범위가 계속 확대되고 있다는 ㉢이 적절함을 알 수 있다.

04

기분조정 이론은 현재 시점에만 초점을 맞추고 있는 기분관리 이론을 보완한 이론으로, 기분조정 이론을 검증하기 위한 실험에서 피실험자들은 한 시간 후의 상황을 생각하며 미리 다른 음악을 선택하였다. 즉, 기분조정 이론은 사람들이 현재 시점뿐만 아니라 다음에 올 상황을 고려하여 현재의 기분을 조정한다는 것이다. 따라서 빈칸에 들어갈 내용으로는 ③이 가장 적절하다.

오답분석

①·④·⑤ 현재의 기분에 초점을 맞추고 있는 진술이므로 적절하지 않다.
② 기분조정 이론에 따르면 사람들은 다음에 올 상황을 고려하여 흥분을 유발하는 음악 또는 흥분을 가라앉히는 음악을 선택하여 기분을 조정한다. 따라서 흥분을 유발할 수 있는 음악을 선택한다는 진술은 적절하지 않다.

01

한글 맞춤법 규정에 따르면 '초점(焦點)'의 경우 고유어가 들어 있지 않으므로 사이시옷이 들어가지 않는다. 따라서 '초점'이 옳은 표기이다. 두 음절로 된 한자어 중에서 사이시옷 표기를 인정하는 단어는 '곳간(庫間), 셋방(貰房), 숫자(數字), 찻간(車間), 툇간(退間), 횟수(回數)' 등의 6개뿐이다(한글 맞춤법 제30항).

02

㉠에서 다섯 번째 줄의 접속어 '그러나'를 기준으로 앞부분은 사물인터넷 사업의 경제적 가치 및 외국의 사물인터넷 투자 추세, 뒷부분은 우리나라의 사물인터넷 사업 현황에 대하여 설명하고 있다. 따라서 두 문단으로 나누는 것이 적절하다.

오답분석
② 문장 앞부분에서 '통계에 따르면'으로 시작하고 있으므로, 이와 호응되는 서술어를 능동 표현인 '예상하며'로 바꾸는 것은 어색하다.
③ 우리나라의 사물인터넷 시장이 선진국에 비해 확대되지 못하고 있는 것은 사물인터넷 관련 기술을 확보하지 못한 결과이다. 따라서 수정하는 것은 옳지 않다.
④ 문맥상 '기술력을 갖추다.'라는 의미가 되어야 하므로 '확보'로 바꾸어야 한다.
⑤ 사물인터넷의 의의와 기대효과로 글을 마무리하고 있는 문장이므로 삭제할 필요는 없다.

03

문서 작성 시 주의사항
• 문서는 육하원칙에 의해서 써야 한다.
• 문서는 그 작성 시기가 중요하다.
• 문서는 한 사안을 한 장의 용지에 작성해야 한다.
• 문서를 작성한 후 반드시 다시 한 번 내용을 검토해야 한다.
• 문서의 첨부자료는 반드시 필요한 자료 외에는 첨부하지 않도록 한다.
• 문서 내용 중 금액, 수량, 일자 등의 기재에 정확성을 기하여야 한다.
• 문장 표현은 작성자의 성의가 담기도록 경어나 어휘에 신경을 써야 한다.

04

기안문 작성 시 유의사항
• 정확성(바른 글)
 − 필요한 내용을 빠뜨리지 않고, 잘못된 표현이 없도록 문서를 작성한다.
 − 의미전달에 혼동을 일으키지 않도록 정확한 용어를 사용하고 문법에 맞게 문장을 구성한다.
 − 애매모호하거나 과장된 표현에 의하여 사실이 왜곡되지 않도록 한다.
• 용이성(쉬운 글)
 − 상대방의 입장에서 이해하기 쉽게 작성한다.
 − 추상적이고 일반적인 용어보다는 구체적이고 개별적인 용어를 쓴다.
• 성실성(호감 가는 글)
 − 문서는 성의 있고 진실하게 작성한다.
 − 감정적이고 위압적인 표현을 쓰지 않는다.
• 경제성(효율적으로 작성하는 글)
 − 용지의 규격・지질을 표준화한다.
 − 서식을 통일하여 규정된 서식을 사용하는 것이 경제적이다.

대표기출유형 06 기출응용문제

01

언쟁하기는 단지 논쟁을 위해서 상대방의 말에 귀를 기울이는 것으로, 상대방이 무슨 주제를 꺼내든지 설명하는 것을 무시하고 자신의 생각만을 늘어놓는 것이다. 하지만 사원 C의 경우 김사원과 언쟁을 하려 한다기보다는 김사원의 말에 귀 기울이며 동의하고 있다. 또한 김사원이 앞으로 취해야 할 행동에 대해 자신의 생각을 조언하고 있다.

오답분석

① 짐작하기는 상대방의 말을 듣고 받아들이기보다는 자신의 생각에 들어맞는 단서들을 찾아 자신의 생각을 확인하는 것으로, 사원 A의 경우 김사원의 말을 듣고 받아들이기보다는 이부장이 매일매일 체크한다는 것을 단서로 보아 김사원에게 문제점이 있다고 보고 있다.
② 판단하기는 상대방에 대한 부정적인 선입견 때문에, 또는 상대방을 비판하기 위해 상대방의 말을 듣지 않는 것을 말한다. 사원 B는 김사원이 예민하다는 선입견 때문에 이부장의 행동보다 김사원의 행동을 문제시하고 있다.
④ 슬쩍 넘어가기는 대화가 너무 사적이거나 위협적이면 주제를 바꾸거나 농담으로 넘기려 하는 것으로, 문제를 회피하려 해 상대방의 진정한 고민을 놓치는 것을 말한다. 사원 D의 경우 김사원의 부정적인 감정을 회피하기 위해 다른 주제로 대화 방향을 바꾸고 있다.
⑤ 비위 맞추기는 상대방을 위로하기 위해 혹은 비위를 맞추기 위해 너무 빨리 동의하는 것을 말한다. 사원 E는 김사원을 지지하고 동의하는 데 너무 치중함으로써 김사원이 충분히 자신의 감정과 상황을 표현할 시간을 주지 못하고 있다.

02

물론 상대의 성격에 따라 부담을 느낄 수도 있지만, 상대의 반응을 지레짐작하여 거리를 두는 것보다는 상대방의 말에 집중해서 경청하는 것이 바람직하다.

03

제시문에서 설명하고 있는 '상대방의 말을 듣고 받아들이기보다 자신의 생각에 들어맞는 단서를 찾아 자신의 생각을 확인하는 행동'은 (나) 짐작하기에 해당하며, '상대방에 대한 부정적인 판단 또는 상대방을 비판하기 위해 상대방의 말을 듣지 않는 행동'은 (다) 판단하기에 해당한다.

오답분석

(가) 다른 생각하기 : 상대방에게 관심을 기울이는 것이 점차 더 힘들어지고 상대방이 말을 할 때 자꾸 다른 생각을 하게 된다면, 이는 현실이 불만족스럽지만 이러한 상황을 회피하고 있다는 위험한 신호이다.
(라) 걸러내기 : 상대의 말을 듣기는 하지만 상대방의 메시지를 온전하게 듣는 것이 아닌 경우이다.

04

서희가 말하고 있는 비위 맞추기는 올바른 경청의 자세가 아닌 방해요인이므로 이를 고치지 않아도 된다고 말하는 선미의 의견은 옳지 않다.

05

쉼의 활용
• 이야기의 전이(轉移) 시
• 양해, 동조, 반문의 경우
• 생략, 암시, 반성의 경우
• 여운을 남길 때

01

'너머'는 높이나 경계로 가로막은 사물의 저쪽, 또는 그 공간을 뜻한다.

오답분석

① 산을 '넘는다'는 행위의 의미이므로 '넘어야'가 맞다.
③ 어깨너머는 타인이 하는 것을 옆에서 보거나 듣는다는 의미이다.
④ '나뉘다(나누이다)'는 '나누다'의 피동형이므로 피동을 나타내는 접사 '-어지다'와 결합할 수 없다.
⑤ 새는 '사이'의 준말이다.

02

'본받다'는 '본을 받다'에서 목적격 조사가 생략되고, 명사 '본'과 동사 '받다'가 결합한 합성어이다. 즉, 하나의 단어로 '본받는'이 옳은 표기이다.

03

'물, 가스 따위가 흘러나오지 않도록 차단하다.'의 뜻을 가진 동사는 '잠그다'이다. '잠구다'는 '잠그다'의 잘못된 표현으로 '잠구다'의 활용형인 '잠궈' 역시 틀린 표기이다. '잠그다'의 올바른 활용형은 '잠가'이다. 따라서 '사용 후 수도꼭지는 꼭 잠가 주세요.'가 옳은 문장이다.

04

'밖에'는 '그것 말고는, 그것 이외에는, 기꺼이 받아들이는, 피할 수 없는'의 뜻을 나타내는 보조사이므로 앞말과 붙여 쓴다.

오답분석

① '만'은 '앞말이 가리키는 횟수를 끝으로'의 뜻을 나타내는 의존 명사로 사용되었으므로 '열 번 만에'와 같이 앞말과 띄어 써야 한다.
② '만큼'은 앞말과 비슷한 정도나 한도임을 나타내는 격조사로 사용되었으므로 '아빠만큼'과 같이 앞말에 붙여 써야 한다.
④ '대로'는 '어떤 상태나 행동이 나타나는 족족'을 의미하는 의존 명사로 사용되었으므로 '달라는 대로'와 같이 앞말과 띄어 써야 한다.
⑤ '뿐'은 '그것만이고 더는 없음'을 의미하는 보조사로 사용되었으므로 '너뿐만'과 같이 앞말에 붙여 써야 한다.

05

한글 맞춤법에 따르면 '덮치다'는 '덮다'의 어간 '덮-'에 사동 접미사 '-치-'가 결합한 형태로 그 어간을 밝혀 적어야 한다. 따라서 ④의 '덥쳤던'은 '덮쳤던'이 올바른 표기이다.

06

한자음 '녀'가 단어 첫머리에 올 때는 두음 법칙에 따라 '여'로 적으나, 의존 명사의 경우는 '녀' 음을 인정한다. 해를 세는 단위의 '년(年)'은 의존 명사이므로 ④에서 '연'은 '년'으로 적어야 한다.

오답분석

① 이사장의 말을 직접 인용하고 있으므로 '라고'의 쓰임은 적절하다.
② '말'이 표현을 하는 도구의 의미로 사용되었으므로 '로써'의 쓰임은 적절하다.
③ 'ㅇ' 받침으로 끝나는 말 뒤에 쓰였으므로 '률'의 쓰임은 적절하다.
⑤ 아라비아 숫자만으로 연월일을 모두 표시하고 있으므로 마침표의 사용은 적절하다.

01

④는 사람이 지나치게 결백하면 남이 따르지 않음을 비유적으로 이르는 말로, 지나치게 원리·원칙을 지키다 친구들의 신뢰를 잃은 반장 민수의 상황에 적절하다.

오답분석

① 남의 덕으로 대접을 받고 우쭐댄다.
② 무엇에나 순서가 있으니, 그 차례를 따라 하여야 한다.
③ 큰 것을 잃은 후에 작은 것을 아끼려고 한다.
⑤ 아무리 좋은 일이라도 여러 번 되풀이하여 대하게 되면 싫어진다.

02

'깐깐오월'은 해가 길어서 일하기 지루한 달이라는 뜻으로, 음력 5월을 이르는 말이다. 너무 바빠 시간이 언제 지나는지도 모른다는 것은 음력 8월을 이르는 말로, '동동팔월'이라 한다.

오답분석

① 엉너리를 치다 : 능청스러운 수단을 써서 남의 환심을 사다.
② 사개가 맞다 : 말이나 사리의 앞뒤 관계가 빈틈없이 딱 들어맞다.
③ 곁을 주다 : 다른 사람으로 하여금 자기에게 가까이할 수 있도록 속을 터주다.
④ 곱살이 끼다 : 남이 하는 일에 곁다리로 끼다.

03

신상필벌(信賞必罰)은 상을 줄 만한 훈공이 있는 자에게 반드시 상을 주고, 벌할 죄과가 있는 자에게는 반드시 벌을 준다는 뜻으로, 상벌(賞罰)을 공정·엄중히 하는 일을 가리킨다.

오답분석

① 신언서판(身言書判) : 중국 당나라 때 관리를 등용하는 시험에서 인물 평가의 기준으로 삼았던 몸·말씨·글씨·판단의 네 가지를 이르는 말
③ 순망치한(脣亡齒寒) : 입술이 없으면 이가 시리다는 말로, 서로 떨어질 수 없는 밀접한 관계라는 뜻
④ 숙호충비(宿虎衝鼻) : 자는 호랑이의 코를 찌른다는 뜻으로, 가만히 있는 사람을 공연히 건드려서 화를 입거나 일을 불리하게 만듦을 이르는 말
⑤ 견문발검(見蚊拔劍) : 모기를 보고 칼을 뺀다는 뜻으로, 사소한 일에 크게 성내어 덤빔을 이르는 말

02 | 문제해결능력

01

 ④

D팀은 파란색을 선택하였으므로 보라색을 사용하지 않고, B팀과 C팀도 보라색을 사용한 적이 있으므로 A팀은 보라색을 선택한다. B팀은 빨간색을 사용한 적이 있고, 파란색과 보라색은 사용할 수 없으므로 노란색을 선택한다. C팀은 나머지 빨간색을 선택한다.

A팀	B팀	C팀	D팀
보라색	노란색	빨간색	파란색

따라서 항상 참인 것은 ④이다.

오답분석

①·③·⑤ 주어진 조건만으로는 판단하기 힘들다.
② A팀의 상징색은 보라색이다.

02

 ③

세 번째 조건에 따라 지역지원부의 A팀장은 반드시 출장에 참여하여야 한다. 또한 일곱 번째 조건에 따라 B대리와 C주임 중 최소한 명은 출장에 참여하여야 하며, 마지막 조건에 따라 부서별로 최소한 1명씩은 참여하여야 하므로, 부서별 참여인원은 지역지원부가 2명, 산업지원부가 1명, 컨소시엄지원부가 1명이 된다. 컨소시엄지원부는 1명만 출장이 가능하므로, 두 가지 경우로 구분할 수 있다.

• G주임이 참여하는 경우
  여섯 번째 조건에 따라 H사원은 출장에 참여하지 못하며, 다섯 번째 조건에 따라 C주임도 출장에 참여하여야 한다. 따라서 나머지한 명은 산업지원부 직원 중 어느 누구라도 참여 가능하며, 이 경우 가능한 경우는 다음과 같다.
  – A팀장, C주임, D대리, G주임/A팀장, C주임, E대리, G주임/A팀장, C주임, F사원, G주임
• H사원이 참여하는 경우
  네 번째 조건에 따라 F사원은 출장을 갈 수 없게 된다. 또한 G주임이 출장에 참여하지 않으므로, 다섯 번째 조건에 따라 C주임도 참여하지 못하게 된다. 따라서 일곱 번째 조건에 따라 B대리가 출장에 참여하게 되고, 나머지 한 명은 D대리와 E대리 중 한 명이 참여하게 된다. 그러므로 가능한 경우의 수는 다음과 같다.
  – A팀장, B대리, D대리, H사원/A팀장, B대리, E대리, H사원
③의 경우에 G주임이 혼자 출장에 참여하게 되므로 다섯 번째 조건에 위배된다.

03

 ⑤

'책을 좋아한다.'를 A, '영화를 좋아한다.'를 B, '여행을 좋아한다.'를 C, '산책을 좋아한다.'를 D, '게임을 좋아한다.'를 E라고 하자. 주어진 명제를 정리하면 A → B, ~C → ~A, D → ~E, B → D이고, A → B → D → ~E, A → C가 성립한다. ⑤는 ~C → ~E이고, 이를 통해 여행(C)과 게임(E)의 연관성을 구할 수는 없으므로 옳지 않은 추론이다.

04

정답 ①

A와 B를 기준으로 조건을 정리하면 다음과 같다.
- A : 디자인을 잘하면 편집을 잘하고, 편집을 잘하면 영업을 잘한다. 영업을 잘하면 기획을 못한다.
- B : 편집을 잘하면 영업을 잘한다. 영업을 잘하면 기획을 못한다.

따라서 조건에 따르면 A만 옳다.

05

정답 ④

세 번째 조건에 의해 윤부장이 가담하지 않았다면 이과장과 강주임도 가담하지 않았음을 알 수 있다. 이과장이 가담하지 않았다면 두 번째 조건에 의해 김대리도 가담하지 않았으므로 가담한 사람은 박대리뿐이다. 이는 첫 번째 조건에 위배되므로, 윤부장은 입찰부정에 가담하였다. 네 번째 조건의 대우로 김대리가 가담하였다면 박대리도 가담하였고, 다섯 번째 조건에 의해 박대리가 가담하였다면 강주임도 가담하였다. 이 또한 입찰부정에 가담한 사람은 두 사람이라는 첫 번째 조건에 위배되므로, 김대리는 입찰부정에 가담하지 않았다. 따라서 입찰부정에 가담하지 않은 사람은 김대리, 이과장, 박대리이며, 입찰부정에 가담한 사람은 윤부장과 강주임이다.

06

정답 ③

제시된 A ~ D 네 명의 진술을 정리하면 다음과 같다.

구분	진술 1	진술 2
A	C는 B를 이길 수 있는 것을 냈다.	B는 가위를 냈다.
B	A는 C와 같은 것을 냈다.	A가 편 손가락의 수는 B보다 적다.
C	B는 바위를 냈다.	A ~ D는 같은 것을 내지 않았다.
D	A, B, C 모두 참 또는 거짓을 말한 순서가 동일하다.	이 판은 승자가 나온 판이었다.

먼저 A ~ D는 반드시 가위, 바위, 보 세 가지 중 하나를 내야 하므로 그 누구도 같은 것을 내지 않았다는 C의 진술 2는 거짓이 된다. 따라서 C의 진술 중 진술 1이 참이 되므로 B가 바위를 냈다는 것을 알 수 있다. 이때, B가 가위를 냈다는 A의 진술 2는 참인 C의 진술 1과 모순되므로 A의 진술 중 진술 2가 거짓이 되는 것을 알 수 있다. 결국 A의 진술 중 진술 1이 참이 되므로 C는 바위를 낸 B를 이길 수 있는 보를 냈다는 것을 알 수 있다.

한편, 바위를 낸 B는 손가락을 펴지 않으므로 A가 편 손가락의 수가 자신보다 적었다는 B의 진술 2는 거짓이 된다. 따라서 B의 진술 중 진술 1이 참이 되므로 A는 C와 같은 보를 냈다는 것을 알 수 있다.

이를 바탕으로 A ~ C의 진술에 대한 참, 거짓 여부와 가위바위보를 정리하면 다음과 같다.

구분	진술 1	진술 2	가위바위보
A	참	거짓	보
B	참	거짓	바위
C	참	거짓	보

따라서 참 또는 거짓에 대한 A ~ C의 진술 순서가 동일하므로 D의 진술 1은 참이 되고, 진술 2는 거짓이 되어야 한다. 이때, 승자가 나오지 않으려면 D는 반드시 A ~ C와 다른 것을 내야 하므로 가위를 낸 것을 알 수 있다.

[오답분석]

① B와 같은 것을 낸 사람은 없다.
② 보를 낸 사람은 2명이다.
④ B가 기권했다면 가위를 낸 D가 이기게 된다.
⑤ 바위를 낸 사람은 1명이다.

01

정답 ⑤

ⓒ 이미 우수한 연구개발 인재를 확보한 것이 강점이므로, 추가로 우수한 연구원을 채용하는 것은 WO전략으로 적절하지 않다. 기회인 예산을 확보하면, 약점인 전력 효율성이나 국민적 인식 저조를 해결하기 위한 전략을 세워야 한다.

ⓔ 세계의 신재생에너지 연구(O)와 전력 효율성 개선(W)을 활용하므로 WT전략이 아닌 WO전략에 대한 내용이다. WT전략이 되기 위해서는 위협인 높은 초기비용에 대한 전략이 나와야 한다.

02

정답 ①

SWOT 분석은 내부 환경요인과 외부 환경요인의 2개의 축으로 구성되어 있다. 내부 환경요인은 자사 내부의 환경을 분석하는 것으로 자사의 강점과 약점으로 분석된다. 외부 환경요인은 자사 외부의 환경을 분석하는 것으로 기회와 위협으로 구분된다.

03

정답 ⑤

WO전략은 약점을 극복함으로써 기회를 활용할 수 있도록 내부 약점을 보완해 좀 더 효과적으로 시장 기회를 추구한다. 따라서 바로 옆에 유명한 프랜차이즈 레스토랑이 생겼다는 사실을 이용하여 홍보가 미흡한 점을 보완할 수 있도록 레스토랑과 제휴하여 레스토랑 내에 홍보물을 비치하는 전략은 적절하다.

04

정답 ①

ⓐ 안전을 위해 노후 설비를 교체하는 것은 외부의 위협을 최소화하는 전략이다. 또한 비용을 절감해 요금을 인하함으로써 가격 경쟁력을 높이는 것은 기존의 낮은 가격 경쟁력이라는 약점을 보완하는 전략이다. 따라서 ⓐ는 외부의 위협(T)을 최소화하고 내부의 약점(W)을 보완하는 WT전략(생존적 전략)에 해당한다.

ⓑ 천연가스의 분산형 전원으로서의 역할 강화 방안을 마련하는 것은 분산형 전원으로서의 역할 증대라는 기회를 활용하는 전략이다. 이러한 방안을 시행해 천연가스 수요의 증가를 측면에서 지원하는 것은 전체 천연가스 수요의 감소 전망이라는 약점을 보완하는 전략이다. 따라서 ⓑ는 외부의 기회(O)를 활용해 내부의 약점(W)을 보완하는 WO전략(보완적 전략)에 해당한다.

ⓒ 세계 제2위라고 평가받는 D공사의 LNG 구매력을 무기로 삼아 일본의 J사와 공조해 시장 변동성 조절에 적극 관여하는 것은 내부의 강점을 적극 활용하는 전략이다. 또한 LNG 가격 교섭력 강화와 향후 가격 급등의 방지를 도모하는 것은 LNG 수입 원가 상승 및 향후 가격 상승 여지라는 외부의 위협을 최소화할 수 있는 전략이다. 따라서 ⓒ는 외부의 위협(T)을 최소화하며 내부의 강점(S)을 적극 활용하는 ST전략(우회적 전략)에 해당한다.

ⓓ 세계적으로 천연가스 산업이 부각되는 기조를 계기로 삼는 것은 외부의 기회를 활용하는 전략이다. 또한 D공사가 갖춘 기술력과 인프라 건설·운용 노하우를 해외 시장 창출의 원동력으로 활용하는 것은 내부의 강점을 강화하는 전략이다. 따라서 ⓓ는 외부의 기회(O)를 활용하면서 내부의 강점(S)을 더욱 강화하는 SO전략(공세적 전략)에 해당한다.

01

정답 ④

출산장려금 지급 시기의 가장 우선순위인 임신일이 가장 긴 임산부는 B, D, E임산부이다. 이 중에서 만 19세 미만인 자녀 수가 많은 임산부는 D, E임산부이고, 소득 수준이 더 낮은 임산부는 D임산부이다. 따라서 D임산부가 가장 먼저 출산장려금을 받을 수 있다.

02

정답 ①

음료의 종류별로 부족한 팀 수를 구하면 다음과 같다.

• 이온음료 : 총무팀(1팀)
• 탄산음료 : 총무팀, 개발팀, 홍보팀, 고객지원팀(4팀)
• 에너지음료 : 개발팀, 홍보팀, 고객지원팀(3팀)
• 캔 커피 : 총무팀, 개발팀, 영업팀, 홍보팀, 고객지원팀(5팀)

음료 구매 시 각 음료의 최소 구비 수량의 1.5배를 구매해야 하므로 이온음료는 9캔, 탄산음료는 18캔, 에너지음료는 15캔, 캔 커피는 45캔씩 구매해야 한다. 그러므로 구매해야 하는 전체 음료의 수는 다음과 같다.

• 이온음료 : $9 \times 1 = 9$캔
• 탄산음료 : $18 \times 4 = 72$캔
• 에너지음료 : $15 \times 3 = 45$캔
• 캔 커피 : $45 \times 5 = 225$캔

음료는 정해진 묶음으로만 판매하므로 이온음료는 12캔, 탄산음료는 72캔, 에너지음료는 48캔, 캔 커피는 240캔을 구매해야 한다.

03

정답 ③

오답분석

(라) · (마) 아동수당 제도 첫 도입에 따라 초기에 아동수당 신청이 한꺼번에 몰릴 것으로 예상되어 연령별 신청기간을 운영한다. 따라서 만 5세 아동은 7월 1 ~ 5일 사이에 접수를 하거나 연령에 관계없이 7월 6일 이후에 신청하는 것으로 안내하는 것이 적절하다. 또한 아동수당 관련 신청서 작성요령이나 수급 가능성 등 자세한 내용은 아동수당 홈페이지에서 확인 가능한데, 어떤 홈페이지로 접속해야 하는지 안내를 하지 않았다. 따라서 적절하지 않다.

대표기출유형 04 | 기출응용문제

01

정답 ①

의류 종류 코드에서 'OP(원피스)'를 'OT(티셔츠)'로 수정해야 하므로 ①의 생산 코드를 'OTGR-240124-475ccc'로 수정해야 한다.

오답분석

㉠ 스커트는 'OH', 붉은색은 'RD', 제조일은 '231204', 창원은 '753', 수량은 'aaa'이므로 ③의 생산 코드는 'OHRD-231204-753aaa' 로 옳다.

㉢ 원피스는 'OP', 푸른색은 'BL', 제조일은 '230705', 창원은 '753', 수량은 'aba'이므로 ⑤의 생산 코드는 'OPBL-230705-753aba' 옳다.

㉣ 납품일(2024년 7월 23일) 전날에 생산했으므로 생산날짜는 2024년 7월 22일이다. 따라서 ②의 생산 코드는 'OJWH-240722-935baa'로 옳다.

㉤ 티셔츠의 생산 코드는 ④와 같이 'OTYL-240430-869aab'로 옳으며, 스커트의 생산 코드는 'OHYL-240430-869aab'이다.

02

정답 ②

n번째에 배열하는 전체 바둑돌의 개수를 a_n개(단, n은 자연수)라고 하자.

제시된 규칙에 의하여 $a_1 = 1$, $a_2 = 1 + 2 = 3$, $a_3 = 1 + 2 + 3 = 6$, $\cdots$, $a_n = 1 + 2 + 3 + \cdots + n = \sum_{k=1}^{n} k = \dfrac{n(n+1)}{2}$

즉, 37번째에 배열하는 전체 바둑돌의 개수는 $a_{37} = \dfrac{37 \times 38}{2} = 703$개이다.

제시된 그림을 보면 검은색 바둑돌은 홀수 번째에 배열된다. 홀수 번째에 있는 검은색 바둑돌의 개수를 b_{2m-1}개(단, m은 자연수) 라고 하자. 제시된 규칙에 의하여 계산하면 다음과 같다.

m	$2m-1$	b_{2m-1}
1	1	1
2	3	$1+3=4$
3	5	$1+3+5=9$
...	...	...
m	$2m-1$	$\displaystyle\sum_{k=1}^{m}(2k-1)=m^2$

즉, $2m-1=37$에서 $m=19$이므로 $b_{37}=19^2=361$개이다. 따라서 37번째에 배열된 흰색 바둑돌의 개수는 $703-361=342$개이 므로 검은색 바둑돌이 흰색 바둑돌보다 $361-342=19$개 많다.

03
정답 ③

하얀 블록 5개와 검은 블록 1개를 일렬로 붙인 막대와 하얀 블록 6개를 일렬로 붙인 막대를 각각 A막대, B막대라고 하자. A막대의 윗면과 아랫면에 쓰인 숫자의 순서쌍은 (1, 6), (2, 5), (3, 4), (4, 3), (5, 2), (6, 1)이다. 즉, A막대의 윗면과 아랫면에 쓰인 숫자의 합은 7이다. 검은 블록이 있는 막대 30개, 검은 블록이 없는 막대 6개를 붙여 만든 그림 2의 윗면과 아랫면에 쓰인 숫자의 합은 $(7\times30)+(6\times0)=210$이다. 윗면에 쓰인 숫자의 합은 109이므로 아랫면에 쓰인 36개 숫자의 합은 $210-109=101$이다.

04
정답 ①

2023년 8월 23일부터는 난각코드를 6자리로 표시하고, 이후 2024년 2월 23일부터는 10자리로 변경되었다. 5자리 난각코드는 2023년 4월 25일부터 2023년 8월 22일까지 사용되었으므로 ①은 2023년 8월 23일 이후 생산된 달걀로 볼 수 없다.

03 | 대인관계능력

대표기출유형 01 | 기출응용문제

01

정답 ④

사람들이 집단에 머물고, 계속 남아있기를 원하게 만드는 힘은 응집력이다. 팀워크는 단순히 사람들이 모여 있는 것이 아니라 목표 달성의 의지를 가지고 성과를 내는 것이다.

> **탐워크와 응집력**
> • 팀워크 : 팀 구성원이 공동의 목적을 달성하기 위해 상호관계성을 가지고 서로 협력하여 일을 해 나가는 것
> • 응집력 : 사람들로 하여금 집단에 머물도록 만들고, 그 집단의 멤버로서 계속 남아 있기를 원하게 만드는 힘

02

정답 ③

A사의 사례는 팀워크의 중요성과 주의할 점을 보여주고, D병원의 사례는 공통된 비전으로 인한 팀워크의 성공을 보여준다. 두 사례 모두 팀워크에 대한 내용이지만, 개인 간의 차이를 중시해야 한다는 것은 언급되지 않았다.

대표기출유형 02 | 기출응용문제

01

정답 ⑤

수동형 사원은 자신의 능력과 노력이 조직으로부터 인정받지 못해 자신감이 떨어지는 모습을 보인다. 따라서 사원의 의견을 존중해 자신감을 키워주는 것이 가장 적절하다.

오답분석
① 적절한 보상이 없다고 느끼는 소외형 사원에게 팀에 대한 협조의 조건으로 보상을 제시하는 것은 적절하지 못하다.
② 리더는 팀원을 배제시키지 않고, 팀 목표를 위해 팀원들이 자발적으로 업무에 참여하도록 노력해야 한다.
③ 순응형 사원에 대해서는 그들의 잠재력 개발을 통해 팀 발전을 위한 창의적인 모습을 갖도록 해야 한다.
④ 실무형 사원에 대해서는 징계를 통해 규정준수를 억지로 강조하는 모습보다는 의사소통을 통해 규정준수를 이해시키는 것이 적절하다.

02

정답 ③

아이젠하워는 뛰어난 리더십으로 2차 세계대전을 승리로 이끌었고, 이후 미국의 34대 대통령에 당선되었다. 아이젠하워가 말하는 ㉠ 리더십이란 성실하고 고결한 성품 그 자체로, 그는 ㉡ 리더십이란 잘못된 것에 대한 책임은 ㉢ 자신이 지고, 잘된 것에 대한 모든 공로는 ㉣ 부하에게 돌릴 줄 아는 것이라고 이야기했다. 반면, 멤버십이란 조직의 구성원으로서의 자격과 지위를 갖는 것이다.

01

정답 ③

여섯 번째 단계에 따라 해결 방안을 확인한 후에는 혼자서 해결하는 것이 아니라 책임을 분할함으로써 다 같이 협동하여 실행해야 한다.

오답분석

① 두 번째 단계에 해당하는 내용이다.
② 네 번째 단계에 해당하는 내용이다.
④ 첫 번째 단계에 해당하는 내용이다.
⑤ 세 번째 단계에 해당하는 내용이다.

02

정답 ①

팀장 C는 팀원 A와 B의 의견을 모두 듣고, 근본적인 문제를 해결하였음을 확인할 수 있다. 이는 윈 – 윈(Win – Win) 관리법에 해당되며, 갈등과 관련된 모든 사람으로부터 의견을 받고자 노력해 문제의 본질적인 해결책을 찾는 방법으로 볼 수 있다. 즉 윈 – 윈(Win – Win) 관리법은 일상에서 벌어지는 갈등을 피하거나 타협으로 예방하는 것이 아닌 문제를 근본적으로 해결하여 서로가 원하는 바를 모두 얻을 수 있는 방법으로 볼 수 있는 것이다.

01

정답 ①

고부가가치 상품을 중심으로 설명하고 판매하는 것은 자신과 회사 등의 이익을 향상시키지만, 고객 만족도를 향상시키지는 않는다. 고객에게 필요한 것을 충족시켜야 고객의 만족도를 향상시키고, 상품을 지속적으로 구매할 가능성이 커진다.

02

정답 ④

㉠에 들어갈 단계는 처리 확인과 사과이다. 불만처리 후 고객에게 처리 결과에 대한 만족 여부를 확인하여야 한다. 마지막 단계인 ㉡은 고객 불만사례를 회사 및 전 직원에게 공유하여 동일 문제 발생을 방지하는 피드백 단계이다.

03

정답 ⑤

제시문은 고객에게 사전에 반품 배송비가 있다는 것을 공지하지 않아서 발생한 상황이다. 따라서 반품 배송비가 있다는 항목을 명시하겠다는 대응이 가장 적절하다.

04 │ 직업윤리

대표기출유형 01 기출응용문제

01
정답 ⑤

잦은 지각을 일삼는 B사원에게 결여된 덕목은 근면으로, 게으르지 않고 부지런한 것을 말한다. 직장에서의 근면한 생활을 위해서는 출근 시간을 엄수해야 하며, 술자리 등 개인적인 일로 업무에 지장이 없도록 해야 한다.

02
정답 ①

직장에서 자신의 재테크를 위해 컴퓨터를 사용하는 등 사적인 일로 업무시간에 개인적인 용무를 보는 것은 직업윤리에 어긋나는 행위이다.

03
정답 ⑤

준법이란 민주 시민으로서 기본적으로 지켜야 하는 의무이자 생활 자세이며, 민주 사회에서 법과 규칙을 준수하는 것은 시민으로서의 자신의 권리를 보장받고, 다른 사람의 권리를 보호해 주며, 사회 질서를 유지하는 역할을 한다. 어떻게 보면 별 것 아니라고 생각될 수 있는 교통질서이지만, 한 사람의 질서 거부가 전체 시스템의 마비로 이어질 수 있다. 그리고 그 피해는 결국 다른 사람은 물론 나 자신에게도 돌아오게 되기 때문에 개개인의 준법의식이 매우 중요하다.

대표기출유형 02 기출응용문제

01
정답 ①

제시문의 '이것'은 기업의 사회적 책임(CSR)을 말한다. 기업이 자사의 직원 복지에 투자하는 것은 기업의 사회적 책임과 관련이 없으며, 사회적 상생을 위한 투자나 지역 발전을 위한 투자 등이 사회적 책임에 해당한다.

02
정답 ④

일을 하다가 예상하지 못한 상황이 일어났을 때 그 이유에 대해 고민해보는 것은 필요하다. 다시 같은 상황을 겪지 않도록 대처해야 하기 때문이다. 그러나 그 이유에 대해서만 계속 매달리는 것은 시간과 에너지를 낭비하는 일이다. 최대한 객관적으로 이유를 분석한 뒤 결과를 수용하고 신속하게 대책을 세우는 것이 바람직하다.

03
정답 ⑤

ㄱ, ㅁ은 Excellence, ㄴ은 Courtesy, ㄷ은 Image, ㄹ은 Emotion에 해당된다. 따라서 주어진 보기 5개 모두 서비스의 의미에 해당된다.

05 | 정보능력

대표기출유형 01 | 기출응용문제

01

정답 ③

③은 그리드 컴퓨팅에 대한 설명이다. 클라우드 컴퓨팅은 웹, 애플리케이션 등 범용적인 용도로 사용된다.

> **클라우드 컴퓨팅의 특징**
> • 인터넷을 통해서 IT 리소스를 임대하고 사용한 만큼 비용을 지불한다.
> • 가상화와 분산처리 기술을 기반으로 한다.
> • 컨테이너(Container) 방식으로 서버를 가상화한다.
> • 서비스 유형에 따라 IaaS, PaaS, SaaS로 분류한다.
> • 공개 범위에 따라 퍼블릭 클라우드, 프라이빗 클라우드, 하이브리드 클라우드로 분류한다.

02

정답 ①

"나/NP 는/JXS 밥/NNG 을/JKO 먹/VV 는다/EFN ./SF"는 파이썬에 있는 '꼬꼬마 형태소 분석기(KKMA)'를 사용하여 형태소 분석을 실행했을 때 출력되는 결과로(NP는 주어, JXS는 조사 등) 문장성분을 표시한 것이다. 따라서 제시문은 문장을 최소 의미 단위인 형태소로 분절하는 과정이다.

오답분석
② 구문 분석 : 문장구조를 문법적으로 분석하는 과정이다.
③ 의미 분석 : 문법을 넘어 문장이 내포하는 의미를 해석하는 과정이다.
④·⑤ 특성 추출, 단어 분석 : 자연어처리 과정에 해당되지 않는다.

대표기출유형 02 | 기출응용문제

01

정답 ③

ROUNDDOWN 함수는 주어진 수의 소수점 이하를 버림하는 함수이다. 평균을 먼저 구한 후 소수점을 버림하면 된다.
고○○의 평균은 「AVERAGE(B3:E3)」이고, 이 평균의 소수점 둘째 자리를 버림한다.
따라서 [F3] 셀에 들어갈 함수는 「ROUNDDOWN(AVERAGE(B3:E3),1)」이다.

02

정답 ③

주어진 조건에 부합하는 셀의 개수를 세는 함수는 COUNTIF 함수이다.
따라서 「=COUNTIF(F3:F16,">=8.5")」를 사용하면 된다.

03

- [D11] 셀에 입력된 COUNTA 함수는 범위에서 비어있지 않은 셀의 개수를 구하는 함수이다. [B3:D9] 범위에서 비어있지 않은 셀의 개수는 숫자 '1' 10개와 '재제출 요망'으로 입력된 텍스트 2개로, 「=COUNTA(B3:D9)」의 결괏값은 12이다.
- [D12] 셀에 입력된 COUNT 함수는 범위에서 숫자가 포함된 셀의 개수를 구하는 함수이다. [B3:D9] 범위에서 숫자가 포함된 셀의 개수는 숫자 '1' 10개로, 「=COUNT(B3:D9)」의 결괏값은 10이다.
- [D13] 셀에 입력된 COUNTBLANK 함수는 범위에서 비어있는 셀의 개수를 구하는 함수이다. [B3:D9] 범위에서 비어있는 셀의 개수는 9개로, 「=COUNTBLANK(B3:D9)」의 결괏값은 9이다.

04

LARGE 함수는 데이터 집합에서 N번째로 큰 값을 구하는 함수이다. 따라서 ④의 결괏값으로는 [D2:D9] 범위에서 두 번째로 큰 값인 20,000이 산출된다.

[오답분석]

① MAX 함수는 최댓값을 구하는 함수이다.
② MIN 함수는 최솟값을 구하는 함수이다.
③ MID 함수는 문자열의 지정 위치에서 문자를 지정한 개수만큼 돌려주는 함수이다.
⑤ INDEX 함수는 범위 내에서 값이나 참조 영역을 구하는 함수이다.

05

SUMIF 함수는 주어진 조건에 의해 지정된 셀들의 합을 구하는 함수이며, 「=SUMIF(조건 범위,조건,계산할 범위)」로 구성된다. 따라서 ①의 결괏값으로는 계산할 범위 [C2:C9] 안에서 [A2:A9] 범위 안의 조건인 [A2](의류)로 지정된 셀들의 합인 42가 산출된다.

[오답분석]

② COUNTIF 함수는 지정한 범위 내에서 조건에 맞는 셀의 개수를 구하는 함수이다.
③ㆍ④ VLOOKUP 함수와 HLOOKUP 함수는 배열의 첫 열 / 행에서 값을 검색하여, 지정한 열 / 행의 같은 행 / 열에서 데이터를 돌려주는 찾기 / 참조함수이다.
⑤ AVERAGEIF 함수는 주어진 조건에 따라 지정되는 셀의 평균을 구하는 함수이다.

06 | 기술능력

대표기출유형 01 │ 기출응용문제

01
정답 ②

A씨가 공황장애를 진단받은 원인은 엘리베이터의 고장(시설물 결함)으로 인한 것이므로, 이는 산업재해 중 기술적 원인으로 볼 수 있다.

오답분석

① 교육적 원인 : 해당 산업재해가 안전 지식이나 경험, 작업 방법 등에 대해 충분히 교육이 이루어지지 않아 발생한 것이어야 한다.

③ 작업 관리상 원인 : 해당 산업재해가 안전 관리 조직의 결함 또는 안전 수칙이나 작업 준비의 불충분 및 인원 배치가 부적당한 이유로 인해 발생한 것이어야 한다.

④ 불안전한 행동 : 재해 당사자가 위험 장소에 접근했거나, 안전장치 기능을 제거했거나, 보호장비를 미착용 또는 잘못된 착용을 하는 등의 행위를 함으로써 산업재해가 발생한 것이어야 한다.

⑤ 불안전한 상태 : 시설물이 구조적으로 불안정하거나 충분한 안전장치를 갖추지 못하는 등의 이유로 인해 산업재해가 발생한 것이어야 한다.

02
정답 ④

기술 시스템의 발전 단계를 보면 먼저 기술 시스템이 탄생하고 성장하며(발명, 개발, 혁신의 단계), 이후 성공적인 기술이 다른 지역으로 이동하고(기술 이전의 단계), 기술 시스템 사이의 경쟁이 발생하며(기술 경쟁의 단계), 경쟁에서 승리한 기술 시스템의 관성화(기술 공고화 단계)로 나타난다.

대표기출유형 02 │ 기출응용문제

01
정답 ④

벽걸이형 난방기구를 설치하기 위해서는 거치대를 먼저 벽에 고정시킨 뒤, 평행을 맞춰 제품을 거치대에 고정시키고, 거치대의 고정나사를 단단히 조여 흔들리지 않도록 한다.

오답분석

① 벽걸이용 거치대의 상단에 대한 내용은 설명서에 나타나 있지 않다.

② 스탠드는 벽걸이형이 아니라 스탠드형 설치에 필요한 제품이다.

③ 벽이 단단한 콘크리트나 타일일 경우 전동드릴로 구멍을 내어 거치대를 고정시킨다.

⑤ 스탠드가 아니라 거치대의 고정나사를 조여 흔들리지 않도록 고정시킨다.

02

정답 ③

실내온도가 설정온도보다 약 2 ~ 3℃ 내려가면 히터가 다시 작동한다. 따라서 실내온도가 20℃라면 설정온도를 20℃보다 2 ~ 3℃ 이상으로 조절해야 히터가 작동한다.

03

정답 ④

Index 뒤의 문자 SOPENTY와 File 뒤의 문자 ATONEMP에서 일치하는 알파벳의 개수를 확인하면 O, P, E, N, T로 총 5개가 일치하는 것을 알 수 있다. 따라서 판단 기준에 따라 빈칸에 들어갈 Final Code는 Nugre이다.

04

정답 ④

주행 알고리즘에 따른 로봇의 이동 경로를 그림으로 나타내면 다음과 같다.

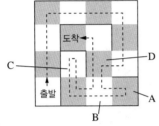

따라서 A에서 B, C에서 D로 이동할 때는 보조명령을 통해 이동했으며, 그 외의 구간은 주명령을 통해 이동했음을 알 수 있다.

05

정답 ②

감기약과 같은 약품류는 투입 불가능한 물질이다.

06

정답 ①

음식물이 잘 안 섞이면 모터 불량일 수 있으므로 고장접수를 해야 한다.

[오답분석]
② 음식물 쓰레기를 완전 분해하지 않은 상태에서 제품을 끄면 벌레가 발생할 수 있다.
③ 분해 잔여물에서 청국장 냄새가 나는 것은 정상적인 분해 과정이다.
④ 내부에서 부딪히는 소리가 나면 음식물 쓰레기 중 딱딱한 물질이 포함되어 있을 수 있다.
⑤ '뽀드득' 소리는 음식물 쓰레기가 건조할 때 발생할 수 있다.

무언가를 위해 목숨을 버릴 각오가 되어 있지 않는 한
그것이 삶의 목표라는 어떤 확신도 가질 수 없다.

– 체 게바라 –

PART 2

최종점검 모의고사

01	02	03	04	05	06	07	08	09	10	11	12	13	14	15	16	17	18	19	20
②	⑤	②	④	④	②	①	③	①	③	④	④	③	①	⑤	④	②	④	①	②
21	22	23	24	25	26	27	28	29	30	31	32	33	34	35	36	37	38	39	40
⑤	①	②	①	②	④	④	③	⑤	②	②	①	③	⑤	④	②	③	①	③	③

01 문서 내용 이해
정답 ②

새로 개발한 연소법은 기존 석유류로 연소했을 때보다 매연 발생량을 줄일 수 있다는 내용을 통해 연소법을 사용할 경우 매연이 발생한다는 사실을 알 수 있다.

오답분석
① 환경친화적인 연소법이 개발되었을 뿐이며, 연소법이 최초로 사용되었는지는 알 수 없다.
③ 저온 피해는 과실의 꽃에 직접적인 피해를 준다.
④ 새로 개발된 연소법의 연소 시간은 알 수 있지만, 기존 방법의 연소 시간은 알 수 없으므로 증가 여부를 알 수 없다.
⑤ 저온 피해는 배꽃이 피는 3~4월의 봄철에 갑작스러운 추위로 인해 발생한다.

02 내용 추론
정답 ⑤

ⓒ 시장적 의사 결정 과정은 항상 모든 당사자의 완전 합의에 의해서 거래가 이루어지므로 옳은 내용이다.
ⓒ 정치적 의사 결정 과정에서는 다수결에 따라 의사가 결정되며, 반대의 의견을 가진 소수도 결정이 이루어진 뒤에는 그 결정에 따라야 한다. 따라서 소수의 의견이 무시될 수 있다는 문제점이 있다.

오답분석
㉠ 시장적 의사 결정에서는 경제력과 비례하여 차별적인 결정권을 가지지만, 정치적 의사 결정에서는 경제력과 관계없이 똑같은 정도의 결정권을 가지므로 옳지 않다.

03 갈등 관리
정답 ②

②는 '해결할 수 있는 갈등'에 대한 설명이다. 해결할 수 있는 갈등은 목표와 욕망, 가치, 문제를 바라보는 시각과 이해하는 시각이 다를 경우에 일어날 수 있는 갈등이다.

04 근면
정답 ④

오답분석
ㄱ・ㄷ. 외부로부터 강요당한 근면에 해당한다.

05 규칙 적용
정답 ④

발행형태가 4로 전집이기 때문에 한 권으로만 출판된 것이 아님을 알 수 있다.

① 국가번호가 05(미국)로 미국에서 출판되었다.
② 서명식별번호가 1011로 1011번째 발행되었다. 441은 발행자의 번호로 이 책을 발행한 출판사의 발행자번호가 441이라는 것을 의미한다.
③ 발행자번호는 441로 세 자리로 이루어져 있다.
⑤ 도서의 내용이 710(한국어)이지만 도서가 한국어로 되어 있는지는 알 수 없다.

06 자료 해석   정답 ②

해외출장 일정을 고려해 이동 수단별 비용을 구하면 다음과 같다.
• 렌터카 : $(50+10)\times3=\$180$
• 택시 : $1\times(100+50+50)=\$200$
• 대중교통 : $40\times4=\$160$
따라서 경제성에서 대중교통, 렌터카, 택시 순서대로 상, 중, 하로 평가된다.
두 번째 조건에 따라 이동 수단별 평가표를 점수로 환산한 후 최종점수를 구하면 다음과 같다.

(단위 : 점)

이동 수단	경제성	용이성	안전성	최종점수
렌터카	2	3	2	7
택시	1	2	4	7
대중교통	3	1	4	8

따라서 해외영업팀이 선택하게 될 이동 수단은 대중교통이고, 비용은 $160이다.

07 명제 추론   정답 ①

네 번째 명제에서 영희가 전체 평균 1등을 했다고 했으므로 영희의 총점이 가장 높다.

08 리더십   정답 ③

리더는 조직 구성원들 중 한 명일 뿐이라는 점에서 파트너십 유형임을 알 수 있다. 독재자 유형과 민주주의에 근접한 유형은 리더와 집단 구성원 사이에 명확한 구분이 있으나, 파트너십 유형에서는 그러한 구분이 희미하고, 리더가 조직의 한 구성원이 되기도 하는 것을 볼 수 있다.

오답분석
① 독재자 유형 : 독재자에 해당하는 리더가 집단의 규칙하에 지배자로 군림하며, 팀원들이 자신의 권위에 대한 도전이나 반항없이 순응하도록 요구하고, 개개인들에게 주어진 업무만을 묵묵히 수행할 것을 기대한다.
② 민주주의에 근접한 유형 : 리더는 팀원들이 동등하다는 것을 확신시키고 경쟁과 토론, 새로운 방향의 설정에 팀원들을 참여시킨다. 비록 민주주의적이긴 하지만 최종 결정권은 리더에게 있음이 특징이다.
④ 변혁적 유형 : 변혁적 리더를 통해 개개인과 팀이 유지해 온 업무수행 상태를 뛰어넘으려 한다. 변혁적 리더는 특정한 카리스마를 통해 조직에 명확한 비전을 제시하고, 그 비전을 향해 자극을 주고 도움을 주는 일을 수행한다.
⑤ 자유방임적 유형 : 리더가 조직의 의사결정과정을 이끌지 않고 조직 구성원들에게 의사결정 권한을 위임해 버리는 리더십 유형이다. 자유로운 회의를 통해 다양한 의견을 제시할 수 있으나, 리더의 지시나 명령이 영향력을 발휘하지 못하고, 구성원의 역량이 낮을 때 의사결정을 내리기 어려운 단점을 볼 수 있다.

09 윤리   정답 ①

오답분석
②・③・④・⑤ 제시문에서 복장이나 승강기, 이메일에 대한 내용은 없다.

10 빈칸 삽입
정답 ③

배전자동화시스템에 관해 설명하고 있는 문단을 통해 ㉠이 배전자동화시스템의 '기능'임을 추측할 수 있다. 또한 '수요증대', '요구'라는 단어를 통해 ㉡은 '필요성'임을 알 수 있고, '가능', '기대'라는 단어로 ㉢이 '기대효과'임을 알 수가 있다.

11 맞춤법
정답 ④

- 계발 → 개발 : 배전자동화시스템은 첨단IT기술을 접목하여 <u>계발</u>된 배전자동화용 단말장치(FRTU)에서 ~
- 재공 → 제공 : ~ 통신장치를 통해 주장치에 <u>재공</u>함으로써 배전계통 운전 상황을 ~
- 공금 → 공급 : ~ 안정적인 전력을 <u>공금</u>하는 시스템이다.

12 규칙 적용
정답 ④

㉠ A=100, B=101, C=102이다. 따라서 Z=125이다.
㉡ C=3, D=4, E=5, F=6이다. 따라서 Z=26이다.
㉢ P가 17임을 볼 때, J=11, Y=26, Z=27이다.
㉣ Q=25, R=26, S=27, T=28이다. 따라서 Z=34이다.
따라서 해당하는 Z값을 모두 더하면 125+26+27+34=212이다.

13 책임 의식
정답 ③

천직 의식이란 자신의 일이 자신의 능력과 적성에 꼭 맞는다 여기고 그 일에 열성을 가지고 성실히 임하는 태도를 말하는 것이다. 김사원의 경우 비록 성실히 배우려 했으나, 본인의 적성과 맞지 않아 하루하루 지쳐갔기에 천직 의식이 나타났다고 볼 수 없다.

[오답분석]
① 소명 의식 : 자신이 맡은 일은 하늘에 의해 맡겨진 일이라고 생각하는 태도를 말하는 것이다. 김사원은 경영부서로의 발령에 대해 하늘이 주신 배움의 기회라 여겼으므로 소명 의식이 나타났다고 볼 수 있다.
② 직분 의식 : 자신이 하고 있는 일이 사회나 기업을 위해 중요한 역할을 하고 있다고 믿고 자신의 활동을 수행하는 태도를 의미하는 것이다. 김사원은 경영부서 역시 회사의 중요한 역할이라 생각했으므로 직분 의식이 나타났다고 볼 수 있다.
④ 책임 의식 : 직업에 대한 사회적 역할과 책무를 충실히 수행하고 책임을 다하는 태도를 의미하는 것이다. 김사원은 원하던 부서는 아니었지만 성실하게 책임을 갖고 배웠으므로 책임 의식이 나타났다고 볼 수 있다.
⑤ 전문가 의식 : 자신의 일이 누구나 할 수 있는 것이 아니라 해당 분야의 지식과 교육을 밑바탕으로 성실히 수행해야만 가능한 것이라 믿고 수행하는 태도를 의미하는 것으로, 김사원은 경영부서는 전문성이 있어야만 할 수 있는 일이라 생각하고 성실하게 책임을 갖고 배웠으므로 전문가 의식이 나타났다고 볼 수 있다.

14 명제 추론
정답 ①

'낡은 것을 버리다.'를 p, '새로운 것을 채우다.'를 q, '더 많은 세계를 경험하다.'를 r이라고 하면, 첫 번째 명제는 p→q이며, 마지막 명제는 ~q→~r이다. 이때 첫 번째 명제의 대우는 ~q→~p이므로 마지막 명제가 참이 되기 위해서는 ~p→~r이 필요하다. 따라서 빈칸에 들어갈 명제는 ~p→~r의 ①이다.

15 고객 서비스
정답 ⑤

고객이 제기한 민원이 반복적으로 발생하지 않도록 조치하기 위해서 자신의 개인 업무노트에 기록해 두는 것보다 민원사례를 전 직원에게 공유하여 교육이 될 수 있도록 하는 것이 더 적절하다.

16 문단 나열

제시된 문단에서는 PTSD를 간략하게 소개하고 있다. 따라서 이에 이어질 내용은 과거에는 정신질환으로 인정되지 않은 PTSD를 말하는 (나), 현대에 와서야 정신질환으로 보기 시작했고 PTSD 때문에 약을 먹는 이라크 파병병사들의 예를 든 (가), PTSD의 증상을 설명하는 (라), PTSD의 문제점을 언급하는 (다) 순으로 나열하는 것이 가장 적절하다.

17 자료 해석

B버스(9시 출발, 소요시간 40분) – KTX(9시 45분 출발, 소요시간 1시간 32분)가 도착시간 오전 11시 17분으로 가장 먼저 도착한다.

오답분석

① A버스(9시 20분 출발, 소요시간 24분) – 새마을호(9시 45분 출발, 소요시간 3시간) → 도착시간 오후 12시 45분
③ 지하철(9시 30분 출발, 소요시간 20분) – KTX(10시 30분 출발, 소요시간 1시간 32분) → 도착시간 오후 12시 2분
④ B버스(9시 출발, 소요시간 40분) – 새마을호(9시 40분 출발, 소요시간 3시간) → 도착시간 오후 12시 40분
⑤ 지하철(9시 30분 출발, 소요시간 20분) – 새마을호(9시 50분 출발, 소요시간 3시간) → 도착시간 오후 12시 50분

18 명제 추론

(마)에 의해 대호는 B팀에 가고, (바)에 의해 A팀은 외야수를 선택해야 한다. 또한 (라)에 의해 민한이는 투수만 가능하고, C팀이 투수만 스카우트한다고 했으므로 나머지 B, D팀은 포수와 내야수 중 선택해야 한다. (사)에 의해 성흔이가 외야수(A팀)에 간다면 주찬이는 D팀에 갈 수밖에 없으며, 이는 (아)에 어긋난다. 따라서 성흔이는 포수를 선택하여 D팀으로 가고, (자)에 의해 주찬이는 외야수로 A팀으로 간다.

19 SWOT 분석

오답분석

ㄴ. ST전략에서 경쟁업체에 특허 기술을 무상 이전하는 것은 부적절하다.
ㄹ. WT전략에서는 기존 설비에 대한 재투자보다는 수요에 맞게 다양한 제품을 유연하게 생산할 수 있는 설비 투자가 필요하다.

20 근면

이대리는 후배를 배려하는 것이 아닌 본인이 모바일 게임을 하기 위해 김사원에게 쉬라고 했다.

21 책임 의식

이대리는 성실하게 업무에 집중하거나 준비하지 않고 고객사 미팅에서 협의사항에 대한 결말도 내지 못했으나, 업무미팅 결과에 대해 후배에게 책임을 미루지는 않았다.

22 협상 전략

강압전략에 대한 설명으로, A사가 필요한 기술을 확보한 B사에게 A사가 대기업인 점을 내세워 공격적으로 설득하는 것은 적절하지 않은 설득전략이다.

오답분석

② See – Feel – Change 전략으로, A사의 주장을 믿지 않는 B사를 설득시키기에 적절한 전략이다.
③ 사회적 입증 전략으로, A사의 주장을 믿지 못하는 B사를 설득시키는 적절한 전략이다.
④ 호혜관계 형성 전략으로, 서로에게 도움을 주고받을 수 있는 점을 설명하여 D사를 설득시키는 적절한 전략이다.
⑤ 협력전략의 전술 중 하나로, C사의 사업전망을 믿지 못하는 D사에게 공동 평가를 통해 신뢰를 형성시킬 수 있는 적절한 전략이다.

23 　속담

정답 ②

모든 일에는 지켜야 할 질서와 차례가 있음에도 불구하고 이를 무시한 채 무엇이든지 빠르게 처리하려는 한국의 '빨리빨리' 문화는 일의 순서도 모르고 성급하게 덤빔을 비유적으로 이르는 ②와 가장 관련이 있다.

오답분석

① 모양이나 형편이 서로 비슷하고 인연이 있는 것끼리 서로 잘 어울리고, 사정을 보아주며 감싸 주기 쉬움을 비유적으로 이르는 말이다.

③ 속으로는 가기를 원하면서 겉으로는 만류하는 체한다는 뜻으로, 속생각은 전혀 다르면서도 말로만 그럴듯하게 인사치레함을 비유적으로 이르는 말이다.

④ 한마디 말을 듣고도 여러 가지 사실을 미루어 알아낼 정도로 매우 총기가 있다는 말이다.

⑤ 작은 힘이라도 꾸준히 계속하면 큰일을 이룰 수 있음을 비유적으로 이르는 말이다.

24 　글의 주제

정답 ①

제시문은 싱가포르가 어떻게 자동차를 규제하고 관리하는지를 설명하고 있다. 따라서 글의 주제로 가장 적절한 것은 '싱가포르의 자동차 관리 시스템'이다.

25 　문서 수정

정답 ②

ⓒ의 앞 문장에서 움은 봄이 올 것이라는 꿈을 꾸며 추위를 견디고 있음을 설명하고, 이어지는 문장에서는 무엇인가를 꿈꾸어야 어려움을 견딜 수 있다고 설명하고 있다. 따라서 이를 자연스럽게 연결하는 ⓒ을 삭제하는 것은 적절하지 않다.

오답분석

① 나뭇잎들이 다 떨어졌음을 볼 때, 기운찬 의미를 가지는 '왕성한'보다는 '앙상한'이 적절하다.

③ 문장의 흐름을 볼 때, 화제를 바꾸는 '그렇다면'으로 고치는 것이 적절하다.

④ 문장을 볼 때, 튼실하지 못하다는 것은 흙과 호응되지 않으므로 '흙이 없거나'로 고치는 것이 적절하다.

⑤ 앞과 뒤의 문장을 통해 나무처럼 시원한 그늘을 제공하는, 즉 꿈과 희망을 주는 사람으로 성장하고 싶다고 설명함을 볼 때, ⓜ은 글의 전개상 불필요한 내용이므로 삭제하는 것이 적절하다.

26 　책임 의식

정답 ④

국가 청렴도가 낮은 문제를 해결하기 위해서 청렴을 강조한 전통 윤리를 강조할 필요가 있다. 이에 개인을 넘어서 공동체, 나아가 국가의 공사(公事)를 우선하는 봉공 정신, 청빈한 생활 태도를 유지하면서 국가의 일에 충심을 다하려는 청백리 정신을 실천하는 자세가 필요하다.

27 　팀워크

정답 ④

사교형은 외향적이고 쾌활하며 타인과 함께 대화하기를 좋아하고 타인으로부터 인정받고자 하는 욕구가 강하다. 또한 혼자서 시간 보내는 것을 어려워하며 타인의 활동에 관심이 많아서 간섭하는 경향도 가지고 있다. 이런 유형의 사람은 타인에 대한 관심보다 혼자만의 내면적 생활에 좀 더 깊은 관심을 지니고, 타인으로부터 인정받으려는 자신의 욕구에 대해 깊이 생각해 볼 필요가 있다.

오답분석

① 실리형 : 대인관계에서 이해관계에 예민하고 치밀하며 성취지향적이고, 자기중심적이고 경쟁적이며 자신의 이익을 우선적으로 생각하기 때문에 타인에 대한 관심과 배려가 부족하다.

② 순박형 : 단순하고 솔직하며 대인관계에서 너그럽고 겸손한 경향으로 타인에게 쉽게 설득 당할 수 있어 주관 없이 타인에게 지나치게 끌려 다닐 수 있으며 잘 속거나 이용당할 가능성이 높다.

③ 친화형 : 따뜻하고 인정이 많아 대인관계에서 타인을 잘 배려하며 도와주고, 자기희생적인 태도를 취한다. 타인의 요구를 잘 거절하지 못하고 타인의 필요를 자신의 것보다 앞세우는 경향이 있다.

⑤ 지배형 : 대인관계에 자신이 있으며 자기주장이 강하고, 타인에 대해 주도권을 행사한다. 지도력과 추진력이 있어서 집단적인 일을 잘 지휘하지만, 강압적, 독단적, 논쟁적이어서 타인과 잦은 마찰을 빚는다.

28 문단 나열

정답 ③

(나) 현재 우리나라 자동차 소유주들은 교통문화 정착보다는 '어떤 자동차를 운행하는가?'를 더 중요시함 → (가) 우리 주변에서 불법 개조 자동차를 자주 볼 수 있음 → (다) 불법 개조 자동차에 따른 문제점을 해결하기 위해 불법 자동차 연중 상시 단속을 시행함 순으로 나열하는 것이 적절하다.

29 문서 내용 이해

정답 ⑤

임시번호판이란 정식으로 차량 등록을 하기 전에 운행이 필요한 사람들이 임시번호를 달고 운행을 하는 것으로, 임시번호판에는 허가기간(10일)과 차량 출고지 행정 구역, 임시번호가 새겨져 있다.

30 자료 해석

정답 ②

각 지원자의 영역별 점수를 산정하면 다음과 같다.

(단위 : 점)

구분	나이	평균 학점	공인영어점수	관련 자격증 점수	총점
A지원자	3	2	9.2	6	20.2
B지원자	5	4	8.1	0	17.1
C지원자	4	1	7.5	6	18.5
D지원자	1	3	7.8	9	20.8
E지원자	2	5	9.6	3	19.6

따라서 C지원자는 4번째로 높은 점수이므로 중국으로 인턴을 간다.

31 자료 해석

정답 ②

변경된 조건에 따라 점수를 산정하면 다음과 같다.

(단위 : 점)

구분	나이	평균 학점	공인영어점수	관련 자격증 점수	총점
A지원자	–	4	9.2	4	17.2
B지원자	–	4	8.1	0	12.1
C지원자	–	4	7.5	4	15.5
D지원자	–	4	7.8	6	17.8
E지원자	–	5	9.6	2	16.6

따라서 희망한 국가에 인턴을 가지 못하는 사람은 가장 낮은 점수를 획득한 B지원자이다.

32 윤리

정답 ①

오답분석

② 모르는 한자가 있을 경우 물어보는 것은 실례가 아니다.
③ 명함은 두 손으로 건네되, 동시에 주고 받을 때에는 부득이하게 한 손으로 건넨다.
④ 명함을 동시에 주고받을 때는 오른손으로 주고 왼손으로 받는다.
⑤ 명함을 내밀 때는 정중하게 인사를 하고 나서 회사명과 이름을 밝히고 두 손으로 건네도록 한다.

33 협상 전략

정답 ③

제시문은 과학적인 논리보다 동료나 사람들의 행동에 의해서 상대방을 설득하는 '사회적 입증 전략'의 사례로 적절하다.

① 상대방 이해 전략 : 상대방에 대한 이해를 바탕으로 갈등 해결을 용이하게 하는 전략이다.
② 권위 전략 : 직위나 전문성, 외모 등을 활용하여 협상을 용이하게 하는 전략이다.
④ 희소성 해결 전략 : 인적·물적자원 등의 희소성을 해결함으로써 협상과정상의 갈등 해결을 용이하게 하는 전략이다.
⑤ 호혜관계 형성 전략 : 호혜관계(서로에게 도움을 주고 받는 관계) 형성을 통해 협상을 용이하게 하는 전략이다.

34 갈등 관리 · 정답 ⑤

사람 사이에서는 갈등이 없을 수 없다. 회피하는 것보다는 갈등 그대로를 마주하고 해결을 위해 노력해야 한다. 대부분의 갈등은 어느 정도의 시간이 지난 뒤 겉으로 드러나기 때문에 갈등이 인지되었다면 해결이 급한 상황일 가능성이 높다. 따라서 시간을 두고 지켜보는 것은 적절하지 못하다.

35 근면 · 정답 ④

업무시간을 지키는 것이 중요하므로 점심시간보다 10분 정도 일찍 나가는 것은 괜찮다고 생각하는 것은 옳지 않다.

01 정보능력

36 정보 이해 · 정답 ②

ㄱ. 공용 서버 안의 모든 바이러스를 치료한 후에 접속하는 모든 컴퓨터를 대상으로 바이러스 검사를 하고 치료해야 한다.
ㄷ. 쿠키는 공용으로 사용하는 PC로 인터넷에 접속했을 때 개인 정보 유출을 방지하기 위해 삭제한다.

ㄴ. 다운로드를 받은 감염된 파일을 모두 실행하면 바이러스가 더욱 확산된다.
ㄹ. 임시 인터넷 파일의 디스크 공간을 늘리는 것보다 파일을 삭제하여 디스크 공간을 확보하는 것이 추가 조치사항으로 적절하다.

37 엑셀 함수 · 정답 ③

ROUND 함수는 지정한 자릿수에서 반올림하는 함수이다. 함수식에서 '−1'의 의미는 일의 자리를 뜻하며 '−2'는 십의 자리를 뜻한다. 여기서 '−' 기호를 빼면 소수점 자리로 인식한다. 따라서 일의 자리에서 반올림하기 때문에 출력되는 값은 120이다.

① MAX 함수는 지정된 범위 내에서 최댓값을 찾는 함수이다.
② MODE 함수는 지정된 범위 내에서 최빈값을 찾는 함수이다.
④ COUNTIF 함수는 특정 값이 몇 개가 있는지 세어주는 함수이다.
⑤ LARGE 함수는 지정된 범위 내에서 몇 번째 큰 값을 찾는 함수이다.

38 엑셀 함수 · 정답 ①

「VLOOKUP(SMALL(A2:A10,3),A2:E10,4,0)」을 해석해보면, 우선 SMALL(A2:A10,3)은 [A2:A10]의 범위에서 3번째로 작은 숫자이므로 그 값은 '3'이 된다. VLOOKUP 함수는 VLOOKUP(첫 번째 열에서 찾으려는 값, 찾을 값과 결과로 추출할 값들이 포함된 데이터 범위, 값이 입력된 열의 열 번호, 일치 기준)으로 구성되므로 VLOOKUP(3,A2:E10,4,0) 함수는 A열에서 값이 3인 4번째 행 그리고 4번째 열에 위치한 '82'이다.

39 엑셀 함수

정답 ③

INDEX 함수는 「=INDEX(배열로 입력된 셀의 범위, 배열이나 참조의 행 번호, 배열이나 참조의 열 번호)」로, MATCH 함수는 「=MATCH(찾으려고 하는 값, 연속된 셀 범위, 되돌릴 값을 표시하는 숫자)」로 출력되기 때문에 「=INDEX(E2:E9,MATCH(0,D2:D9,0))」를 입력하면 근무연수가 0인 사람의 근무월수가 셀에 출력된다. 따라서 2가 출력된다.

40 엑셀 함수

정답 ③

'AVERAGE(B3:E3)'는 [B3:E3] 범위의 평균을 나타낸다. 또한 IF 함수는 논리 검사를 수행하여 TRUE나 FALSE에 해당하는 값을 반환해주는 함수이다. 즉, 「=IF(AVERAGE(B3:E3)>=90,"합격","불합격")」 함수는 [B3:E3] 범위의 평균이 90 이상일 경우 '합격'이, 그렇지 않을 경우 '불합격'이 입력된다. [F3]~[F6]의 각 셀에 나타나는 [B3:E3], [B4:E4], [B5:E5], [B6:E6]의 평균값은 83, 87, 91, 92.5이므로 [F3]~[F6] 셀에 나타나는 결괏값은 ③이다.

02 기술능력

36 기술 적용

정답 ②

A/S 신청 전 확인사항을 살펴보면, 비데 기능이 작동하지 않을 경우 수도필터가 막혔거나 혹은 착좌 센서 오류가 원인이라고 제시되어 있다. 따라서 K사원으로부터 접수받은 현상(문제점)의 원인을 파악하려면 수도필터의 청결 상태를 확인하거나 혹은 비데의 착좌 센서의 오류 여부를 확인해야 한다.

37 기술 적용

정답 ③

36번에서 확인한 사항(원인)은 수도필터의 청결 상태이다. 즉, 수도필터의 청결 상태가 원인이 되는 또 다른 현상(문제점)으로는 수압이 약할 경우이다.

38 기술 적용

정답 ①

36번에서 확인한 원인은 수도필터가 막히거나 이물질이 끼는 것으로, 이는 흐르는 물에 수도필터를 닦음으로써 문제를 해결할 수 있다. 따라서 수도필터가 청결함을 유지할 수 있도록 수시로 닦아주는 것이 가장 적절한 해결방안이다.

39 기술 이해

정답 ③

기술시스템(Technological System)은 개별 기술이 네트워크로 결합하는 것을 말한다. 인공물의 집합체만이 아니라 투자회사, 법적 제도, 정치, 과학, 자연자원을 모두 포함하는 것으로 사회기술시스템이라고도 한다.

40 기술 이해

정답 ③

기술선택을 위한 의사결정
- 상향식 기술선택(Bottom Up Approach) : 기업 전체 차원에서 필요한 기술에 대한 체계적인 분석이나 검토 없이, 연구자나 엔지니어들이 자율적으로 기술을 선택하는 것
- 하향식 기술선택(Top Down Approach) : 기술경영진과 기술기획담당자들에 의한 체계적인 분석을 통해, 기업이 획득해야 하는 대상기술과 목표기술수준을 결정하는 것

제 2 회 최종점검 모의고사

01	02	03	04	05	06	07	08	09	10	11	12	13	14	15	16	17	18	19	20
②	③	③	①	⑤	②	③	④	①	④	③	③	④	②	⑤	①	①	④	④	⑤
21	22	23	24	25	26	27	28	29	30	31	32	33	34	35	36	37	38	39	40
④	①	④	④	②	⑤	②	③	④	③	④	②	①	⑤	①	④	⑤	④	③	②

01 의사 표현   정답 ②

일방적으로 듣기만 하고 의사 표현을 잘 안 하는 것도 의사소통상의 문제에 해당한다.

오답분석

• 최대리 : 표현 능력 혹은 이해 능력이 부족하거나, 무책임한 경우에 일방적으로 듣기만 하거나 말하기만 한다.
• 임주임 : 상대가 특정 내용을 알고 있을 것이라 착각하는 것은 평가적이고 판단적인 태도에서 야기되는 경우가 많다.
• 양대리 : 전달하지 않아도 알고 있을 것이라는 생각은 과거의 경험에 기반한 선입견, 고정관념에 해당한다.

02 맞춤법   정답 ③

외래어 표기법 제3항에 따르면 받침에는 'ㄱ', 'ㄴ', 'ㄹ', 'ㅁ', 'ㅂ', 'ㅅ', 'ㅇ'만을 사용해야 한다.
따라서 'p', 'f', 'v', 'b'로 끝나 'ㅂ', 'ㅍ' 등의 종성 발음이 나는 경우 'ㅂ'으로 통일해야 하므로 '커피숖'의 올바른 표기법은 '커피숍'이다.

03 글의 제목   정답 ③

제시문은 우리나라가 지식 기반 산업 위주의 사회로 바뀌면서 내부 노동시장에 의존하던 인력 관리 방식이 외부 노동시장에서의 채용으로 변화함에 따라 지식 격차에 의한 소득 불평등과 국가 간 경제적 불평등 현상이 심화되고 있다고 말하고 있다.

오답분석

① 사회 불평등 현상은 지식 기반 산업 위주로 변화하는 국가에서 나타나거나 나라와 나라 사이에서 나타나기도 한다. 제시문에서 언급한 내용이지만 전체 주제를 포괄하고 있지 않으므로 제목으로 적절하지 않다.
② 지식 기반 경제로의 이행은 지식 격차에 의한 소득 불평등 심화 현상을 일으키지만, 이것에 대한 해결책은 언급하고 있지 않다.
④ 제시문은 정보통신 기술을 통해 전 지구적 노동시장이 탄생하여 기업을 비롯한 사회 조직들이 국경을 넘어 인력을 충원하고 재화와 용역을 구매하고 있다고 언급했다. 하지만 이러한 국가 간 노동 인력의 이동이 가져오는 폐해에 대해서는 언급하고 있지 않다.
⑤ 생산 기능은 저개발국으로 이전되고, 연구 개발 기능은 선진국으로 모여들어 정보 격차가 확대되고 있다. 하지만 국가 간의 격차 축소 정책의 필요성은 언급하고 있지 않다.

04 자료 해석 정답 ①

각 경우의 소요시간은 다음과 같다.

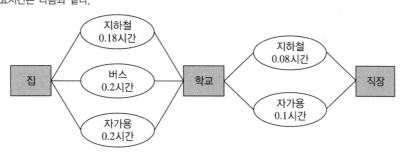

따라서 지하철을 이용해 자녀를 학교에 바래다주고, 이후에도 지하철을 이용해 출근하는 것이 걸리는 시간이 가장 짧은 경우이다.

05 자료 해석 정답 ⑤

각 경우의 걸리는 시간은 다음과 같다.

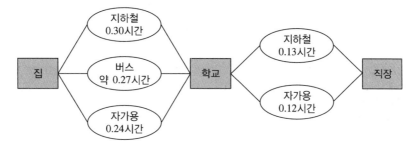

따라서 자가용을 이용해 자녀를 학교에 바래다주고, 이후에도 자가용을 이용해 출근하는 것이 걸리는 시간이 가장 짧은 경우이다.

06 갈등 관리 정답 ②

3단계는 상대방의 입장을 파악하는 단계이다. 자기 생각을 말한 뒤 A씨의 견해를 물으며 상대방의 입장을 파악하려는 ②가 3단계에 해당하는 대화로 가장 적절하다.

07 팀워크 정답 ③

브레인스토밍은 일정한 테마에 관하여 회의 형식을 채택하고, 구성원의 자유 발언을 통한 아이디어의 제시를 요구하여 발상을 찾아내려는 방법을 말한다. 브레인스토밍에서는 어떠한 내용의 발언이라도 그에 대한 비판을 해서는 안 되며, 오히려 자유분방하고 엉뚱한 의견을 출발점으로 해서 아이디어를 전개시켜 나가도록 하고 있다.

08 협상 전략 정답 ④

ㄴ. Win – Lose 전략은 강압전략으로, 상호 간에 신뢰가 없고, 협상력의 우위에 있을 때 효과적인 전략이다.
ㄹ. 협력전략의 한 형태에 해당한다.

[오답분석]

ㄱ. 회피전략을 취하는 경우, 회피전략을 통한 압박에 실패하면 상대방도 협상에서 철수할 수 있다. 이러한 경우에 다른 방안이 필요하므로 회피전략을 위해서는 반드시 다른 대안이 있어야 한다.
ㄷ. 유화전략은 협상의 결과로 인한 이득보다 상대방과의 우호적 관계를 통해 협력관계를 이어가는 것을 중시하는 전략으로, 결과 보다는 상대방과의 인간관계 유지를 선호하는 경우, 상대방과의 충돌을 피하고자 하는 경우, 자신의 이익보다는 상대방의 이익을 고려해야 하는 경우 등에 사용된다.

전통적 리더십과 서번트 리더십의 차이점

요소	전통적 리더십	서번트 리더십
관심영역	• 일의 결과 • 추진과정과 방법 • 최종결과 중심의 평가	• 일 추진 과정의 장해요소 • 일 추진 시 필요한 지원과 코칭 • 노력에 대한 평가
가치관	• 자기중심적	• 타인을 믿고 수용하는 개방적인 가치관 • 긍정적 마인드
인간관	• 여러 자원 중 하나 • 과제가 우선	• 가장 중요한 자원 • 사람이 우선
리더 – 직원 간의 인식	• 복종	• 존중, 관심 • 공동체 이미지 추구
경제에 대한 시각	• 내부경쟁을 조장 • 리더 중심으로 부하의 수행방식을 요구	• 지나친 개인경쟁을 지양 • 구성원의 성공전략을 모색
생산성	• 양적인 척도 • 결과 중심의 사고	• 과정 중심의 사고

10 문단 나열   정답 ④

제시문은 스페인의 건축가 가우디의 건축물에 관해 설명하는 글이다. 따라서 (나) 가우디 건축물의 특징인 곡선과 대표 건축물인 까사 밀라 → (라) 까사 밀라에 관한 설명 → (다) 가우디 건축의 또 다른 특징인 자연과의 조화 → (가) 이를 뒷받침하는 건축물인 구엘 공원의 순서로 나열하는 것이 적절하다.

11 빈칸 삽입   정답 ③

빈칸 앞 문장의 '정상적인 기능을 할 수 없는 상태'와 대조를 이루는 표현이면서, 마지막 문장의 '자기 조절과 방어 시스템이 작동하는 과정인 것'이라는 내용에 어울리는 표현인 ③이 빈칸에 들어갈 내용으로 적절하다.

12 문서 내용 이해   정답 ③

오답분석

①은 두 번째 문장, ②는 제시문의 흐름, ④와 ⑤는 마지막 문장에서 각각 확인할 수 있다.

13 명제 추론   정답 ④

A, B, C, D, E 중 살아남은 A, B, C에서 2명은 늑대 인간이며, 남은 1명은 드라큘라이다. 또한 D, E의 캐릭터는 서로 같지 않으므로 D와 E는 각각 늑대 인간 또는 드라큘라를 선택하였다. 따라서 이 팀의 3명은 늑대 인간을, 2명은 드라큘라를 선택하였다.

오답분석

①・② B가 늑대 인간, C가 드라큘라를 선택했을 수도 있다.
③ 늑대 인간의 수가 드라큘라의 수보다 많다.
⑤ D와 E는 서로 다른 캐릭터를 선택했을 뿐 어떤 캐릭터를 선택하였는지는 알 수 없다.

14 고객 서비스

정답 ②

전체적인 대화 내용을 살펴보면, 고객이 자신이 주문한 제품이 언제 배송이 되는지를 문의하고 있다. 특히, 고객의 대화 내용 중 '아직도 배송이 안 됐어요. 배송이 왜 이렇게 오래 걸리나요?'라는 부분에서 배송에 대한 불만을 표하고 있음을 알 수 있다. 이 같은 고객 불만을 응대할 경우에는 고객에게 불편을 끼친 부분에 대해서 양해를 먼저 구하는 것이 기본적인 응대 방법이다. 따라서 업무 처리 전에 '먼저 불편을 드려서 죄송합니다.'라는 식으로 고객의 감정에 동의하는 말을 해야 한다.

15 고객 서비스

정답 ⑤

아무리 사적인 통화가 아닌 업무 관련 전화라고 하더라도 전화를 받으면서 응대하면 응대받고 있는 고객 입장에서는 자신을 무시하고 있다는 생각에 불쾌할 수 있다. 고객을 응대하고 있지 않은 다른 행원에게 통화를 부탁하거나, 꼭 자신이 해야 하는 것이면 나중에 다시 걸 것을 약속하고 전화를 끊는 것이 적절한 고객 응대 태도이다.

16 문서 내용 이해

정답 ①

글쓴이는 인공지능은 인간의 삶을 편리하게 돕는 도구일 뿐 인간과 같은 사고와 사회적 관계 형성이 불가능하다고 이야기한다. 즉, 이러한 인공지능을 통해서는 인간에 대한 타당한 판단 역시 불가능하다고 주장한다. 따라서 ㉠에 대한 글쓴이의 주장으로 가장 적절한 것은 ①이다.

[오답분석]

② 인공지능은 인간의 삶을 편리하게 돕는 도구일 뿐이며, 인간과 상호 보완의 관계를 갖는다고 볼 수 없다.
③ 인공지능이 발전하더라도 인간과 같은 사고는 불가능하다.
④ 인공지능은 겉으로 드러난 인간의 말과 행동을 분석하지만 통계적 분석을 할 뿐, 타당한 판단을 할 수 없다.
⑤ 인공지능은 사회적 관계를 맺을 수 없다.

17 한자성어

정답 ①

㉡에 해당하는 한자성어는 '손이 도리어 주인 노릇을 한다.'는 뜻으로, 부차적인 것을 주된 것보다 오히려 더 중요하게 여김을 이르는 말인 '객반위주(客反爲主)'이다.

[오답분석]

② 청출어람(靑出於藍) : '쪽에서 뽑아낸 푸른 물감이 쪽보다 더 푸르다.'는 뜻으로, 제자나 후배가 스승이나 선배보다 나음을 비유적으로 이르는 말이다.
③ 과유불급(過猶不及) : '정도를 지나침은 미치지 못함과 같다.'는 뜻으로, 중용이 중요함을 이르는 말이다.
④ 당랑거철(螳螂拒轍) : 제 역량을 생각하지 않고, 강한 상대나 되지 않을 일에 덤벼드는 무모한 행동거지를 비유적으로 이르는 말이다.
⑤ 괄목상대(刮目相對) : '눈을 비비고 상대편을 본다.'는 뜻으로, 남의 학식이나 재주가 놀랄 만큼 부쩍 늚을 이르는 말이다.

18 규칙 적용

정답 ④

'1992년 11월 01일생, 송하윤'에 규칙 (1) ~ (4)를 적용하여 정리하면 다음과 같다.
(1) 송하윤 → 옹사휸
(2) 옹사휸 → 오산흉
(3) 9218 → 18오산흉
(4) 11월 01일 → 1101aaja
따라서 올바른 출근 확인 코드는 '18오산흉aaja'이다.

19 SWOT 분석

전문가용 카메라가 일반화됨에 따라 사람들은 사진관을 이용하지 않고도 고화질의 사진을 촬영할 수 있게 되었다. 따라서 전문가용 카메라의 일반화는 사진관을 위협하는 외부환경에 해당한다.

> **SWOT 분석**
> 기업의 내부환경과 외부환경을 분석하여 강점(Strength), 약점(Weakness), 기회(Opportunity), 위협(Threat) 요인을 규정하고 이를 토대로 경영전략을 수립하는 기법이다.
> • 강점(Strength) : 내부환경(자사 경영자원)의 강점
> • 약점(Weakness) : 내부환경(자사 경영자원)의 약점
> • 기회(Opportunity) : 외부환경(경쟁, 고객, 거시적 환경)에서 비롯된 기회
> • 위협(Threat) : 외부환경(경쟁, 고객, 거시적 환경)에서 비롯된 위협

20 봉사

정답 ⑤

봉사는 물질적인 보상이나 대가를 바라지 않고 사회의 공익, 행복을 위해서 하는 일이다. 따라서 적절한 보상에 맞춰 봉사에 참여하는 것은 적절하지 않다.

21 윤리

정답 ④

직업윤리는 근로윤리와 공동체윤리로 구분할 수 있으며, 근로윤리의 판단 기준으로는 정직한 행동, 근면한 자세, 성실한 태도이다.

[오답분석]
㉠·㉡·㉣ 공동체윤리의 판단 기준이다.

22 문서 내용 이해

정답 ①

甲은 학력으로 인재를 선발하는 기업의 채용 시스템으로 비판하는 입장이며, 乙은 기업이 지원자의 자질과 능력 등을 판단할 때 학력이 중요한 정보가 된다는 입장이다. 따라서 甲과 乙의 주장을 도출할 수 있는 질문으로 ①이 가장 적절하다.

23 문서 수정

정답 ④

㉣의 '받아들이다'는 '다른 문화·문물을 받아서 자기 것으로 되게 하다.'라는 뜻이다. 따라서 '급여, 배급 따위를 받다.'라는 뜻의 '수급하다'로는 바꾸어 쓸 수 없다.

24 규칙 적용

정답 ④

부가기능은 청정(011) 하나다.

[오답분석]
① 제조사는 W사(CN)이다.
② 중국(B)에서 만들어진 제품이다.
③ 2023년(13)에 출시된 제품이다.
⑤ 스탠드·벽걸이(111)로 구성되어 있는 상품이다.

25 규칙 적용

정답 ②

고객의 요구사항을 에어컨 시리얼 번호를 구성 순으로 정리하면 다음과 같다.

- 제조사 : D사 → DW
- 제조국 : 한국 → A
- 출시연도 : 2020년 → 10
- 냉방면적 : 6평 또는 10평 → 0 또는 1
- 품목 : 이동식 → 110
- 부가기능 : 청정 필수 → 011, 101, 111

이에 적절하지 않은 에어컨은 벽걸이인 ②이다.

26 규칙 적용

정답 ⑤

ⓒ CNC044111111 : W사 - 일본 - 2014년 - 24평 - 스탠드 · 벽걸이 - 제습 · 청정 · 무풍
ⓓ DWD100101010 : D사 - 인도 - 2020년 - 6평 - 벽걸이 - 제습

오답분석

㉠ EQE211100001 : 네 번째와 다섯 번째 자리는 출시연도로 21 표기는 없다.
ⓛ BLL080110110 : 세 번째 자리는 제조국 코드로 L 표기는 없다.
ⓔ AAA065110110 : 첫 번째와 두 번째 자리는 제조사 코드로 AA 표기는 없다.

27 명제 추론

정답 ②

F와 G지원자는 같은 학과를 졸업하였으므로 2명 이상의 신입사원을 채용하는 배터리개발부나 품질보증부에 지원하였다. 그런데 D지원자가 배터리개발부의 신입사원으로 채용되므로 F와 G지원자는 품질보증부에 신입사원으로 채용된다. 또한 C지원자는 품질보증부에 지원하였고 복수전공을 하지 않았으므로 C, F, G지원자가 품질보증부의 신입사원임을 알 수 있다. B지원자는 경영학과 정보통신학을 전공하였으므로 전략기획부와 품질보증부에서 채용할 수 있다. 하지만 품질보증부는 이미 3명의 신입사원을 채용하였으므로 B지원자는 전략기획부에 채용된다. E지원자는 화학공학과 경영학을 전공하였으므로 생산기술부와 전략기획부에서 채용할 수 있다. 하지만 전략기획부는 1명의 신입사원을 채용하므로 E지원자는 생산기술부의 신입사원으로 채용되었음을 알 수 있다. A지원자는 배터리개발부와 생산기술부에 지원하였지만 생산기술부는 1명의 신입사원을 채용하므로 배터리개발부에 채용되었음을 알 수 있다.

구분	배터리개발부	생산기술부	전략기획부	품질보증부
A지원자	○	○		
B지원자			○	○
C지원자				○
D지원자	○			
E지원자		○	○	
F지원자				○
G지원자				○

28 문서 내용 이해

정답 ③

제시문은 기술이 내적인 발전 경로를 가지고 있다는 통념을 비판하기 위해 다양한 사례 연구를 논거로 인용하고 있다. 따라서 인용하고 있는 연구 결과를 반박할 수 있는 자료가 있다면 글쓴이의 주장은 설득력을 잃게 된다.

29 　리더십 정답 ④

현상을 유지하고 조직에 순응하려는 경향은 반임파워먼트 환경에서 나타나는 모습이다.

> **임파워먼트 환경의 특징**
> • 업무에 있어 도전적이고 흥미를 가지게 된다.
> • 학습과 성장의 기회가 될 수 있다.
> • 긍정적인 인간관계를 형성할 수 있다.
> • 개인들이 조직에 공헌하며 만족하는 느낌을 가질 수 있다.
> • 자신의 업무가 존중받고 있음을 느낄 수 있다.

30 　리더십 정답 ③

터크만(Tuckman)의 팀 발달 4단계
• 형성기 : 리더가 단독으로 의사결정을 하며 구성원들을 이끄는 지시형의 리더십이 필요하다.
• 혼란기 : 리더가 사전에 구성원들에게 충분한 설명을 제공한 후 의사결정을 하는 코치형의 리더십이 필요하다.
• 규범기 : 리더와 구성원들이 공동으로 참여하여 의사를 결정하는 참여형의 리더십이 필요하다.
• 성취기 : 권한을 위임받은 구성원들이 의사결정을 하는 위임형 리더십이 필요하다.

31 　윤리 정답 ④

부하직원을 칭찬할 때 쓰다듬거나 가볍게 치는 행위도 성희롱으로 오해받을 소지가 있으므로 그런 행동은 신중을 기해야 한다.

32 　근면 정답 ②

근면에는 스스로 자진해서 행동하는 근면과 외부로부터 강요당한 근면이 있다. ②는 외부(상사의 지시)로부터 강요당한 근면으로,
다른 사례들과 성격이 다르다.

33 　윤리 정답 ①

공정경쟁의 원칙이란 법규를 준수하고, 경쟁원리에 따라 공정하게 행동하는 것을 말한다.

34 　책임 의식 정답 ⑤

중요한 일을 맡았으므로 지시한 사항을 한 번 더 확인하고, 메모를 함으로써 실수하는 일이 없도록 한다.

35 　책임 의식 정답 ①

직장인 D씨는 자신이 벌인 일을 책임감 있게 마무리하지 못하여 주변 동료들에게 피해를 주고 있다. 따라서 D씨에게 해 줄 수
있는 조언으로 ①이 적절하다.

36　정보 이해　　　　　　　　　　　　　　　　　　　　　　정답 ④

정보화 사회의 6T는 인류의 미래를 주도할 첨단 산업기술로서, IT, BT, NT, ET, ST, CT 등 6가지 첨단 산업기술을 가리킨다.
• IT : 광통신부품, 집적회로기술, 차세대디스플레이, 차세대네트워크 등의 정보기술
• BT : 기초・기반기술, 보건의료, 농업・해양 관련 응용 등의 생명공학기술
• NT : 나노소자, 나노소재・나노바이오, 나노보건, 나노기반공정 등의 나노기술
• ET : 환경기반기술, 에너지, 청정생산, 해양환경기술 등의 환경공학기술
• ST : 위성, 발사체, 항공기 등의 항공기술
• CT : 문화콘텐츠, 생활문화, 문화유산 등의 문화콘텐츠기술

37　정보 이해　　　　　　　　　　　　　　　　　　　　　　정답 ⑤

유효성 검사에서 제한 대상을 목록으로 설정을 했을 경우, 드롭다운 목록의 너비는 데이터 유효성 설정이 있는 셀의 너비에 의해
결정된다.

38　엑셀 함수　　　　　　　　　　　　　　　　　　　　　　정답 ④

RANK 함수는 「=RANK(순위를 구하려는 수,목록의 배열 또는 셀 주소,순위를 정할 방법을 지정하는 수)」이므로 「=RANK(C5,C2:C6)」
가 옳다.

39　엑셀 함수　　　　　　　　　　　　　　　　　　　　　　정답 ③

VLOOKUP 함수는 목록 범위의 첫 번째 열에서 세로 방향으로 검색하면서 원하는 값을 추출하는 함수이고, HLOOKUP 함수는
목록 범위의 첫 번째 행에서 가로 방향으로 검색하면서 원하는 값을 추출하는 함수이다. 따라서 [F2:G9] 영역을 이용하여 업무지역
별 코드번호를 입력할 경우 VLOOKUP 함수가 적절하다. VLOOKUP 함수의 형식은 「=VLOOKUP(찾을 값,범위,열 번호,찾기
옵션)」이므로, [D2] 셀에 입력된 수식은 「=VLOOKUP(C2,$F$2:$G$9,2,0)」이 옳다.

40　엑셀 함수　　　　　　　　　　　　　　　　　　　　　　정답 ②

LEN 함수는 문자열의 문자 수를 구하는 함수이므로 숫자를 반환한다. 「=LEN(A2)」은 '서귀포시'로 문자 수가 4이며 여기서 −1을
하면 [A2] 열의 3번째 문자까지를 지정하는 것이므로 [C2] 셀과 같이 나온다. 텍스트 문자열의 시작 지점부터 지정한 수만큼의
문자를 반환하는 LEFT 함수를 사용하면 「=LEFT(A2,LEN(A2)−1)」가 적절하다.

36 기술 이해

정답 ④

K씨가 이용자들의 화상을 염려해 화상 방지 시스템을 개발하였다는 점을 볼 때, 기술이 필요한 이유를 설명하는 노와이(Know-why)의 사례로 적절하다.

37 기술 적용

정답 ⑤

체온 측정을 위한 주의사항에 따르면 체온을 측정할 때는 정확한 측정을 위해 과다한 귀지가 없도록 해야 한다.

오답분석

① 영점조정에 대한 사항은 제시문에서 확인할 수 없는 내용이다.
② 체온을 측정하기 전 새 렌즈필터를 부착하여야 한다.
③ 오른쪽 귀에서 측정한 체온과 왼쪽 귀에서 측정한 체온은 다를 수 있으므로 항상 같은 귀에서 체온을 측정해야 한다.
④ 체온을 측정하기 전 새 렌즈필터를 부착하여야 하며, 렌즈를 알코올 솜으로 닦는 사항은 제시문에서 확인할 수 없는 내용이다.

38 기술 적용

정답 ④

'POE' 에러 메시지는 체온계가 렌즈의 정확한 위치를 감지할 수 없어 정확한 측정이 어렵다는 메시지이다. 따라서 〈ON〉 버튼을 3초간 길게 눌러 화면을 지운 다음 정확한 위치에 체온계를 넣어 다시 측정해야 한다.

오답분석

① '---' 에러 메시지가 떴을 때의 해결방법에 해당한다.
② '--' 에러 메시지가 떴을 때의 해결방법에 해당한다.
③ 제시문에서 확인할 수 없는 내용이다.
⑤ 'HI°C', 'LO°C' 에러 메시지가 떴을 때의 해결방법에 해당한다.

39 기술 적용

정답 ③

전자레인지를 사용하면서 불꽃이 튀는 경우와 조리 상태에 만족하지 않을 때 확인해야 할 사항에 사무실, 전자레인지의 전압을 확인해야 한다는 내용은 명시되어 있지 않다.

40 기술 적용

정답 ②

추운 지역의 LPG는 따뜻한 지역보다 프로판 비율이 높다.

대구교통공사 NCS 답안카드

성 명	

지원 분야	

문제지 형별기재란	
(　)형	Ⓐ Ⓑ

수험번호

⓪ ① ② ③ ④ ⑤ ⑥ ⑦ ⑧ ⑨
⓪ ① ② ③ ④ ⑤ ⑥ ⑦ ⑧ ⑨
⓪ ① ② ③ ④ ⑤ ⑥ ⑦ ⑧ ⑨
⓪ ① ② ③ ④ ⑤ ⑥ ⑦ ⑧ ⑨
⓪ ① ② ③ ④ ⑤ ⑥ ⑦ ⑧ ⑨
⓪ ① ② ③ ④ ⑤ ⑥ ⑦ ⑧ ⑨
⓪ ① ② ③ ④ ⑤ ⑥ ⑦ ⑧ ⑨

감독위원 확인

(인)

1	① ② ③ ④ ⑤	21	① ② ③ ④ ⑤
2	① ② ③ ④ ⑤	22	① ② ③ ④ ⑤
3	① ② ③ ④ ⑤	23	① ② ③ ④ ⑤
4	① ② ③ ④ ⑤	24	① ② ③ ④ ⑤
5	① ② ③ ④ ⑤	25	① ② ③ ④ ⑤
6	① ② ③ ④ ⑤	26	① ② ③ ④ ⑤
7	① ② ③ ④ ⑤	27	① ② ③ ④ ⑤
8	① ② ③ ④ ⑤	28	① ② ③ ④ ⑤
9	① ② ③ ④ ⑤	29	① ② ③ ④ ⑤
10	① ② ③ ④ ⑤	30	① ② ③ ④ ⑤
11	① ② ③ ④ ⑤	31	① ② ③ ④ ⑤
12	① ② ③ ④ ⑤	32	① ② ③ ④ ⑤
13	① ② ③ ④ ⑤	33	① ② ③ ④ ⑤
14	① ② ③ ④ ⑤	34	① ② ③ ④ ⑤
15	① ② ③ ④ ⑤	35	① ② ③ ④ ⑤
16	① ② ③ ④ ⑤	36	① ② ③ ④ ⑤
17	① ② ③ ④ ⑤	37	① ② ③ ④ ⑤
18	① ② ③ ④ ⑤	38	① ② ③ ④ ⑤
19	① ② ③ ④ ⑤	39	① ② ③ ④ ⑤
20	① ② ③ ④ ⑤	40	① ② ③ ④ ⑤

※ 본 답안카드는 마킹연습용 모의 답안지입니다.

대구교통공사 NCS 답안카드

번호	1	2	3	4	5	번호	1	2	3	4	5
1	①	②	③	④	⑤	21	①	②	③	④	⑤
2	①	②	③	④	⑤	22	①	②	③	④	⑤
3	①	②	③	④	⑤	23	①	②	③	④	⑤
4	①	②	③	④	⑤	24	①	②	③	④	⑤
5	①	②	③	④	⑤	25	①	②	③	④	⑤
6	①	②	③	④	⑤	26	①	②	③	④	⑤
7	①	②	③	④	⑤	27	①	②	③	④	⑤
8	①	②	③	④	⑤	28	①	②	③	④	⑤
9	①	②	③	④	⑤	29	①	②	③	④	⑤
10	①	②	③	④	⑤	30	①	②	③	④	⑤
11	①	②	③	④	⑤	31	①	②	③	④	⑤
12	①	②	③	④	⑤	32	①	②	③	④	⑤
13	①	②	③	④	⑤	33	①	②	③	④	⑤
14	①	②	③	④	⑤	34	①	②	③	④	⑤
15	①	②	③	④	⑤	35	①	②	③	④	⑤
16	①	②	③	④	⑤	36	①	②	③	④	⑤
17	①	②	③	④	⑤	37	①	②	③	④	⑤
18	①	②	③	④	⑤	38	①	②	③	④	⑤
19	①	②	③	④	⑤	39	①	②	③	④	⑤
20	①	②	③	④	⑤	40	①	②	③	④	⑤

성명

지원분야

문제지 형별기재란

형 ( ) Ⓐ Ⓑ

수험번호

⑩	①	②	③	④	⑤	⑥	⑦	⑧	⑨
⑩	①	②	③	④	⑤	⑥	⑦	⑧	⑨
⑩	①	②	③	④	⑤	⑥	⑦	⑧	⑨
⑩	①	②	③	④	⑤	⑥	⑦	⑧	⑨
⑩	①	②	③	④	⑤	⑥	⑦	⑧	⑨
⑩	①	②	③	④	⑤	⑥	⑦	⑧	⑨
⑩	①	②	③	④	⑤	⑥	⑦	⑧	⑨

감독위원 확인

(인)

대구교통공사 NCS 답안카드

성 명

지원 분야

문제지 형별기재란

( )형

Ⓐ Ⓑ

수험번호

⓪ ① ② ③ ④ ⑤ ⑥ ⑦ ⑧ ⑨
⓪ ① ② ③ ④ ⑤ ⑥ ⑦ ⑧ ⑨
⓪ ① ② ③ ④ ⑤ ⑥ ⑦ ⑧ ⑨
⓪ ① ② ③ ④ ⑤ ⑥ ⑦ ⑧ ⑨
⓪ ① ② ③ ④ ⑤ ⑥ ⑦ ⑧ ⑨
⓪ ① ② ③ ④ ⑤ ⑥ ⑦ ⑧ ⑨
⓪ ① ② ③ ④ ⑤ ⑥ ⑦ ⑧ ⑨

감독위원 확인

(인)

1	① ② ③ ④ ⑤	21	① ② ③ ④ ⑤
2	① ② ③ ④ ⑤	22	① ② ③ ④ ⑤
3	① ② ③ ④ ⑤	23	① ② ③ ④ ⑤
4	① ② ③ ④ ⑤	24	① ② ③ ④ ⑤
5	① ② ③ ④ ⑤	25	① ② ③ ④ ⑤
6	① ② ③ ④ ⑤	26	① ② ③ ④ ⑤
7	① ② ③ ④ ⑤	27	① ② ③ ④ ⑤
8	① ② ③ ④ ⑤	28	① ② ③ ④ ⑤
9	① ② ③ ④ ⑤	29	① ② ③ ④ ⑤
10	① ② ③ ④ ⑤	30	① ② ③ ④ ⑤
11	① ② ③ ④ ⑤	31	① ② ③ ④ ⑤
12	① ② ③ ④ ⑤	32	① ② ③ ④ ⑤
13	① ② ③ ④ ⑤	33	① ② ③ ④ ⑤
14	① ② ③ ④ ⑤	34	① ② ③ ④ ⑤
15	① ② ③ ④ ⑤	35	① ② ③ ④ ⑤
16	① ② ③ ④ ⑤	36	① ② ③ ④ ⑤
17	① ② ③ ④ ⑤	37	① ② ③ ④ ⑤
18	① ② ③ ④ ⑤	38	① ② ③ ④ ⑤
19	① ② ③ ④ ⑤	39	① ② ③ ④ ⑤
20	① ② ③ ④ ⑤	40	① ② ③ ④ ⑤

※ 본 답안지는 마킹연습용 모의 답안지입니다.

대구교통공사 NCS 답안카드

번호						번호					
1	①	②	③	④	⑤	21	①	②	③	④	⑤
2	①	②	③	④	⑤	22	①	②	③	④	⑤
3	①	②	③	④	⑤	23	①	②	③	④	⑤
4	①	②	③	④	⑤	24	①	②	③	④	⑤
5	①	②	③	④	⑤	25	①	②	③	④	⑤
6	①	②	③	④	⑤	26	①	②	③	④	⑤
7	①	②	③	④	⑤	27	①	②	③	④	⑤
8	①	②	③	④	⑤	28	①	②	③	④	⑤
9	①	②	③	④	⑤	29	①	②	③	④	⑤
10	①	②	③	④	⑤	30	①	②	③	④	⑤
11	①	②	③	④	⑤	31	①	②	③	④	⑤
12	①	②	③	④	⑤	32	①	②	③	④	⑤
13	①	②	③	④	⑤	33	①	②	③	④	⑤
14	①	②	③	④	⑤	34	①	②	③	④	⑤
15	①	②	③	④	⑤	35	①	②	③	④	⑤
16	①	②	③	④	⑤	36	①	②	③	④	⑤
17	①	②	③	④	⑤	37	①	②	③	④	⑤
18	①	②	③	④	⑤	38	①	②	③	④	⑤
19	①	②	③	④	⑤	39	①	②	③	④	⑤
20	①	②	③	④	⑤	40	①	②	③	④	⑤

성명

지원분야

문제지 형별기재란 Ⓐ Ⓑ (형)

수험번호
① ② ③ ④ ⑤ ⑥ ⑦ ⑧ ⑨ ⓪

감독위원 확인 (인)

대구교통공사 NCS 답안카드

성 명

지원 분야

문제지 형별기재란

( )형 Ⓐ Ⓑ

수험번호

⓪	⓪	⓪	⓪	⓪	⓪	⓪
①	①	①	①	①	①	①
②	②	②	②	②	②	②
③	③	③	③	③	③	③
④	④	④	④	④	④	④
⑤	⑤	⑤	⑤	⑤	⑤	⑤
⑥	⑥	⑥	⑥	⑥	⑥	⑥
⑦	⑦	⑦	⑦	⑦	⑦	⑦
⑧	⑧	⑧	⑧	⑧	⑧	⑧
⑨	⑨	⑨	⑨	⑨	⑨	⑨

감독위원 확인

(인)

1	① ② ③ ④ ⑤	21	① ② ③ ④ ⑤
2	① ② ③ ④ ⑤	22	① ② ③ ④ ⑤
3	① ② ③ ④ ⑤	23	① ② ③ ④ ⑤
4	① ② ③ ④ ⑤	24	① ② ③ ④ ⑤
5	① ② ③ ④ ⑤	25	① ② ③ ④ ⑤
6	① ② ③ ④ ⑤	26	① ② ③ ④ ⑤
7	① ② ③ ④ ⑤	27	① ② ③ ④ ⑤
8	① ② ③ ④ ⑤	28	① ② ③ ④ ⑤
9	① ② ③ ④ ⑤	29	① ② ③ ④ ⑤
10	① ② ③ ④ ⑤	30	① ② ③ ④ ⑤
11	① ② ③ ④ ⑤	31	① ② ③ ④ ⑤
12	① ② ③ ④ ⑤	32	① ② ③ ④ ⑤
13	① ② ③ ④ ⑤	33	① ② ③ ④ ⑤
14	① ② ③ ④ ⑤	34	① ② ③ ④ ⑤
15	① ② ③ ④ ⑤	35	① ② ③ ④ ⑤
16	① ② ③ ④ ⑤	36	① ② ③ ④ ⑤
17	① ② ③ ④ ⑤	37	① ② ③ ④ ⑤
18	① ② ③ ④ ⑤	38	① ② ③ ④ ⑤
19	① ② ③ ④ ⑤	39	① ② ③ ④ ⑤
20	① ② ③ ④ ⑤	40	① ② ③ ④ ⑤

〈절취선〉

대구교통공사 NCS 답안카드

번호	1	2	3	4	5	번호	1	2	3	4	5
1	①	②	③	④	⑤	21	①	②	③	④	⑤
2	①	②	③	④	⑤	22	①	②	③	④	⑤
3	①	②	③	④	⑤	23	①	②	③	④	⑤
4	①	②	③	④	⑤	24	①	②	③	④	⑤
5	①	②	③	④	⑤	25	①	②	③	④	⑤
6	①	②	③	④	⑤	26	①	②	③	④	⑤
7	①	②	③	④	⑤	27	①	②	③	④	⑤
8	①	②	③	④	⑤	28	①	②	③	④	⑤
9	①	②	③	④	⑤	29	①	②	③	④	⑤
10	①	②	③	④	⑤	30	①	②	③	④	⑤
11	①	②	③	④	⑤	31	①	②	③	④	⑤
12	①	②	③	④	⑤	32	①	②	③	④	⑤
13	①	②	③	④	⑤	33	①	②	③	④	⑤
14	①	②	③	④	⑤	34	①	②	③	④	⑤
15	①	②	③	④	⑤	35	①	②	③	④	⑤
16	①	②	③	④	⑤	36	①	②	③	④	⑤
17	①	②	③	④	⑤	37	①	②	③	④	⑤
18	①	②	③	④	⑤	38	①	②	③	④	⑤
19	①	②	③	④	⑤	39	①	②	③	④	⑤
20	①	②	③	④	⑤	40	①	②	③	④	⑤

성명

지원 분야

문제지 형별기재란

( )형 Ⓐ Ⓑ

수험번호

⓪	①	②	③	④	⑤	⑥	⑦	⑧	⑨
⓪	①	②	③	④	⑤	⑥	⑦	⑧	⑨
⓪	①	②	③	④	⑤	⑥	⑦	⑧	⑨
⓪	①	②	③	④	⑤	⑥	⑦	⑧	⑨
⓪	①	②	③	④	⑤	⑥	⑦	⑧	⑨
⓪	①	②	③	④	⑤	⑥	⑦	⑧	⑨
⓪	①	②	③	④	⑤	⑥	⑦	⑧	⑨

감독위원 확인

(인)

2025 최신판 시대에듀 대구교통공사
NCS + 최종점검 모의고사 5회 + 무료NCS특강

개정6판1쇄 발행	2025년 02월 20일 (인쇄 2024년 11월 08일)
초 판 발 행	2017년 04월 10일 (인쇄 2017년 03월 23일)
발 행 인	박영일
책 임 편 집	이해욱
편 저	SDC(Sidae Data Center)
편 집 진 행	김재희 · 오세혁
표지디자인	박수영
편집디자인	장하늬 · 장성복
발 행 처	(주)시대고시기획
출 판 등 록	제10-1521호
주 소	서울시 마포구 큰우물로 75 [도화동 538 성지 B/D] 9F
전 화	1600-3600
팩 스	02-701-8823
홈 페 이 지	www.sdedu.co.kr
I S B N	979-11-383-8225-0 (13320)
정 가	25,000원

대구
교통공사

NCS+모의고사 5회

최신 출제경향 전면 반영

기업별 맞춤 학습 "기본서" 시리즈

공기업 취업의 기초부터 심화까지! 합격의 문을 여는 Hidden Key!

기업별 시험 직전 마무리 "모의고사" 시리즈

실제 시험과 동일하게 마무리! 합격을 향한 Last Spurt!

※**기업별 시리즈** : HUG 주택도시보증공사/LH 한국토지주택공사/강원랜드/건강보험심사평가원/국가철도공단/국민건강보험공단/국민연금공단/근로복지공단/발전회사/부산교통공사/서울교통공사/인천국제공항공사/코레일 한국철도공사/한국농어촌공사/한국도로공사/한국산업인력공단/한국수력원자력/한국수자원공사/한국전력공사/한전KPS/항만공사 등

※도서의 이미지 및 구성은 변동될 수 있습니다.

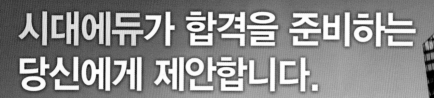

시대에듀가 합격을 준비하는
당신에게 제안합니다.

결심하셨다면 지금 당장 실행하십시오.
시대에듀와 함께라면 문제없습니다.

성공의 기회!
시대에듀를 잡으십시오.

NEXT STEP!

기회란 포착되어 활용되기 전에는 기회인지조차 알 수 없는 것이다.

– 마크 트웨인 –